TASTE IN PROGRESS
HIDEMI SUGINO

「イデミ スギノ」
進化する菓子
杉野英実

Hidemi, mon ami…

Au-delà des frontières, notre amitié s'est nourrie de notre passion, la pâtisserie et d'une conception commune de notre travail, avec la même exigence, la même remise en question permanente et le même désir de perfection.

En toi je reconnais ce talent à conjuguer dans ton art deux cultures, deux histoires de la pâtisserie, et de cet héritage, en faire ta propre création dont je suis un fan, sans cesse admiratif.

A la rigueur du moine que tu montres dans ton travail de haute qualité, tu ajoutes l'enchantement du magicien que je ressens à chaque fois que je déguste tes gâteaux.

Tu t'inscris dans la lignée des grands pâtissiers qui t'ont formés, Lucien PELTIER, Jean MILLET, Pierre MAUDUIT…dont tu perpétues le talent avec ton interprétation tout en sensibilité, ce qui fait de toi une source d'inspiration pour les futures générations.

Lecteur, qui avez entre les mains ce bel ouvrage, vous pourrez peut-être ainsi toucher du doigt le talent hors normes, irrésistible et rare de ce passionné de gâteaux.

Jean-Paul HEVIN

イデミ、わが友へ

国境を越えめぐり会った私たちの友情は、互いに妥協を許すことなく、完璧な菓子の世界を追求し続けようという仕事についての観念をともに分かち合い、情熱を育んできました。

私はイデミ、君の持つ才能を知っています。2つの国の文化、2つの国の菓子の歴史、先達から受け継いできたものをその芸術的な手業でみごとに組み合わせ、独自のクリエーションに昇華させる力を。それを私は敬愛してやみません。

その質の高い仕事を生みだすものは、求道者のような厳格さだけではありません。イデミはマジシャンのように謎めいた魅惑の魔法をかけるのです。君のつくりだす菓子を味わうたび、それを感じずにはいられません。

君の修業時代の偉大な先達ルシアン・ペルティエ、ジャン・ミエ、ピエール・モデュイ…、彼らの仕事の真髄を受け継ぎ、新たに君の繊細な表現を通して息を吹き返したルセットは、次世代の担い手たちにとって新たなインスピレーションの源となるでしょう。

この素晴らしい作品を手にした読者の皆さんは、菓子に魅入られたこの人物の類いまれな情熱と、あらがいがたい魅力的な才能にふれることができるでしょう。

ジャン＝ポール・エヴァン

常においしいものを求めて

僕がこの世界に入ったのは1973年。日本では料理もお菓子も古典的な手法を少しだけ時代に合わせはじめていました。そして79年に渡欧した僕は、時代が大きくかわる真っただ中にいました。ヌーベル・キユイジーヌの影響を受けてかわるお菓子の世界ヌーボー・パティスリーを目のあたりにし、時代に沿ってかわっていく新しいお菓子たちに出会うのです。

あれから30数年が経ち、いままた新しい流れの中、料理もお菓子もかわりつつあります。しかし僕はいつも、しっかりと素材と向き合い、この素材を最大限に生かすにはどうすればよいかと考え、技法を駆使していくことに努めてきました。

おいしさを追求していくと終わりがなく、自分のつくるものをより完成されたものへと導いてくれます。それは自分の経験値となり、新たなものづくりに生かされ、また進化をもたらします。時代に合わせることも必要かもしれませんが、自分の信念を持ってものづくりをしていくことが、自分の世界を表現する近道でもあると思います。

これからも厨房に立つことにこだわり、そこから見えてくるものを表現していきたいと思います。

この本は杉野英実の集大成です。試行錯誤をくり返しでき上がった「イデミスギノ」のお菓子たちをここにご紹介します。この本を読んで、あなたが何かを感じて自分の世界を表現するために役立ててくれることを望みます。そして、学んだことを次の世代に伝えていってくださることを切に願います。

2017年9月
「イデミ スギノ」杉野英実

目次
Contents

005 序文
009 つくる前に
376 奥付

| コラム（杉野英実の菓子づくり）

010 あたり前のことをルーティンにする
048 季節感はお菓子でつくる
　　——「イデミ スギノ」のショーケースの考え方
082 ふつうでは合わせない素材も使ってみる
　　——その発想の仕方
107 サンマルク系のお菓子は新しいジャンル
116 バタークリームをもっと軽く、もっとおいしく
146 つくって感じて思い浮かぶ
　　——日々感じることがお菓子をおいしくする
166 マカロンはプティ・ガトーがおいしい
166 ジュレのこと
186 修業先のスペシャリテと自分のお菓子
　　——イチから自分でつくったお菓子なんてない
206 酒でお菓子の持ち味と素材の香りを引き出す
206 酸味の魔術——素材感を浮き立たせる
220 修業時代のお菓子をふいに思い出して…。
228 クリスマスケーキで飛躍する
246 生地に果汁を入れてみたいと思った
272 同じ生地でも厚さ、形状がかわると味が違ってくる
　　——焼き菓子のバリエーション
344 おいしさの連鎖
364 ショコラもケーキのように
375 自分を表現すること

1 基本技術

012 | 基本の生地

012 ビスキュイ・ダマンド
013 ビスキュイ・ダマンド、ジャムつき
013 ハーブ入りビスキュイ
013 ピュレ入りビスキュイ
014 ビスキュイ・ショコラ
015 パート・シュクレ
016 パート・フイユテ
018,019 | 型への敷き込み
　　タルトリング／底がある小さな型／小さな角型
020 マカロンをつくる前に
020 パータ・マカロン
021 パータ・マカロン・カフェ
022 ミント入りパータ・マカロン
022 パータ・ダコワーズ・ノワゼット
023 パータ・ダコワーズ・ココ
024 パータ・ケーク

024 | 基本のクリーム

024 ヴァニラの処理
　　ヴァニラシュガーのつくり方
025 クレーム・パティシエール
025 クレーム・ダマンド
026 クレーム・フランジパーヌ
026 アングレーズソース
027 バタークリーム
028 ピュレ入りバタークリーム
028 ピュレを使ったアングレーズソースの
　　バタークリーム
029 ガナッシュ

030	**お菓子のパーツ**
	ナッツ
030	クラクラン・ダマンド
030	クラクラン・フランボワーズ
031	ヘーゼルナッツのヌガティーヌ
031	アーモンドスライスのキャラメリゼ
032	プラリネ・キャフェ
033	フルーツ
033	［フルーツのソテー］
	リンゴのソテー —— 水分が多い素材の場合
	バナナのソテー —— 水分が少ない素材の場合
034	オレンジの皮のコンフィ
035	グレープフルーツの皮のコンフィ
036	冷凍カシスのシロップ煮
036	ルバーブのコンポート
036	キンカンのコンポート
037	ジュレ
	センターをつくる
037	ジャム（お菓子用）
	——カシス、グロゼイユ、ペッシュヴィーニュ、フランボワーズ・ペパン
038	リンゴの乾燥焼き
038	リンゴの皮のチップ
038	ライムピールのシロップ煮
039	ドライイチジクの赤ワイン煮
039	洋ナシのコンポート
040	パート・ド・フリュイ（飾り用）
	——カシス、グロゼイユ、パッションフルーツ
042	チョコレート
042	グラッサージュ・ショコラ
042	ブラック・ショコラ（チョコレート飾り）
	シート状／羽根状／渦巻き状／楕円形
043	**基本のムース**
043	ムースをつくる前に
044	ピュレのムース
045	ピュレを使ったアングレーズソースのムース
046	ムース・ショコラ

2 折々の生菓子

050	ムース
050	マングー・キャシス
054	バナッチオ
058	モンテリマー
062	リビエラ
066	ニュイ・ド・シン
070	クラレット
074	ジェオメトリー
078	クープ・ド・ソレイユ
084	ガメロン
088	アブリコ・ロマラン
092	オンフルール
096	アグレアーブル
099	ジャドー
103	アラビック
108	サンマルクバリエーション
108	ベ・キャライブ
112	エレーヌ
118	バタークリームのケーキ
118	フランボワジエ
122	アメジスト
126	トロピック
130	ミセス・チヒロ
134	アグリューム
138	マジェスティック
142	カサミラ
148	タルトレット
148, 150	タルトレット・キャラメル
148, 151	タルトレット・キャラメル・パッション
152	カプチーノ
155	リュバーブのタルトレット
158	プロヴァンサル
162	アナナス・アワイ

168	**マカロン**
168	グリオット・オランジュ
171	アイリッシュ・スピリット
174	キャフェ・キャラメル
177	ポワール・マロン
180	クール・ド・マカロン・ショコラ
183	キャシス・ヴィオレット
188	**修業先のスペシャリテほか**
188	グリゾール
192	オートンヌ
197	マラクジャ
201	アンブル・ノワ
208	タンブラン
212	アンフェール・デザンジュ
216	プランセス・ルージュ
222	タルトレット・オランジュ
225	ムラング・グロゼイユ

3 アントルメ

230	パヴァーヌ
234	ネオ
238	ロアジス
242	レーヴル
248	フィグフィグ
252	ヴィオレット
256	ミカリプソ
260	プレジール
264	エモーション
268	イリェウス

4 焼き菓子とタルト

274	**焼き菓子**
	[フィナンシェ]
274	フィナンシェ・ミエル
276	フィナンシェ・ショコラ
276, 278	フィナンシェ・キャフェ
276, 278	フィナンシェ・ピスターシュ
	[ダコワーズ生地]
282	プログレ
	[2層の生地]
284	ノワゼッティン
286	プランタニエール
289	エピスリー
	[ケーク生地]
279	ヴィーニュ
292	ミモザ
295	オランジェット
298	トロピック
301	キャラメル・アブリコ
304	キャフェ・マロン
306	キャラメル・フィグ
309	デュオ
	[ブリオッシュ生地]
316	トロペジェンヌ
312	プラジュニース
314	マドレーヌ・アルデショワ
320	ショコラ・プリュンヌ
322	ソシソンリース
326	**タルト**
326	リンゴのガレット
329	タルト・スリーズ
332	タルト・マロン
334	イチジクのタルト
337	タルト・ミルティーユ
340	キンカンのタルト

5 ジャムとショコラ

- 346 | **ジャム**
- 346 フレゼット
- 348 フヌイユのお花風味の桃と
  ピンクグレープフルーツのジャム
- 350 キャラメル・キャフェ
- 352 レモングラス風味の黄金桃のジャム
- 354 洋梨とイチジクとキャシスのジャム
- 356 イチジクとグロゼイユのジャム
- 358 ドライプルーンの赤ワイン煮
- 360 小夏のジャム
- 362 サマークリスタル

- 365 | **ショコラ**

  [ガナッシュ・スペシャル]
- 365,366 ガナッシュ・キャラメル
- 365,368 ガナッシュ・フランボワーズ
- 365,369 ガナッシュ・テ・ロテュース

  [ボンボン・ショコラ]
- 371 テンパリング／型の準備
- 371 チョコレートで型どりし、蓋をする
- 370,372 イリェウス
- 370,373 ジャンドゥージャ
- 370,374 キャシス

編集　　　　　　猪俣幸子
撮影　　　　　　日置武晴
スタイリング　　高橋みどり
アートディレクション　有山達也（アリヤマデザインストア）
デザイン　　　　岩渕恵子（アリヤマデザインストア）
　　　　　　　　中本ちはる（アリヤマデザインストア）
英訳＆仏語チェック　千住麻里子

つくる前に
「バター」は無塩バターを使っています。
・「小麦粉」はふるっておいてもダマになりやすいので、小麦粉単独または合わせる粉類と一緒にふるっておき、さらに使用時にふるって使います。
・「クレームフェテ」は砂糖を加えずに生クリームをマシンで使用直前に泡立てたもの。特に記述がない場合は乳脂肪分35％と38％の生クリームを同割で混ぜて使います。
・「クレーム・シャンティイ」は、特に断りがない限り乳脂肪42％の生クリームにその8％の微粒グラニュー糖を加えてマシンで泡立てています。
・「ヴァニラ」はさやを割って中のシードだけを使用します（→P24）。
・「グラニュー糖」は特に記述がない場合は粒径0.4〜0.5mmのものを使っています。「微粒グラニュー糖」とある場合は粒径が0.2〜0.3mmのものです。
・レシピ中に「砂糖」とある場合は特に記述がない場合はグラニュー糖、または微粒グラニュー糖を指します。
・「粉糖」は特に記述がない限り全粉糖を使っています。「ラフティスノウ」は真っ白な飾り用で、コンスターチと油を加えた溶けにくい粉糖です。
・「ピュレ」は、フランボワーズは無糖、それ以外のピュレは特に記述がない限り10％加糖のものを使用しています。
・「ピュレ」は自店では1cm角にカットしておき、色、風味が飛ばないようにそのつどIH調理器で溶ける程度に熱を加えながら解凍します（→P43）。
・「板ゼラチン」は、氷水でもどしたものを指します（ただし、表示の分量はもどす前）。キッチンペーパーで余分な水分をよくふいてから使用します。
・「色素」は液体色素を使用しています。
・「アーモンドのロースト」は、ホールの場合には168℃で約15分、「12割アーモンド」「16割アーモンド」は10〜12分焼いています。
・「ボーメ30°のシロップ」は、グラニュー糖1.3：水1の割合で合わせて沸騰させて砂糖を溶かし、氷水にあてて粗熱をとってから冷蔵庫に保管したものを指します。
・「加熱する」「火にかける」とある場合、特に記述がない限りは、IH調理器を使います。ただし、フルーツをソテーする時や銅鍋を使う場合はガス火を使います。
・「オーヴン」はコンベクションオーヴンを使用しています。

Notes

How to make baume-30° syrup :
The raito of granulated sugar and water should be 1.3 to 1 in weight. For example, 130g granulated sugar and 100g water. Heat sugar and water until sugar dissolves, and let cool with ice cubes and water. Store in cold storage.

Purée :
Raspberry purée is unsweetened.
The other ones, without notes, contain 10% sugar.

| COLUMN 1 | あたり前のことをルーティンにする |

　僕の店では、衛生管理の観点から洗った型やトレイや容器などを、所定の温度で乾燥させています。またボウルや器具もしっかり洗って乾燥させたら、外に出したままにせず、元の場所に整えてしまいます。

　衛生面とともに、どこに何があるかをきっちり管理することで無用にものを探すこともありません。泡立て器やゴムベラは引き出しに、ボウルは引き戸つきの棚に収納しています。また計量する際、材料名をいちいちメモ紙に書くのも手間がかかるので、メニューごとの材料を書いた紙をラミネート加工してカードのようにしてファイリングしています。計量したらラップ紙で覆い、上にそのカードを置きます。

　材料は使う前の選別作業が日課となっています。アンズなどドライフルーツは固い部分をハサミで除いたり、固さによって選別したりします。また、ナッツや洋酒漬け用のフルーツなども、形が悪いもの、変形したものなどを選り分けます。形が悪いもの、固いものなども捨てるのではなく、選別してそれぞれにあったお菓子づくりの材料として用います。

　ピュレも均一に溶けていくように1cm角にカットしておくのが僕の店のルールで、おいしいお菓子をつくるための作業性も考えています。

　あたり前のことをいつもあたり前にやっていくことが、お菓子づくりの基本だと思っています。

1

基本技術

基本の生地
基本のクリーム
お菓子のパーツ
基本のムース

基本の生地

ビスキュイ・ダマンド
Almond sponge cake

分量　60×40cm天板1枚分

アーモンドプードル —— 100g
粉糖 —— 100g
卵黄 —— 85g
卵白 —— 60g

メレンゲ
[卵白 —— 200g
  微粒グラニュー糖 —— 120g

薄力粉 —— 85g

Makes 60×40-cm baking sheet pan

100g almond flour
100g confectioners' sugar
85g egg yolks
60g egg whites

Meringue
[200g egg whites
  120g caster sugar

85g all-purpose flour

準備
天板に樹脂製マットを敷いて生地を焼く場合と、オーヴンシートを用いる場合がある。
天板にオーヴンシートを敷いて使う場合は、バター（スティック状にカットして持ち手をラップ紙で巻く）を天板の周囲に塗り、オーヴンシートを貼りつけておく。 ≡1

1 ミキサーボウルにアーモンドプードルと粉糖、卵黄、卵白を入れ、最初は低速で、なじんだらすぐに中高速で攪拌していく。

2 つやが出てすくうとリボン状に落ちてゆっくりと跡が消えていく状態になるまで攪拌する。ボウルに移す。

3 1と同時進行で別のミキサーでメレンゲをつくる。ミキサーボウルに卵白と少量の砂糖を加えて中速で攪拌する。

4 全体が白い泡で覆われフワッとしてきたら砂糖の残り半量を、つやが出てきたら残りを加え、すくうと角がゆっくりと傾く程度に泡立てる。

5 2に4のメレンゲをひとすくい加え、ゴムベラで4〜5回だけ軽く混ぜる。

6 5に薄力粉をふるい入れながら切るように混ぜる。

7 残りのメレンゲは泡立て器でまわし混ぜてキメを整えてからひとすくいを6に加え、なるべく気泡をつぶさないようにさっくりと混ぜる。 ≡2

8 キメを整えた残りのメレンゲを加えて同様に混ぜる。均一になればよい。樹脂製マットを敷いた（またはオーヴンシートを貼りつけた）天板に流す。

9 アングルパレットで四隅にのばしてから全体にのばす。気泡がつぶれないよう、のばす回数は少なめにする。

10 天板の縁に指を差し入れて1周し、焼き上がりをとりはずしやすくする。206℃で4分、天板の手前と奥を差しかえてさらに3〜4分焼く。

≡1　薄い生地の場合はペーパーだとよれてしまうので樹脂製マットが、そのままカードルなどに入れる場合はオーヴンシートが作業性がよい。オーヴンシートはバター（油脂）を天板の中央部に塗って貼りつけると、生地をのばして焼成した時にその部分だけ温度が上がって焼き目が濃くなるので、周囲に塗る。焼けたらペーパーはつけたままにし、生地を使用する時に除くと生地が崩れない。

≡2　メレンゲは時間がたつとキメが粗くなりがち。生地にメレンゲを加える時はそのつどまわし混ぜてキメを整えてから使う。

ビスキュイ・ダマンド、ジャムつき
Almond sponge cake with jam

分量　各菓子の頁を参照

ビスキュイ・ダマンド（配合は→P12）
ジャム

See each amount on individual recipes

almond sponge cake, see page 12
jam

1
ビスキュイ・ダマンドを天板にのばして縁に指を差し入れて1周する（→P12・1〜10）。

2
口径4〜5mmの口金でジャムを斜めに絞る。ビスキュイ・ダマンドと同様に焼く（→P12・10）。写真は天板1枚分の生地半分に絞って焼いたもの）。

ハーブ入りビスキュイ
Almond sponge cake with herb

分量　各菓子の頁を参照

ビスキュイ・ダマンド（配合は→P12）
ハーブソース
　┌ ハーブ（写真はバジル）
　│ レモン汁
　│ エクストラバージンオリーヴオイル
　└ ＊以下「EXVオリーヴオイル」と略す。

See each amount on individual recipes

almond sponge cake, see page 12
Herb sauce
　┌ herb (basil leaves)
　│ fresh lemon juice
　└ extra-virgin olive oil

1
ハーブソースをつくる。ハーブにレモン汁、EXVオリーヴオイルの順に加えて混ぜ、室温で5〜10分おく。

2
1をミルで挽き、ボウルに移す。
＊ハーブはペースト状に細かくしてしまうと舌に残らず香りを感じにくいので、粗めに刻む感覚で。

3
ビスキュイ・ダマンド（→P12）を参照して生地をつくって同様に焼く。ただし2で、最後にハーブソースを加えて軽く撹拌してつくる。

ピュレ入りビスキュイ
Almond sponge cake with purée

分量　各菓子の頁を参照

ビスキュイ・ダマンド
＊基本配合はP12を参照。ただし薄力粉は、60×40cm天板1枚あたり10g多い95gにする。

ピュレ
色素──適宜

See each amount on individual recipes

almond sponge cake, see page 12
＊add all-purpose flour 10g plus the original recipe, amounts to 95g for 1 60×40-cm baking sheet pan
fruit purée
food coloring

1
ビスキュイ・ダマンド1〜8（→P12）を参照して生地をつくる。ただし同5でメレンゲを加える前にピュレと色素を加える。◆1

2
同様にのばして焼く（同9〜10）。

◆1　ピュレが入る分、水分が多くなって火の通りが悪くなるので、ビスキュイ・ダマンドの基本分量よりも薄力粉をやや増やしている。

ビスキュイ・ショコラ
Chocolate sponge cake

分量　60×40cm天板各1枚分

A（底生地用、やや厚め）
アーモンドプードル —— 125g
粉糖 —— 60g
卵黄 —— 125g
卵白 —— 55g

メレンゲ
[卵白 —— 240g
  微粒グラニュー糖 —— 145g]

薄力粉 —— 105g
カカオプードル —— 40g
溶かしバター —— 50g

B（主に底用と側面用）
アーモンドプードル —— 110g
粉糖 —— 70g
卵黄 —— 110g
卵白 —— 45g

メレンゲ
[卵白 —— 185g
  微粒グラニュー糖 —— 110g]

薄力粉 —— 90g
カカオプードル —— 35g
溶かしバター —— 40g

Makes 60×40-cm baking sheet pan

A (for the bottom)
125g almond flour
60g confectioners' sugar
125g egg yolks
55g egg whites

Meringue
[240g egg whites
  145g caster sugar]

105g all-purpose flour
40g cocoa powder
50g melted unsalted butter

B (for the bottom and sides)
110g almond flour
70g confectioners' sugar
110g egg yolks
45g egg whites

Meringue
[185g egg whites
  110g caster sugar]

90g all-purpose flour
35g cocoa powder
40g melted unsalted butter

1　ビスキュイ・ダマンド1〜2（→P12）を参照してつくり、アーモンドプードル、粉糖、卵黄、卵白をリボン状に泡立てる。ボウルに移す。

2　同3〜5を参照してメレンゲを角が立つまで泡立て、1にふたすくい加え混ぜる。
＊ビスキュイ・ダマンドより多めに加える。

3　薄力粉とカカオプードルを合わせてふるいながら2に加え、ゴムベラで切るように混ぜる。

4　色が均一になって粉が見えなくなったら溶かしバターを加えて、同様に混ぜる。

5　混ざれば、残りのメレンゲをまわし混ぜてキメを整えてから3に加える。気泡をつぶさないようにさっくりと混ぜる。
≡1

6　同8〜9を参照して生地を仕上げ、天板にのばす。

7　天板の縁に指を差し入れて1周し（同10）、Aは212℃で4分焼いて天板の手前と奥を差しかえてさらに4分、Bは208℃で3分半、手前と奥を差しかえて4分焼く。

≡1　ビスキュイ・ショコラ用のメレンゲは砂糖の量が少なく特にキメが粗くなりがち。生地にメレンゲを加える前にキメを整えてから使う。

パート・シュクレ
Sweet tart dough

分量　でき上がり約990g

バター（常温にもどす）—— 270g
粉糖 —— 170g
全卵 —— 90g
アーモンドプードル —— 60g
薄力粉 —— 450g

Makes about 990g

270g unsalted butter, at room temperature
170g confectioners' sugar
90g whole eggs
60g almond flour
450g all-purpose flour

1 バターは指がスッと入る程度にもどしておく。

2 1のバターと粉糖をフードプロセッサーに入れてダマができないように攪拌する。均一に混ざれば卵を加える。

3 さらに攪拌する。側面に生地がつけば途中でとめてよく混ざるように側面をはらい、また攪拌する。

4 ざっと混ざればアーモンドプードルを加えて攪拌する。

5 次に小麦粉を加えてさらに粉が見えなくなるまで攪拌する。

6 ビニール袋に入れて早く冷えるように平らに均して冷蔵庫で休ませる。

成形してから冷凍保管する

休ませた生地は通常、お菓子によってのばした状態、または型に敷いて（→P18）から冷凍庫で保管している。成形しておけば休ませる必要もなく、必要量を出してそのまま、あるいは詰めものをしてすぐに焼くことができる。

パート・フイユテ
Puff pastry dough

分量　でき上がり約1165g

白ワインヴィネガー —— 25g
冷水 —— 180〜200g
［強力粉 —— 250g
　薄力粉 —— 250g
フルール・ド・セル —— 12g
溶かしバター —— 50g
＊粗熱をとって使用。

折り込み用バター —— 400g
＊1cm厚さくらいに切り分けておく。

打ち粉 —— 適量

Makes about 1165g

25g white wine vinegar
180 to 200g cold water
［500g all-purpose flour,
　puls more for work surface
12g fleur de sel (french sea salt)
50g melted unsalted butter
*cool down but not cold

400g block unsalted butter
*cut into 1cm thick

1 冷水は少しだけ残して白ワインヴィネガーと一緒にボウルに合わせる。
＊ヴィネガーは浮きをよくし、縮みを少なくするために加える。

2 粉類と塩をフードプロセッサーに入れ、1と粗熱をとった溶かしバターを加えて攪拌する。水分がまわっていなければ残りの冷水を加える。

3 そぼろ状になれば大理石上にとり出す。
＊グルテンを出さないように混ぜる方法。

4 カードなどを使って3を正方形に整える。
＊グルテンが出ないようにこねずにまとめるだけ。

5 打ち粉をして25×50cmくらいにのばし、OPPシートをかぶせて乾燥しないようにしておく。

6 別のOPPシートをとり出し、片側にバターをすき間なく並べてシートを折り返してかぶせ、麺棒で叩きのばして20×30cmにする。

7 5のシートを除き、6を片面のシートをはずしてひっくり返し、生地の左側に周囲をあけて置く。位置が決まれば完全にシートを除く。

8 生地をバターがのっていない側から3分の1のところで折り返し、両端をとじる。

9 バターがのっている側からも折り返し、端をとじる。麺棒で押さえて生地とバターを密着させる。

10 縦長においた状態で麺棒で25×50cmくらいにのばす。

11 途中、空気が入れば竹串をさして抜く。

12 両端から折って三つ折りにし、折るたびに麺棒で押さえて生地とバターを密着させる。

13
三つ折りを2回終了し、2回の印をつける。

14
ビニールシートでしっかりつつみ、バットに入れて冷蔵庫で3〜4時間休ませる。

15
14をとり出し、固いので少し叩いて柔らかくしてから打ち粉をし、パイシーターにかけて23×60cmにのばす。12と同様に三つ折りにする。

16
90度向きをかえて15の作業をのばすところからくり返し、さらに三つ折りを行う（三つ折り合計4回）。同様に冷蔵庫で休ませる。
＊打ち粉ははらう。≣3

17
同じ要領でさらに三つ折り2回をくり返す（三つ折り合計6回）。生地は冷蔵庫で休ませてから使う。

成形してから冷凍保管する

休ませた生地は通常、お菓子によってのばした状態（縮みも計算してのばす）、または型に敷いて（→P18）から冷凍庫で保管している。
成形しておけば休ませる必要もなく、必要量を出してそのまま、あるいは詰めものをしてすぐに焼くことができる。

≣1　ベースの生地「デトランプ」自体を休ませることなく次の作業に移行できるやり方にしている。切り刻むフードプロセッサーで生地のグルテンを少なくし、かつまとめる時もこねない。

≣2　デトランプ生地に包むバターは生地と同じ固さになるようにすることが重要。このやり方でスムーズに三つ折りができるようにする。

≣3　打ち粉は生地に必要なく、はらわないと味と作業に影響する。ふったらかならずハケではらうこと。

型への敷き込み
（フォンサージュ）
Fonçage

タルトリング
Tart ring

準備
パート・シュクレ、パート・フイユテなどバターが多い生地を使うので、冷凍庫で冷やしておいた黒鉄板をひっくり返した上に紙を敷いて作業するとよい。

敷き込む前に

1. 打ち粉はしっかりはらう
余分な打ち粉は味に影響する。また打ち粉がついたままだと型からすべって作業しづらくなる。

2. 型にしっかり密着させる
生地と型との間に空気が入ると焼き上がりの形が崩れる。また、中に入れたアパレイユなどが焼成時にあふれ出てしまう原因となる。底がある型に敷き込む場合はさらにピケする。

> **敷き込んだら冷凍して保管**
> 作業性から型に敷き込んでから冷凍している。必要量をとりだして冷凍のまま、またはアパレイユを入れてすぐに焼くことができる。
> すぐに敷き込む場合は生地を冷蔵庫で休ませてから使う。

1 約2mmの厚さにのばしてピケした生地を使用型よりひとまわり大きな型で抜く。抜いた生地はタルトリングに入れる。

2 左（利き手）親指と人差し指ではさんだ生地を型に落とし込んでは右親指の腹で生地を側面に押しつけていく。

3 次に右手で生地を側面に押しつけながら型をまわしては左親指の先で押して底角をつくっていく。

4 生地に底角ができ、側面の生地が型に密着して空気が入っていないことを確認。冷蔵庫に入れて生地を締める。

5 4をとり出し、型をまわしながらふたたび左親指の先で底角を、右親指の腹で側面を軽く押して生地を密着させる。

6 ひっくり返して生地の底角がしっかりでき、側面に空気が入っていないことを確認する。

7 型をまわしながらパレットナイフで余分な生地をカットする。この状態で冷凍し、そのまま使う。

底がある小さな型
（ミラソン型）

mini round cake pan with bottom (millason mold)

1
約2mmの厚さにのばしてピケした生地を使用型よりひとまわり大きな型で抜く。

2
底に空気が入らないように抜いた生地をゆったりと型に入れる。

3
タルトリングの2と同様に片方の手で生地を型に入れては他方の親指の腹で生地を側面に押しつけていく。

4
同3を参照して底角をつくり、側面に生地を押しつけて生地を密着させてから冷蔵庫に入れて締める。

5
4をとり出し、4の作業をくり返して生地を型に密着させてからフォークでピケする。

6
同7と同様に余分な生地をパレットでカットして除き、冷凍しておく。

小さな角型
（フィナンシェの長方形型）

rectangular tartlet (financier individual mold)

※ラップ紙の芯2本とひとまわり小さな型を用意する。

1
型を天板に間隔をあけて並べる。生地を型の幅に合わせて厚さ2mmにのばしてピケし、型の上にゆったりとかぶせる。

2
両指で上から軽く押さえ、生地を型にざっと添わせる（写真）。少し冷蔵庫で締めてからさらに両指で生地を押さえる。

3
ラップ紙の芯2本を転がして生地をカットする。2本使うことで型がたつかずに生地をカットできる。

4
生地を敷き込んだ型にひとまわり小さな型をのせて押し、生地をしっかり密着させる。

5
竹串2本を束ねたもので底にピケする。冷凍しておく。

パータ・マカロン
Macaron shells

マカロンをつくる前に

1. 卵白は割卵後2〜3日おく
泡立ちが安定するので割卵後冷蔵庫で2〜3日おいてから使う。ちなみに生で食すムースには割卵したての新鮮なものを使う。

2. マカロナージュ
気泡をつぶして混ぜるマカロナージュは、混ぜすぎると重くなるので注意する。

3. 焼成の目安
焼き上がりの目安は表面を軽く押さえると少し動くような感じの時。動かなくなったら焼きすぎ、動きすぎるのは焼きが十分でない状態。決められた焼成時間まではオーヴンを開けずに焼き、それから状態を見て、必要なら何十秒か余分に焼くのがベスト。

分量　各菓子の頁を参照

メレンゲ
[卵白
  ＊割卵してから2〜3日たったものを使用。
  微粒グラニュー糖
  場合によって色素]

[アーモンドプードル
  粉糖]

粉糖(樹脂製マット用)──適量

＊プレーンのマカロンをつくりたい場合
→P168 グリオット・オランジュの配合で色素を除いてつくる。

See each amount on individual recipes

Meringue
[egg white
  ＊set and stock in cold storage
  a few days after crack the eggs
  caster sugar
  food coloring (in some case)]

[almond flour
  confectioners' sugar]

confectioners' sugar, for silicon sheet

1
ミキサーボウルに卵白を入れ、場合によって色素を滴下する(色素は途中で加えてもよい)。少量の砂糖を加え、中高速で攪拌する。

2
全体が白い泡で覆われてフワッとしてきたら残りの砂糖を3〜4回に分けて加えていく。

3
角がしっかり立つまで攪拌する。ボウルに移してゴムベラでキメを整える。

4
3に、合わせてふるった粉類をふり入れながらゴムベラでよく混ぜる。均一に混ざればよい。

5
ゴムベラの面で練りつぶすように混ぜる。半分以下の量になり、つやが出てきたら、最後にボウル縁をきれいにはらう。

6
5.5cmの型に粉糖をつけて樹脂製マットに印をつけておき、5を口径1.3cmの丸口金で間隔をあけて絞る。

パータ・マカロン・カフェ
Coffee macaron shells

7 6を風にあてる。8分たったら向きをかえてさらに8分あて、さわっても指につかなくなるまで表面を乾燥させる。

8 指定の温度と時間で焼く。途中ピエが出てくる。

9 粗熱がとれたら樹脂製マットから生地をはずし、別のマット上に並べておく。

分量　直径5.5cm 20個(40枚)分

メレンゲ
[卵白──165g
　＊割卵して2〜3日たったものを使用。
  微粒グラニュー糖──150g]
インスタントコーヒー──15g
熱湯──5g
コーヒーエキス──3g

[アーモンドプードル──205g
  粉糖──245g]

Makes forty 5.5-cm diameter macaron shells

Meringue
[165g egg whites
　*set and stock in cold storage
　a few days after crack the eggs
  150g caster sugar]
15g instant coffee
5g boiling water
3g coffee extract

[205g almond flour
  245g confectioners' sugar]

1 パータ・マカロン1〜3（→P20）を参照して卵白と砂糖を角がしっかり立つまで泡立て、メレンゲをつくる。

2 ボウルにインスタントコーヒーを入れ、熱湯でペースト状に溶いてからコーヒーエキスを加え混ぜる。≡1

3 2を大きなボウルに移し、1のメレンゲをゴムベラでキメを整えてから2にひとすくい加え、軽く混ぜる。≡2

4 ざっと混ざったら残りのメレンゲを加え、さっくりと軽く混ぜる。

5 同4〜5を参照して合わせてふるった粉類をふり入れながら混ぜ、つやが出るまで泡をつぶしながら混ぜる。

6 同6〜7を参照して口径1.3cmの丸口金で5.5cmに絞り、表面を乾かす。122℃のオーヴンで約18分焼く。

≡1　インスタントコーヒーを粉と混ぜてメレンゲに合わせるとコーヒーの粒子が生地の表面に残るので、液状にしてメレンゲに先に加える。

≡2　コーヒーを加えると締まりやすいので、メレンゲの一部を軽く混ぜてから全体と合わせる。

ミント入りパータ・マカロン
Mint macaron shells

分量　直径5.5cm 20個(40枚)分

フレッシュミントの葉 —— 10g
レモン汁 —— 2g
メレンゲ
[卵白 —— 170g
  *割卵して2〜3日たったものを使用。
  微粒グラニュー糖 —— 155g
  黄の色素 —— 15滴
  緑の色素 —— 6滴]

[アーモンドプードル —— 210g
  粉糖 —— 250g]

Makes forty 5.5-cm diameter macaron shells

10g fresh mint leaves
2g fresh lemon juice
Meringue
[170g egg whites
  *set and stock in cold storage
  a few days after crack the eggs
  155g caster sugar
  15 drops of yellow food coloring
  6 drops of green food coloring]

[210g almond flour
  250g confectioners' sugar]

1　ミントをボウルに入れ、レモン汁を加えてゴムベラで混ぜて色どめをしておく。

2　1のミントの葉を重ねて包丁でみじん切りにする。
*生地をつくる直前によく切れる包丁で切り、細かくしすぎない。≡1

3　パータ・マカロン1〜3 (→P20) を参照して色素入りメレンゲをつくって大きなボウルに移す。2を加え、ゴムベラで切るようにさっくり混ぜる。

4　同4〜5を参照して生地を仕上げ、同6〜7を参照して1.3cmの丸口金で5.5cmに絞って乾かす。約126℃のオーヴンで18分焼く。

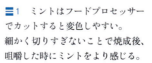

≡1　ミントはフードプロセッサーでカットすると変色しやすい。細かく切りすぎないことで焼成後、咀嚼した時にミントをより感じる。

パータ・ダコワーズ・ノワゼット
Hazelnut dacquoise

分量　でき上がり290g

[ヘーゼルナッツプードル —— 25g
  *皮つきホールをつくる直前に粗めに挽く。
  アーモンドプードル —— 40g
  薄力粉 —— 10g
  粉糖 —— 40g]

メレンゲ
[卵白 —— 120g
  微粒グラニュー糖 —— 55g]

粉糖 —— 適量

Makes 290g

[25g fresh coarsely ground shelled hazelnuts
  *grind hazelnuts in food grinder
  just before using
  40g almond flour
  10g all-purpose flour
  40g confectioners' sugar]

Meringue
[120g egg whites
  55g caster sugar]

confectioners' sugar

パータ・ダコワーズ・ココ
Coconut dacquoise

1　皮つきヘーゼルナッツは生地をつくる直前にフードプロセッサーで挽いて粗めの粉にする。≡1

2　粉類を合わせてふるっておく。

3　メレンゲをつくる。卵白をミキサーボウルに入れてごく少量の砂糖を加え、中高速で泡立てていく。

4　全体が白い泡で覆われてフワッとしてきたら砂糖の残りの1/3量を加える。泡のキメが細かくなれば残りの砂糖を半量ずつ加えていく。

5　しっかり角が立つまで泡立てる。ただし砂糖が少なめなので泡立てすぎるとモロモロするので泡立てすぎに注意。

6　5のメレンゲをボウルにあけ、ゴムベラで混ぜてキメを整える。

7　6に合わせてふるった粉類を少量ずつふり入れながらゴムベラで切るように混ぜていく。

8　均一に混ざればよい。樹脂製マットに絞るか、またはぬらしたシャブロン型などにのばし、粉糖などをふって160～170℃で焼く。

≡1　ヘーゼルナッツプードルは酸化しやすいので直前に挽く。

分量　でき上がり335g（直径5cm円形38枚分）
＊直径5cmの抜き型を用意する。

```
ココナッツファイン ── 50g
アーモンドプードル ── 50g
粉糖 ── 75g
```

メレンゲ
```
卵白 ── 115g
グラニュー糖 ── 65g
```

粉糖 ── 適量

Makes 335g
thirty eigtht 5-cm diameter dacquise
＊5-cm diameter round pastry cutter

```
50g coconut fine shred
50g almond flour
75g confectioners' sugar
```

Meringue
```
115g egg whites
65g granulated sugar
```

confectioners' sugar

1　粉類を合わせてふるっておき、パータ・ダコワーズ・ノワゼット2～7（→P23）を参照して生地をつくる。

2　粉糖をつけた5cmの抜き型で跡をつけた樹脂製マットに、1を1.3cmの丸口金で丸く絞り、170℃で19分焼く。

パータ・ケーク
Pound cake dough

分量　各菓子の頁を参照

バター（常温にもどす）
粉糖
全卵
アーモンドプードル
薄力粉
ベーキングパウダー

See each amount on individual recipes

unsalted butter,
at room temperature
confectioners' sugar
whole egg
almond flour
all-purpose flour
baking powder

1
フードプロセッサーに常温にもどしたバター（指がスッと入る程度）と粉糖を入れて攪拌する。

2
ポマード状になれば卵を半量加えて攪拌し、均一になれば残りの卵を加えてさらに混ぜる。

3
ゴムベラでバターが残っていないか確認する。摩擦熱が加わると生地がだれるので、混ぜすぎないようにする。

4
アーモンドプードルを加えて同様に攪拌する。途中側面についた生地をはらいながらまわす。

5
合わせた薄力粉とベーキングパウダーを4に加えたら、グルテンが出ないように状態を見ながらショートスイッチで混ぜる。

6
粉が残っていないか確認してボウルに移す。バターを塗るなどした型に入れ、ものによりナッツなどをふって165〜170℃で焼き、型からとり出して冷ます。

基本のクリーム

ヴァニラの処理
How to use vanilla

種だけを使う

ヴァニラは一般的に裂いてサヤごと使うが、クリームやピュレと一緒に炊くと、とりだしたサヤは洗っても汚れが残る。そこでナイフで種だけ軽くこそげとって使っている。種を除いたサヤはヴァニラシュガーなどに使う（→下記）。

1
サヤからペティナイフで種だけをとりだして小さなボウルに入れる。

2
一緒に炊く牛乳やピュレなどを少量加えてゴムベラでのばし、粒をほぐしてから鍋に入れる。

ヴァニラシュガーのつくり方

1
種を除いたヴァニラスティックは、60〜70℃のオーヴンでサヤが軽く折れるくらいまでしっかり乾燥焼きする。

2
1をキッチンポットに入れて麺棒の先で細かくつぶす。ヴァニラ1：微粒グラニュー糖2の割合でフードプロセッサーにかけてかなり細かくし、目の細かいアミで漉す。

3
2で漉して残った粗い粒はさらにフードプロセッサーにかけて漉して2と合わせる。

クレーム・パティシエール
Custard cream

分量　でき上がり約800g

牛乳—— 525g
ヴァニラスティック—— 1/2本分
卵黄—— 105g
グラニュー糖—— 120g
薄力粉—— 30g
コーンスターチ—— 30g

Makes about 800g

525g whole milk
1/2 vanilla bean
105g egg yolks
120g granulated sugar
30g all-purpose flour
30g corn starch

1　鍋に牛乳を入れる。ヴァニラは種だけこそげて少量の牛乳でのばして（→P24 ヴァニラの処理）牛乳に加える。

2　卵黄は泡立て器でよくほぐしてから半量の砂糖を加えてすり混ぜる。

3　1に残りの砂糖を加えて火にかけ、時々混ぜながら加熱する。

4　2の卵黄に合わせてふるった薄力粉とコーンスターチをふり入れ、泡立て器で軽くまわし混ぜる。

5　3の牛乳が温まれば少量を4に加えてよく混ぜ、別のボウルに漉す。

6　残りの3は混ぜながら加熱し続け、沸騰して泡が鍋の上の方まで上がってきたら5を一気に加えて手早く混ぜる。≡1

7　写真のようにとろみがついてきたら火をとめ、バットに流す。

8　ゴムベラで薄くのばし、ラップ紙を密着させてから風をあてて急冷し、粗熱をとる。
＊必要に応じて冷蔵庫に入れる。

≡1　粉に一気に熱を入れる独自のやり方。長時間混ぜ続けながら加熱せずともすむようにした。ただし卵に火が入った時のタイミングの見極めは必要。

クレーム・ダマンド
Almond cream

分量　でき上がり約1400g
＊材料はすべて常温にもどしておく。

バター—— 350g
粉糖—— 350g
全卵—— 350g
アーモンドプードル—— 350g
＊ヘーゼルナッツ風味にする場合はアーモンドプードルと同量にし、総量で350gにする。ヘーゼルナッツは使う直前に挽いて粉にする（→P22 パータ・ダコワーズ・ノワゼット）。

Makes about 1400g

350g unsalted butter, at room temperature
350g confectioners' sugar, at room temperature
350g whole eggs, at room temperature
350g almond flour, at room temperature
if you like hazelnut flavor, blend 175g almond flour and 175g hazelnut flour together. Grind shelled hazelnut in food grinder just before using.

1　バターは指がスッと入るくらいに柔らかくもどしておき、フードプロセッサーに入れる。

2　粉糖を加えて攪拌する。均一に混ざれば溶いた全卵を加え混ぜる。

3　混ざればアーモンドプードルを加えて攪拌する。

クレーム・フランジパーヌ
Frangipane cream

分量　各菓子の頁を参照
◎クレーム・パティシエール 1 に対して
　クレーム・ダマンド 2 の比率で合わせる。

クレーム・パティシエール（→ P25 常温）
クレーム・ダマンド（→ P25）

See each amount on individual recipes
◎ The ratio of custard cream and almond cream should be 1 to 2 in weight

custard cream, see page 25
*Do not place in cold storage, let cool at room temperature
almond cream, see page 25

1 クレーム・パティシエールはゴムベラでカットしてフードプロセッサーに入れて攪拌し、クリーム状にもどす。

2 クレーム・ダマンドはボウルに入れ、1 を加える。

3 なめらかになるまでゴムベラで切るように混ぜる。
*余ったらプラスチック容器に入れて冷凍保存する。使用時に必要量だけとり出し、冷蔵庫で解凍して使用する。

アングレーズソース
Anglaise sauce

分量　各菓子の頁を参照

牛乳
ヴァニラスティック
微粒グラニュー糖
卵黄

See each amount on individual recipes

whole milk
vanilla bean
caster sugar
egg yolk

1 牛乳は鍋に入れ、少量の牛乳で溶いたヴァニラの種を加え（→ P24 ヴァニラの処理）、砂糖の半量を加える。火にかけ、泡立器で混ぜながら加熱し、砂糖を溶かす。

2 ボウルに卵黄を溶き、残りの砂糖を加えてなめらかになるまですり混ぜてから 1 を全量加える。

3 2 を泡立器でよく混ぜてから 1 の鍋にもどし、中火で絶えず混ぜながら加熱する。

4 膨張して混ぜた跡がくっきり残るまでとろみをつける。混ぜながらダマにならないようにする。
*ここまで炊くのが杉野流。≡1

5 4 を手早くボウルに漉す（ゼラチンが入るものはここで加えて溶かす）。ボウル底を氷水にあてて混ぜながら適温に冷ます。≡2

≡1　しっかり殺菌したいのでここまで炊く。
とろみがついたら手早く漉し、冷やすなど次の作業に移るのがポイント。
≡2　凝固しやすいので手早く作業する。

バタークリーム
Butter cream

分量　各菓子の頁を参照

アングレーズソース（→ P26）
バター（常温にもどす）

イタリアンメレンゲ
- 卵白
  - グラニュー糖
  - 水

See each amount on individual recipes

anglaise sauce, see page 26
unsalted butter, at room temperature

Italian meringue
- egg white
  - granulated sugar
  - water

1 アングレーズソースをつくり、炊き上がったらボウルに漉す（→ P26）。氷水にあてて35〜36℃に温度を下げる。

2 バターは指がスッと入る程度にもどす。

3 2をミキサーボウルに入れ、中高速で白っぽくなるまでしっかりと泡立てる。
＊しっかりと気泡を入れて泡立てる。≣1

4 3に1のアングレーズソースを3回くらいに分けて加えながら中高速で攪拌していく。混ざればボウルに移す。
＊量が少ない場合は2回に分けて加える。

5 イタリアンメレンゲは直前につくって少し温かい時にとめてボウルに広げ、冷凍庫で「人肌程度」に冷ます（→ P44 ピュレのムース4〜6）。≣2

6 4に5を加えて最初は泡立器で気泡をつぶさないようにさっくりと混ぜる。
＊気泡を残すために混ぜすぎないこと。

7 最後にゴムベラに持ちかえ、側面と底からはらうように混ぜて混ぜ残しがないようにする。

≣1　気泡をたくさん含ませることで軽くし、フレッシュな舌ざわりにしたいので、バターはしっかり泡立てている。

≣2　完全に冷めるまで攪拌すると気泡が詰まり、バターと合わせると締まってダマになりやすいので、人肌程度の温度にとどめる。

ピュレ入りバタークリーム
Fruit butter cream

分量　各菓子の頁を参照

バタークリーム（→ P27）
ピュレ（1cm角切りにして解凍）

See each amount on individual recipes

butter cream, see page 27
frozen fruit purée, cut into 1cm-cubes,
and defrost in 20℃

1 バタークリーム 1〜4（→ P27）を参照してつくり、約20℃に解凍したピュレを 2〜3 回に分けて加えながら攪拌していく。

2 同 5〜7 を参照してイタリアンメレンゲをつくり、1 に加えてさっくりと混ぜる。

ピュレを使ったアングレーズソースのバタークリーム
Butter cream with fruit purée anglaise sauce

分量　各菓子の頁を参照　　See each amount on individual recipes

ピュレのアングレーズソース　　Anglaise sauce with fruit purée
- ピュレ A（冷凍のまま 1cm角切り）　　frozen fruit purée A, cut into 1-cm cubes
- ヴァニラスティック　　vanilla bean
- グラニュー糖　　granulated sugar
- 卵黄　　egg yolk
- ピュレ B（冷凍のまま 1cm角切り）　　frozen fruit purée B, cut into 1-cm cubes

バター（常温にもどす）　　unsalted butter, at room temperature
イタリアンメレンゲ　　Italian meringue
- 卵白　　egg white
- グラニュー糖　　granulated sugar
- 水　　water

1 ピュレAを銅鍋に入れて火にかけて溶かす。牛乳の代わりにこのピュレでアングレーズソースをつくる。

2 ヴァニラの種は少量の 1 で溶いて半量の砂糖とともに 1 に加え、アングレーズソース（→ P26）を参照して炊く。

3 中火にかけて絶えず混ぜながら加熱し、混ぜた跡がくっきり残るまでとろみがつけば、ボウルに漉す（→ P26 アングレーズソース 4〜5）。

4 すぐに 3 に凍ったままのピュレBの半量を加えて混ぜる。アングレーズソースの熱で溶け、温度も下がる。

5 残りのピュレBは直前に解凍し（→ P43 ムースをつくる前に）、4 に加え混ぜる。26〜27℃に調整する。≡1

6 バタークリーム 2〜7（→ P27）を参照して泡立てたバターに加え、次にイタリアンメレンゲを加え混ぜる。

≡1　ピュレには酸味がある。ピュレで炊いたアングレーズソースの場合、凍ったままのピュレBを全量加えてしまうと、温度が一気に下がってバターが分離してしまう。少し温度が下がったところで解凍したピュレを加え、段階的に温度を下げる。

ガナッシュ
Chocolate cream filling

分量　各菓子の頁を参照

チョコレート
＊フードプロセッサーで細かく刻んでおく。
転化糖
＊チョコレートの上にのせて計量する。
┌ 水飴
│ 生クリーム（乳脂肪分38％）
└ ＊牛乳を加えることもある。
バター（5㎜角切り。常温にもどす）

See each amount on individual recipes

chocolate, finely chopped
invert sugar
┌ starch syrup
│ fresh heavy cream, 38% butterfat
└ *occasionally add whole milk.
unsalted butter, cut into 5-mm cubes, at room temperature

1　水飴と生クリームを鍋に入れてゴムベラで混ぜながら67〜68℃に温める。

2　ボウルに刻んだチョコレートと転化糖を入れておき、1を注ぎ入れる。
＊転化糖は分離しやすいものに入れると安定する。

3　少しおいてチョコレートが溶けるのを待ち、泡立て器で中心部から小刻みに混ぜて乳化させていく。

4　つやが出てペースト状になってきたら少しずつ混ぜる範囲を広げていく。
＊つやとペースト状の固さは乳化した目安。 ≡1

5　乳化したらカットしたバターを入れ、沈めて少し溶かす。

6　溶けたら混ぜる。バターの粒が完全になくなったらボウルごと下に叩きつけ、余分な空気を除く。絞る温度は32℃程度にする。

≡1　全体が乳化したら混ぜすぎないこと。混ぜすぎて空気が入ると糖化してざらつく。

お菓子のパーツ

ナッツ
Nuts

クラクラン・ダマンド
Praline bits

分量　でき上がり約200g

水—— 25g
グラニュー糖—— 100g
16割アーモンド—— 100g

Makes about 200g

25g water
100g granulated sugar
100g diced almonds, 3-4mm size

クラクラン・ダマンドを冷凍保存

多めにつくり、チャックつきポリ袋に入れて冷凍保存し、必要分を冷蔵庫で解凍して使っている。

1　手鍋に水を入れ、砂糖を加えて火にかけて沸かす。沸いたらいったん火をとめてアーモンドを入れて混ぜる。

2　シロップがなじんでよく混ざったら、ふたたび火をつけて混ぜ続ける。

3　しばらく混ぜると生地が固まってくる。アーモンドが糖化してきたらふたたび火をとめる。

4　さらによく混ぜ、アーモンドがひと粒ずつになったら、ふたたび火をつけて混ぜ続け、キャラメリゼする。

5　均一に茶色に色づいたら火をとめて樹脂製マットにとり出す。

6　砂糖だけの塊を除いて粒をそろえてから、粗熱をとる。

クラクラン・フランボワーズ
Raspberry praline bits

分量　でき上がり約140g

16割アーモンド—— 100g
＊168℃のオーヴンで15分ローストする。
フランボワーズのピュレ
　（1cm角切りにして解凍）—— 50g
粉糖—— 50g

Makes about 140g

100g diced almonds, 3-4mm size
＊Roast in a 168℃ oven for 15 minutes
50g frozen raspberry purée,
cut into 1 cm cubes, and defrost
50g confectioners' sugar

1　ローストしたアーモンドのボウルに解凍したフランボワーズのピュレを入れて混ぜ、粉糖も加えて混ぜる。

2　1を樹脂製マットにあけて薄く広げ、80℃のオーヴンに入れ、10分間隔でとり出しては全体を混ぜる。

3　焼成時間は約1時間。仕上がりはパラパラになる。粗熱をとって冷凍保存する。

クラクラン・フランボワーズを冷凍保存

クラクラン・ダマンド同様に冷凍保存する。ただし、フランボワーズは変色しやすく、香りも飛びやすいので2〜3日分をつくり、小分けしてチャックつきポリ袋に入れて冷凍する。

ヘーゼルナッツの
ヌガティーヌ
Caramelized hazelnuts

分量　約30×40cm大

バター —— 30g
ハチミツ —— 8g
水飴 —— 8g
グラニュー糖 —— 40g
生クリーム（乳脂肪分38％） —— 25g
16割ヘーゼルナッツ —— 30g

Makes about 30×40cm size

30g unsalted butter
8g honey
8g starch syrup
40g granulated sugar
25g fresh heavy cream, 38% butterfat
30g diced hazelnuts, 3-4mm size

1
バター、ハチミツ、水飴、砂糖を鍋で加熱して溶かし、生クリームを加えて火をとめ、木ベラで混ぜる。16割ヘーゼルナッツを加えてよく混ぜる。

2
天板にのせた樹脂製マットに1を移してゴムベラで薄く広げる。

3
180℃のオーヴンで約11分焼く。

まとめてつくり室温で保管

1週間分くらいを仕込み、必要なサイズにカットして密閉性のいい缶に乾燥剤と一緒に入れて室温で保管している。

アーモンドスライスの
キャラメリゼ
Caramelized sliced almonds

分量　アーモンドスライス450g分

アーモンドスライス —— 450g
粉糖 —— 225g
ボーメ30°のシロップ —— 300g

Makes 450g sliced almonds

450g sliced almonds
225g confectioners' sugar
300g beaume-30° syrup

1
ボウルに入れたアーモンドスライスに粉糖を加え混ぜてから30°のシロップを少しずつ加え混ぜる。

2
天板にのせた樹脂製マットに1をあけて、ゴムベラでできる限りバラバラに離す。170℃のオーヴンで3分焼く。

3
2をとり出し、ゴムベラでマットから引き離して1枚ずつに離す。薄いので割れないようにていねいに作業する。さらに170℃で3分焼く。

4
とり出し、ゴムベラや手でさらに1枚ずつバラバラにしたら、170℃で15～16分色づくまでローストする。

まとめてつくり室温で保管

通常は1週間分くらいを仕込み、密閉性のいい缶に乾燥剤と一緒に入れて室温で保管している。

プラリネ・キャフェ
Coffee praline

分量　アーモンド1kg分

アーモンド —— 1kg
グラニュー糖 —— 500g
インスタントコーヒー —— 40g
水 —— 125g

Makes 1kg almonds

1kg almonds
500g granulated sugar
40g instant coffee
125g water

アーモンドの選別

■1　熱の入り方がかわってくるので、写真のように変形したアーモンドはロースト前に除き、刻み用に使う。

余分に出た糖衣

■2　最後に出た余分な砂糖は乾燥剤を入れた密閉容器に入れてとっておき、フィナンシェ・カフェなどに利用する。

1　アーモンドは168℃のオーヴンで15分ローストしておく。■1

2　砂糖とインスタントコーヒーを銅鍋に入れて木ベラでよく混ぜてから水を加え、ガス火の中火にかける。

3　混ぜながら加熱し、沸いて泡が盛り上がってきたら火をとめてアーモンドを入れる。よく混ぜる。

4　シロップが全体にからまれば火をつけ、強火にして木ベラで大きく20回混ぜる。火を消して1分待つ。

5　ふたたび強火で火をつける。20回混ぜては1分火をとめる4の作業を合計6〜7回くり返す。

6　だんだん混ぜる手が重くなって糖化してくる。

7　4〜5の作業を所定の回数を終えてアーモンドがバラバラになったら、火をとめて1分おく。

8　次に火をつけずに混ぜ続ける。鍋底に余分な砂糖が落ちるようになったらふたたび火をつける。

9　中〜強火でさらに3分混ぜ続ける。熱で糖衣が溶けてくる。

10　鍋底に落ちていた砂糖がからまり、つやが出てきたらOK。樹脂加工の天板にあけて広げる。

11　手で押さえて広げ、両手ではさんで軽く動かしてくっつかないようにしながら余分な砂糖を落とす。■2

フルーツ
Fruits

フルーツのソテー
Fruits sauté

リンゴのソテー —— 水分が多い素材の場合
Apple sauté —— For juicy fruit

分量　48切れ分

バター —— 20g
グラニュー糖 —— 110g
カルヴァドス(酒) —— 20g
リンゴ(常温≡1) —— 2個
＊紅玉を使う。
　なければ酸味のあるものを選ぶ。

Makes 48 pieces

20g unsalted butter
110g granulated sugar
20g calvados
2 apples

≡1　フルーツが冷えたものだとフライパンに投入した時にキャラメル化した砂糖が結晶化するので、常温の状態で使う。
≡2　最後に粗熱をとる場合、風にあてて急冷することで余熱があまり入らずにフレッシュさを保てる。
≡3　水分が少ないバナナなどは先にキャラメルに2/3量ほどの酒を入れて緩めておくとからまりやすく焦げない。

1　リンゴは皮と芯を除いて縦12等分し、さらに半分にカットする。フライパンを熱してバターを溶かして広げ、グラニュー糖をまんべんなくふり入れる。

2　砂糖がキャラメル状になればカットしたリンゴを投入する。

3　フライパンをゆすりながらリンゴにキャラメルをからめながら加熱する。

4　リンゴが透明感のあるキャラメル色になればカルヴァドス(酒)をふり入れて鍋をふって全体にからめ、火からおろす。

5　4のリンゴを樹脂製マットにとり出し、パレットでひとつずつに離してから風にあてて粗熱をとる。≡2

バナナのソテー —— 水分が少ない素材の場合
Banana sauté —— For fruit not so moist

分量　バナナ約2本分

バナナ(常温) —— 皮と端を除いて305g
＊エクアドル産。
レモン汁 —— 10g
バター —— 10g
グラニュー糖 —— 60g
ラム酒(酒) —— 35g

Makes about two bananas

305g banana pulp, "Ecuadorean banana"
10g fresh lemon juice
10g unsalted butter
60g granulated sugar
35g rum

1　バナナは1本を4等分してからそれぞれを縦4等分にスライスし、さらに90度向きをかえて縦3等分し、小口から切って7～8mm大にする。

2　変色を防ぐために1にレモン汁を加え、ボウルごとふって混ぜる。
＊変色しやすいフルーツは、カットしてからレモン汁をからめておく。

3　リンゴのソテー1(→左記)を参照してバターと砂糖でキャラメリゼし、酒2/3量を入れてキャラメルを緩める。≡3

4　3にバナナを投入し、同3～5を参照して仕上げる。残りの酒は同4で加える。

オレンジの皮のコンフィ
Candied orange peel

分量　オレンジの皮 18 個分

オレンジの皮　18 個分
＊半割にしてジュースを搾ったもの。
　果汁を搾る前にタワシでしっかり洗って
　ワックスや防カビ剤を除く。

ブランシール用
- 水 —— 9ℓ
- 酢 —— 180cc
- 塩 —— 36g

シロップ
＊ブランシールしたオレンジの皮
　1kg に対し、各 500g の割合。
- グラニュー糖 —— 適量
- 水 —— 適量

Makes peel of 18 oranges

18 oranges
For blanch
- 9ℓ water
- 180cc vinegar
- 36g salt

Syrup for 1kg blanched orange peels
- 500g granulated sugar
- 500g water

オレンジの皮のコンフィのみじん切り

フードプロセッサーで細かくしたものをチャックつきポリ袋に入れて冷凍し、そのつど必要量をとり出し、解凍して使う。

1　鍋にブランシール（ゆがく）用の材料を入れて強火にかけ、沸いたらオレンジの皮を入れる。最初は混ぜながら加熱する。≡1

2　ふたたび沸騰したら火を弱め、ふきこぼれない程度の火加減で60〜70分炊く。ゆがいて繊維をほぐし、シロップを浸透しやすくさせる作業。

3　途中氷水にとって内側の薄皮とワタをスプーンでこそげて状態を見る。透明感が出てきたらOK。

4　3を湯から引き上げて水気をしっかり切り、氷を入れて粗熱をとる。

5　先に丸口金でヘタをくりぬいて除き、スプーンで薄皮とエグミのもとであるワタをこそげとる。苦みも必要なのでワタは少しだけ残る程度にする。

6　5をきれいに洗ってから水気をしっかり絞る。ここでオレンジの皮の重量を量る。オレンジの皮を鍋に並べ入れる。

7　オレンジの皮 1100g（撮影時）に対して水と砂糖各 600g を別の鍋で熱し、熱々のシロップを6の鍋に注いで皮を覆う。
＊覆うのに足りない場合は同割のシロップを足す。

8　皮がシロップにしっかり浸かるようにオーヴンシートと重石をのせて火にかけ、沸騰させたら、ふつふつという程度の火で60分ほど炊いて火をとめる。

9　粗熱がとれたらキッチンポットにきれいに並べてシロップも入れ、ひとまわり小さいキッチンポットと型の重石をのせ、室温（夏場は冷蔵庫）にひと晩おく。

10　翌日シロップだけをしっかりと鍋にとり出し、シロップの重量を量る。シロップの重量の1割の砂糖（分量外）を加えて沸かしてアクをとる。

11　10をオレンジが入ったキッチンポットにもどして重石をし、ひと晩おく。10からの作業を5〜7回くり返す。食べてみてフレッシュ感が残るところで終了する。≡2

≡1　酢は皮を柔らかくして発色をよくし、塩はエグミを抑えて皮の汚れをとる。
≡2　市販品は日持ちさせるために糖度が高く、素材のフレッシュ感と苦みがない。自分で炊くことでフレッシュ感のあるコンフィを使う。

グレープフルーツの皮のコンフィ
Candied grapefruit peel

分量　グレープフルーツの皮 8 個分

グレープフルーツの皮　8 個分
＊半割にしてジュースを搾ったもの。
　オレンジ同様に皮は洗う。

ブランシール用
[水——7ℓ
　酢——140cc
　塩——30g]

シロップ
＊ブランシールしたグレープフルーツの皮
　1kg に対し、砂糖 915g、水 680g の割合。
[グラニュー糖——適量
　水——適量]

Makes peel of 8 grapefruits

8 grapefruits
For blanch
[7ℓ water
　140cc vinegar
　30g salt]

Syrup for 1kg blanched grapefruit peels
[915g granulated sugar
　680g water]

グレープフルーツの皮の
コンフィのみじん切り

フードプロセッサーで細かくしたものをチャックつきポリ袋に入れて冷凍し、そのつど必要量をとり出し、解凍して使う。

1　グレープフルーツの皮についた薄皮をスプーンでこそげとる。とり終えたら縦半分にカットする。≡1

2　オレンジの皮のコンフィ 1〜2（→P34）を参照して 1 をブランシールし、45 分ほど加熱する。

3　1 枚を氷水にとってワタをとってチェックし、透明感があれば火をとめ、氷水で冷やす（同 4）。

4　ワタを除き、洗って水気を絞る。半分にカットし、ヘタがあれば除き端を整える。皮の重量を量る。

5　皮の重量 1kg に対し砂糖 915g と水 680g を銅製の平鍋に入れてガス火にかけてシロップを沸かし、4 を入れる。

6　木ベラで混ぜながら水分がなくなる寸前まで強火で炊く。最初は頻繁に混ぜてシロップがからまるようにする。

7　次第に透明感が出てくる。写真のように汁気がなくなり、つやも出てきたらバットにあけて粗熱をとる。

8　トレイにのせたグリルに 1 枚ずつ少し重ねて並べ、冷蔵庫に 2 日入れてシロップを切る。

先にワタをとる

≡1　オレンジと比べてグレープフルーツの皮は厚い。先に薄皮とワタの一部を除いてからブランシールし、火を通りやすくする。

冷凍カシスのシロップ煮
Frozen blackcurrant compote

分量　冷凍カシス100g分

水——40g
グラニュー糖——40g
冷凍カシス（ホール）——100g

Makes 100g frozen blackcurrants

40g water
40g granulated sugar
100g frozen blackcurrants

1 手鍋に水、砂糖を入れて泡立器でよく混ぜてから火にかける。砂糖が溶けたら冷凍のままのカシスを入れる。

2 沸いたら火をとめてそのまま冷ましてカシスにシロップを浸透させる。キッチンポットに入れ、粗熱がとれたら冷蔵庫へ。保管は1週間程度。

使用時
汁気を切り、キッチンペーパーで水分を除いて使用する。

ルバーブのコンポート
Frozen rhubarb compote

分量　でき上がり約550g

冷凍ルバーブ——500g
＊カットしてあるもの。
　水分が全体にまわる程度に解凍しておく。
グラニュー糖——200g
レモン汁——40〜50g

Makes about 550g

500g frozen rhubarb, defrost halfway
200g granulated sugar
40 to 50g fresh lemon juice

1 半解凍したルバーブはボウルに入れ、砂糖を加えまぶして室温におく。

2 水分が出てきたらルバーブごと手鍋に移して強火にかける。混ぜながら加熱し、沸いたら火を調節する。

3 繊維がほどけてペースト状になったら火からおろし、混ぜながら氷水にあてて粗熱をとる。

4 粗熱がとれたらレモン汁を加えて混ぜる。
＊レモンの酸味で味を締める。

キンカンのコンポート
Kumquat compote

分量　でき上がり400g弱

キンカン（大）——300g（約18個）
グラニュー糖——150g
水——150g

Makes about 400g

300g kumquats, big size
150g granulated sugar
150g water

1 キンカンはヘタをとり、横半分にカットしてピンセットで種を除く。

2 砂糖と水を手鍋に入れてあらかじめよく混ぜてから1を加え、穴をあけた紙蓋をして中火〜強火にかける。鍋縁にふつふつときたらすぐに火をとめる。

3 ビンに2を入れて蓋をし、ビンを逆さにしておく。冷えたら冷蔵庫へ。6ヵ月ほど保管可能。
＊使用するビンはきれいに洗って低温のオーヴンで完全に乾燥させ、蓋は1分煮沸して乾かしておく。

ジュレ
Jelly

分量　各菓子の頁を参照

板ゼラチン
酒
ピュレ（冷凍のまま 1cm角切り）またはジュースなど
レモン汁
＊ピュレによっては使わない。
微粒グラニュー糖

See each amount on individual recipes

gelatin sheet, soaked in ice-water
liquor
frozen fruit purée, cut into 1cm cubes,
or some juice
fresh lemon juice
caster sugar

1
もどした板ゼラチンは酒の半量を入れたボウルに入れておく。
＊酒は、量が少ない場合には全量をここで入れる。

2
ピュレは解凍してレモン汁、砂糖、残りの酒を加えて混ぜる。
＊変色しやすいモモや洋ナシ、バナナなどのピュレは、レモン汁をからめて解凍する。

3
1を湯煎にかけてゼラチンを溶かし、2の半量を糸状に注ぎながら混ぜる。

4
3を2のボウルに糸状に注ぎもどしながら混ぜ、ゼラチンが固まらないようにする。型に流して急速冷凍庫で固める。

センターをつくる
Center for making cakes

使用型で固めたムースの上に、ジュレをデポジッターで流す。急速冷凍庫で固める。

プティ・ガトーのセンターの場合は、ジュレやムースを樹脂製のプティフール型に絞って急速冷凍庫で固める。

センターの保管ととり扱い
ジュレ単独やムースとジュレを重ねてつくるセンターは、固まれば型からはずす、カットするなどして使うサイズに整えて蓋つきプラスチック容器などに入れて冷凍庫で保管し、いずれも直前にとり出して使う。

ジャム（お菓子用）
──カシス、グロゼイユ、ペッシュヴィーニュ、フランボワーズ・ペパン

Jam (for the cake & decorating)
──blackcurrant, redcurrant, blood peach, raspberry

分量　でき上がり約 350g

水飴── 40g
グラニュー糖A── 80g
水── 20g
ピュレ（冷凍のまま 1cm角切り）── 200g
＊フランボワーズのみ冷凍のホールを使用。
［ グラニュー糖B── 50g
　 HMペクチン PG879S── 6g
レモン汁── 15g

Makes about 350g

40g starch syrup
80g granulated sugar A
20g water
200g frozen purée, cut into 1cm cubes,
＊ only raspberry, use frozen raspberry whole.
［ 50g granulated sugar B
　 6g HM pectin (for fruit jelly candies)
15g fresh lemon juice

1
手鍋に水飴、砂糖A、水を入れて強火にかける。

2
沸騰して105℃になったら火をとめ、凍ったままのピュレ（フランボワーズの場合はホール）を入れ、よく混ぜ溶かす。泡立器で混ぜながら砂糖Bとペクチンを合わせておいたものをふり入れて溶かす。

3
まわりをゴムベラではらってからふたたび火をつけ、強火にして泡立器で混ぜながら加熱し、沸騰したら30秒炊く。上がけ用は1分炊く。
＊つくる量によって加熱時間は異なり、でき上がり量1kgの場合はそれぞれこの倍の時間にする。

4
でき上がれば氷水にあてて混ぜながら粗熱をとり、レモン汁を加えて混ぜる。
＊フランボワーズはホールを使い、フランボワーズ・ペパン（種入りジャム）になる。

リンゴの乾燥焼き
Dehydrated apple

分量　リンゴ2個分

リンゴ —— 2個
水 —— 300g
レモン汁 —— 20g
粉糖 —— 適量

Makes 2 apples

2 apples
300g water
20g fresh lemon juice
confectioners' sugar

1
リンゴは皮をむいて1個を縦12等分にくし形に切り、それぞれを横4つにスライスする。
＊皮はリンゴチップ（→右記）に使用する。

2
ボウルに水とレモン汁を合わせてよく混ぜ、1のリンゴを入れて浸し、1時間室温におく。レモン水は色どめの役割。

3
キッチンペーパーで2の汁気をしっかりふきとり、天板にのせた樹脂製マットに重ならないように並べて粉糖をたっぷり2度ふる。少し湿ってきたら2度めをふるようにする。

4
ダンパーをあけた90℃のオーヴンで90分乾燥焼きする。冷ましてから密閉容器で保存する。5日は冷蔵で保存可能。使用時にはラフティスノウ（分量外）をふる。

リンゴの皮のチップ
Apple peel chips

分量　リンゴの皮2個分

リンゴの皮 —— 2個分
粉糖 —— リンゴの皮の重量の1/2

Makes peel of 2 apples

peels of 2 apples
confectioners' sugar,
half weight of the apple peel

1
エコノムなどでごく薄く皮をむき、ボウルに入れる。

2
1全体に分量の粉糖をふり、リンゴから汁が出てしっとりとつやよくなるまで手で混ぜる。

3
ラップ紙で覆い、冷蔵庫に20〜30分おいてから皮の片端だけとがるように丸め、天板上の樹脂製マットに間隔をあけて並べる。

4
ダンパーをあけた90℃のオーヴンで1時間20分、乾燥焼きする。焼けたら粗熱をとってからすぐに乾燥剤を入れた密閉容器に入れて保存する。この状態で2週間ほどは室温で保存できる。

ライムピールのシロップ煮
Candied lime peel

分量　ライムの皮2個分

ライムの皮 —— 2個分
ブランシール用
［水 —— 225g
　塩 —— 15g
　＊レモンピール、オレンジピールの場合は2g
ボーメ30°のシロップ —— 適量

Makes peel of 2 limes

peel of 2 limes
For blanch
［225g water
　15g salt
　＊2g for lemon peel and orange peel
beaume-30° syrup

1
ライムはよく水洗いし、ゼスターで表皮を糸状に細くむきとる。

2
手鍋に水を入れて沸かして塩と1を入れて炊き、アクやワックスを煮だす。ざるにとって流水でよく洗って水気をふきとる。▤1

3
鍋をかえて2のピールを入れ、シロップをひたひたに入れて火にかける。ピールに透明感が出てきたら火をとめ、鍋ごと氷水にあてて急冷することで変色を防ぐ。
＊レモンピールやオレンジピールの場合も同様につくるが、変色しないので氷水にあてる必要はない。またオレンジピールの場合はシロップに赤の色素を少量加える。

4
シロップごと容器に移して粗熱をとり、チャックつきポリ袋に小分けして入れ、冷凍保存する。使う時に解凍する。
＊レモンピールやオレンジピールは冷蔵庫で保管する。

▤1　ライムの場合は緑の色どめの目的で塩を多く用いるためよく水洗いするが、オレンジやレモンのピールの場合は軽く水洗いする。

ドライイチジクの赤ワイン煮
Red wine poached dried figs

分量　ドライイチジク1kg分

シロップ
- 水飴──145g
- グラニュー糖──180g
- 水──100g

赤ワイン──600g
カシスのピュレ
　（冷凍のまま1cm角切り）──120g
- グラニュー糖──45g
- HMペクチン PG879S──4g

ドライイチジク（ホール）──1kg
ブーケガルニ　不織布の袋などに入れる
- クローブ（ホール）──1g
- スターアニス（ホール）──0.3g
- シナモンスティック──2g

レモン汁──100g

Makes 1kg dried figs

For the syrup
- 145g starch syrup
- 180g granulated sugar
- 100g water

600g red wine
120g frozen blackcurrant purée,
cut into 1-cm cubes
- 45g granulated sugar
- 4g HM pectin (for fruit jelly candies)

1kg dried figs
for the Bouquet garni
- 1g cloves
- 0.3g star anise
- 2g cinnamon stick

100g fresh lemon juice

1
銅鍋にシロップの材料を入れてよく混ぜ、強火にかける。105℃になれば火をとめる。赤ワインと凍ったままのカシスのピュレを加え、ピュレが溶けたら45gの砂糖と合わせ混ぜたペクチンを混ぜながらふり入れる。

2
まわりをゴムベラではらってから木ベラに持ちかえ、火をつける。ドライイチジクとブーケガルニを入れる。ふたたび沸騰したら1〜2分炊き、様子を見てイチジクが柔らかくなったら火をとめ、少し落ち着いたらボウルにあけて冷ます。

3
冷めたらレモン汁を加え、消毒したプラスチックの保存容器に入れて冷蔵庫で保存する。ひと晩たったらブーケガルニは除く。この状態で1〜2週間は保存可能。

洋ナシのコンポート
Red wine poached pears

分量　洋ナシ2個分

洋ナシ──2個
赤ワイン──75g
水──80g
グラニュー糖──35g
レモン汁──15g
クレーム・ド・カシス──25g
カシスのピュレ
　（冷凍のまま1cm角切り）──25g

Makes 2 pears

2 pears
75g red wine
80g water
35g granulated sugar
15g fresh lemon juice
25g crème de cassis (blackcurrant liqueur)
25g frozen blackcurrant purée,
cut into 1-cm cubes

1
洋ナシは皮をむき、縦半分にカットしてから軸と底部の固いところを切りとり、くりぬき器で種部分も除く。

2
手鍋に洋ナシ以外の材料を入れて泡立器でよく混ぜてから1の洋ナシを入れ、穴をあけた紙蓋をのせて中〜強火にかける。

3
沸騰したら火をとめてビンに入れて蓋をし、ビンを逆さにしておく（→P36 キンカンのコンポート3）。冷えたら冷蔵庫で保管する。開封後は1週間以内に使用する。

パート・ド・フリュイ（飾り用）
Fruit jelly candies, for décor

分量　すべてでき上がり37cm角カードル1枚分（3cm角144個分）

カシス（糖度は76brix%）
Blackcurrant (Brix of 76%)

グラニュー糖 —— 1kg
HMペクチン PG879S —— 18g
クエン酸 —— 7g
水飴 —— 285g
＊水飴は分量（または分量の一部）の
　砂糖の上で量る。
カシスのピュレ
　（冷凍のまま1cm角切り） —— 455g
水 —— 740g

仕上げ用砂糖　以下を混ぜ合わせる
  ⎡ グラニュー糖 —— 75g
  ⎣ 粉末オブラート —— 75g

Makes 144 blackcurrant jelly candies
of 3-cm square
＊37-cm sguare cake ring

1kg granulated sugar
18g HM pectin (for fruit jelly candies)
7g citric acid
285g starch syrup
455g frozen blackcurrant purée,
cut into 1-cm cubes
740g water

For the finish
  ⎡ 75g granulated sugar
  ⎣ 75g wafer powdered

グロゼイユ（糖度は76brix%）
Redcurrant (Brix of 76%)

グラニュー糖 —— 1kg
HMペクチン PG879S —— 18g
クエン酸 —— 7g
水飴 —— 285g
グロゼイユのピュレ
　（冷凍のまま1cm角切り） —— 555g
水 —— 740g

仕上げ用砂糖（→左記）

Makes 144 redcurrant jelly candies
of 3-cm square
＊37-cm sguare cake ring

1kg granulated sugar
18g HM pectin (for fruit jelly candies)
7g citric acid
285g starch syrup
555g frozen redcurrant purée,
cut into 1-cm cubes
740g water

For the finish
  ⎡ 75g granulated sugar
  ⎣ 75g wafer powdered

パッションフルーツ（糖度は78brix%）
Passion fruit (Brix of 78%)

グラニュー糖 —— 1kg
HMペクチン PG879S —— 24g
クエン酸 —— 12g
水飴 —— 285g
パッションフルーツのピュレ
　（冷凍のまま1cm角切り） —— 455g
水 —— 455g

仕上げ用砂糖（→左記）

Makes 144 passion fruit jelly candies
of 3-cm square
＊37-cm sguare cake ring

1kg granulated sugar
24g HM pectin (for fruit jelly candies)
12g citric acid
285g starch syrup
455g frozen passion fruit purée,
cut into 1-cm cubes
455g water

For the finish
  ⎡ 75g granulated sugar
  ⎣ 75g wafer powdered

1 砂糖とペクチンはボウルに入れてよく混ぜておく。クエン酸はぬるま湯少量(分量外)で溶かしておく。
＊以下、写真はカシスのパート・ド・フリュイ。

2 水飴、ピュレ、水を銅鍋に入れて中〜強火のガス火にかけ、混ぜながら加熱してピュレと水飴を溶かす。

3 水飴が完全に溶けたらいったん火をとめ、1の砂糖とペクチンを合わせたものを泡立て器で混ぜながらふり入れる。ペクチンの塊が残らないようにゴムベラで側面をはらう。

4 ふたたび火をつけ、木ベラで混ぜながら中〜強火でとろみがつくまで(12〜13分)加熱する。

5 時々屈折糖度計でチェックしながら所定の糖度(カシスで76brix%など→分量欄)になるまで混ぜながら加熱する。

6 仕上がれば1のクエン酸を5に加えてよく混ぜる。

7 大理石に置いた樹脂製マット上のカードルに6を流す。

8 固まれば7をペティナイフを使ってカードルからはずし、ひと晩室温においてしっかり固める。

9 ギッターと8の表面に仕上げ用砂糖を広げてまぶす。8をひっくり返してギッターにラインを合わせて置き、樹脂製マットをはがす。

10 9は表面にも仕上げ用砂糖をまぶしてフレームを下ろしてカットし、金属の板ですくって90度向きを変える。

11 フレームのワイヤーの汚れをぬぐいとり、さらにカットして3cm角にする。端を除く。

12 バットに入れた仕上げ用砂糖を11にまぶす。断面にも砂糖をまぶし、1個ずつにはずしてトレイに並べる。≡1

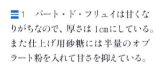

ケーキに飾る時は

1個を2等分、または4等分して飾りなどに使う。

≡1 パート・ド・フリュイは甘くなりがちなので、厚さは1cmにしている。また仕上げ用砂糖には半量のオブラート粉を入れて甘さを抑えている。

チョコレート
Chocolate

グラッサージュ・ショコラ
Chocolate glaze

分量　でき上がり約570g

グラニュー糖——250g
カカオプードル——100g
水——150g
生クリーム(乳脂肪分38%)
　　　——150g
板ゼラチン——15g

Makes about 570g

250g granulated sugar
100g cocoa powder
150g water
150g fresh heavy cream,
38% butterfat
15g gelatin sheets,
soaked ice-water

使用時

必要量をとり、その半量のボーメ30°のシロップを加えて湯煎で混ぜ溶かす。流してコーティングする場合は28〜30℃、表面にパレットなどで塗る場合は26〜27℃、コルネで絞る場合は25℃に調整する。温度が高すぎると固まりにくく、低すぎると厚くなって味に影響する。

1 手鍋に砂糖、カカオプードルの順に入れて泡立器でよく混ぜる。こうするとカカオプードルのダマがほぐれる。

2 1に水を少しずつ加えては泡立器で混ぜ、ペースト状にしてから中火〜強火にかけ、混ぜながらつやが出るまで加熱する。

3 流動状になりふつふつと沸いてつやが出てきたら、混ぜながら生クリームを加える。

4 ふたたび沸いてきたら強火にして混ぜながら2分炊き、ボウルに漉す。

5 氷水にあててゴムベラで混ぜながら約50℃に温度を下げ、ゼラチンを1枚ずつ入れては混ぜ溶かす。キッチンポットに入れて冷蔵庫で保管する。

プラック・ショコラ(チョコレート飾り)
Chocolate decoration

分量
*25×35cmの天板と同じ大きさの厚めのOPPシートを用意する。

チョコレート(テンパリングしておく→P371)——500g以上
*ブラックチョコレートはカカオ分56%、ミルクチョコレートは41%を使用。500gはテンパリング後に温度を保てる最低分量。

*25×35-cm OPP sheet
500g or more chocolate, tempered, see page 371
*dark chocolate -56% cacao, milk chocolate -41% cacao

準備　トレイにOPPシートを密着させる(→P43)。

シート状　sheet　25×35cm1枚で30〜40gを使用
OPPシートにチョコレート30〜40gを流し、アングルパレットでごく薄くのばす。固まれば手袋をして必要な形、大きさに割って使う。

羽根状　wing-shaped plate
40枚で50〜60gを使用、
以下同様

小さなパレットでチョコレートをすくってはシート上に落とし、手前にそのまま長く引く。中央は薄くなり光を通す。

渦巻き状　swirl plate
ティースプーンでチョコレートをひとすくいとってシート上に落とし、スプーンの背で丸くなぞる。クラクラン・ダマンド(→P30)や粗く砕いたブラックペッパーなどを散らすこともある。

楕円形　oval plate
ティースプーンでチョコレートをひとすくいとってシート上に落とし、スプーンの背でなぞるようにして帯状にのばす。中央を薄くすると光を通す。粗く砕いたブラックペッパーなどを散らすこともある。

プラック・ショコラの保管

室温(18℃)に放置し、固まればシートごとロール紙を間にはさんでバットに重ね入れ、冬は室温、夏は冷蔵庫で保管する。

基本のムース

ムースをつくる前に

型用トレイの準備

1 トレイにアルコールを吹きつけ、OPPシートをトレイ手前の端に合わせて敷く。

2 カードを使ってシート下の空気を外に追い出し、密着させる。

3 奥側にはみ出たシートはカッターで除く。衛生的であると同時にムース表面がきれいに平らになる。

型はトレイに密集させて置く。型が少ない場合はカードルやバールなどで型を固定すると作業しやすい。また樹脂製型はOPPシートなしで直接トレイに置く。離水しやすいムースを(生地なしで)直接型に入れる場合は、あらかじめ冷蔵庫でトレイごと冷やしておく。

ピュレの解凍は直前に

凍ったまま1cm角にカットして冷凍しておく。香りを保ち変色を防ぐために、使用直前にIH調理器(ガス火は不可)にかけたりはずしたりしながら解凍する。混ぜる際は金気臭がつくので、泡立器ではなくゴムベラを使う。

クレームフェテ

生クリームを泡立てたもの。ムースには乳脂肪分が35%と38%のものを同割にしてマシンで泡立てる。基本的に直前に、イタリアンメレンゲ、もしくはパータ・ボンブができるタイミングに合わせてつくる。

イタリアンメレンゲ

イタリアンメレンゲは完全に冷めるまで攪拌すると気泡が詰まって冷たいアパレイユと混ぜる時に締まり、ダマになりやすい。
直前に泡立て、ミキサーボウルの底をさわって温かく感じる38〜39℃の時にミキサーをとめ、ボウルに広げて冷凍庫でさっと冷やす。

これをあらかじめクレームフェテに加えて3回だけ混ぜてからピュレやアングレーズソースと合わせている。混ぜる回数も減り、重くならない。

絞る手も冷やす

手の温度が絞り袋を通してムースに伝わらないように、絞る直前に氷水で冷やすのが杉野ルール。

凍らせる前に

逆さ仕込みの場合、型に仕込んだら底が平らになるようにOPPシートを四隅を持ってピンと張らせて表面にのせ、上からトレイで押してから、急速冷凍庫に入れる。

ベースとなるアパレイユの温度

イタリアンメレンゲとクレームフェテなどに合わせる時、加えるピュレやアングレーズソースなどの温度が肝心になる。ピュレは基本的に20℃、離水しやすいフルーツのピュレの場合は、12〜13℃、アングレーズソースは22〜23℃にする。

最後にかならずゴムベラで混ぜる

ムースが仕上がったら、かならずゴムベラでボウルの底から混ぜて混ぜ残しがないようにし、側面をはらってきれいにする。側面にムースなどが残ると固まってダマになったものが全体に混ざり、食感を損なうからだ。

ピュレのムース
Fruit purée mousse

分量　各菓子の頁を参照

ピュレ（冷凍のまま1cm角切り）
レモン汁
板ゼラチン
酒

イタリアンメレンゲ
├ 卵白
├ グラニュー糖
└ 水

クレームフェテ（→P43）

See each amount on individual recipes

fruit purée, cut into 1-cm cubes
fresh lemon juice
gelatin sheet, soaked in ice-water
liquor

Italian meringue
├ egg white
├ granulated sugar
└ water

whipped heavy cream
*blend the same amount of heavy cream 35% butterfat and 38% butterfat, and whip until stiff peaks form with machine.

1　冷凍ピュレをボウルに入れて中火にかけて混ぜながら解凍し、レモン汁を加え混ぜる（変色しやすいピュレはレモン汁をからめて解凍）。10～12℃程度に調整する。≣1

2　ボウルにゼラチンを入れて酒を加えて湯煎で溶かす。≣2

3　2を混ぜながら1の一部を注ぎ入れる。次に湯煎からはずし、1に糸状にたらしてもどす。8で混ぜる時に約20℃（離水しやすいピュレの場合は12～13℃）に調整。≣3

4　イタリアンメレンゲ　ミキサーの中速で卵白を泡立てはじめる。手鍋で砂糖と水を沸かし、118℃になったらボウル縁から注ぐ。

5　人肌より少し温かい程度でミキサーをとめる。完全に冷めるまで攪拌しないこと。

6　5をボウルに移してゴムベラで中央から外に向かって広げ、冷凍庫に少しだけ入れて冷ます。

7　クレームフェテに6を加え3回だけさっくりと混ぜる。
＊4～7は3が仕上がるタイミングに合わせて作業する。

8　7に20℃（離水しやすいピュレの場合は12～13℃）に調整した3を1/2～1/3量ずつ加えては、ボウルをまわしながら泡立器で切るように混ぜる。≣4

9　イタリアンメレンゲのダマがなくなり、色がざっと均一になったら次を加えるようにする。

10　最後の3を加えて同様に混ぜたらゴムベラに持ちかえて混ぜ、底から返して混ぜ、ボウル縁をきれいにぬぐう。

≣1　レモン汁はモモ、バナナ、洋ナシなどの変色を防ぎ、酸味で味を引き立てる役割。ピュレによっては使わない場合もある。
≣2　経験則だが、ゼラチンに酒を加えるとピュレの中に散って混ざりやすいと感じ、こうしている。酒を混ぜる分ゼラチンの粘性も低くなるせいか、イタリアンメレンゲやクレームフェテに混ざりやすい。
≣3　ピュレの一部を溶かしたゼラチンを冷たいピュレにもどす時は、ゼラチンのダマができないように混ぜながら糸状にたらして加えていく。
≣4　ピュレはセンター用（少量）の場合は2回、本体のムースの場合は3回に分けて加える。

ピュレを使ったアングレーズソースのムース
Mousse with fruit purée anglaise sauce

分量　各菓子の頁を参照

ピュレのアングレーズソース
- ピュレA（冷凍のまま1cm角切り）
- ヴァニラスティック
- 卵黄
- 微粒グラニュー糖
- 板ゼラチン
- ピュレB（冷凍のまま1cm角切り）
- 酒

イタリアンメレンゲ
- 卵白
- グラニュー糖
- 水

クレームフェテ（→P43）

See each amount on individual recipes

Anglaise sauce with fruit purée
- frozen fruit purée A,
  cut into 1-cm cubes
- vanilla bean
- egg yolk
- caster sugar
- gelatin sheet, soaked in ice-water
- frozen fruit purée B,
  cut into 1-cm cubes
- liquor

Italian meringue
- egg white
- granulated sugar
- water

whipped heavy cream, see page 44

1 アングレーズソース ピュレAは銅鍋に入れて火にかける。溶ければ少量でヴァニラの種を溶いて鍋にもどし（→P24 ヴァニラの処理）、よく混ぜる。

2 ボウルに卵黄をほぐして砂糖を加えて泡立て器で白っぽくなるまですり混ぜ、1の一部を加え混ぜて鍋にもどす。

3 2を中火にかけ、泡立て器でよく混ぜながら加熱する。泡に覆われ膨張してくる。

4 写真のようにしっかりとろみがつくまで火を入れ、急いで大きなボウルに漉す（→P26 アングレーズソース4～5）。

5 もどした板ゼラチンをすぐに加えてダマが残らないように混ぜ溶かす。ゴムベラですくってダマがないのを確認する。

6 すぐに凍ったままのピュレBを加え混ぜる。冷やす効果があるとともに冷やす手間も省ける。

7 酒を加えてピュレをよく混ぜ溶かし、ピュレと酒で香りと酸味を補強する。9で22～23℃になるように調整する。≡1

8 イタリアンメレンゲ 7のでき上がりにタイミングを合わせ、P44ピュレのムース4～7を参照してイタリアンメレンゲとクレームフェテを合わせる。

9 同8～9を参照して8に7のアングレーズソースを1/2～1/3量ずつ加えては泡立て器で切るように混ぜる。

10 同10を参照してゴムベラに持ちかえ、底から返すように混ぜ、ボウル縁もきれいにぬぐう。

≡1 アングレーズソースの最終温度が肝心。氷水からはずす時に24℃くらいにしておくと、9で混ぜる時に22～23℃に落ち着く。

ムース・ショコラ
Chocolate mousse

分量　各菓子の頁を参照

パータ・ボンブ
[生クリーム（乳脂肪分38%）
　グラニュー糖
　卵黄

チョコレート
＊使用時に50℃になるように溶かしておく。

クレームフェテ（→P43）

See each amount on individual recipes

Iced bombe mixture
[fresh heavy cream, 38% butterfat
　granulated sugar
　egg yolk

chocolate, melt completely only at 50℃

whipped heavy cream, see page 44

1　パータ・ボンブ
生クリームを鍋に入れて少し温めてから砂糖を加え、砂糖がきれいに溶けるように混ぜ溶かす。≡1

2　卵黄をボウルに入れて溶き、泡立器で混ぜながら1の熱いシロップを加え混ぜる。裏漉す。
＊加熱してから漉すよりもきれいに漉せる。

3　湯煎にかけ、泡立器で8の字を描きながら混ぜ続け、とろみが出てもったりしてくるまで加熱する。

4　3をミキサーボウルに入れ、リボン状に落ちる状態になるまで中速で攪拌する。37〜38℃に調整する。

5　チョコレート
50℃に溶かしたチョコレートに4のパータ・ボンブを全量加え、泡立器で軽くまわし混ぜる。

6　マーブル状になれば5にクレームフェテをひとすくい加えてつやが出るまでよく混ぜる。

7　6の半量をクレームフェテにもどし、色が均一になるまでよく混ぜる。

8　7の少量をさらに6の残りにもどし、よく混ぜる。

9　8を7の残りにもどし入れる。≡2

10　泡立器で切るように混ぜたあと、最後にゴムベラで底と側面を混ぜ、縁をぬぐう（→P43）。

≡1　生クリームのシロップでパータ・ボンブをつくるのは、ミルキーなコクを加えたいから。
≡2　パータ・ボンブと溶かしたチョコレートは温かく、クレームフェテは冷たい。溶かしたチョコレートは急速に冷やすと固まるので、徐々にクレームフェテの温度に近づけるための混ぜ方。
複雑なようだが、温度と混ぜ方を間違えなければ失敗なく美しいムースができる。

折々の生菓子

ムース

サンマルクバリエーション

バタークリームのケーキ

タルトレット

マカロン

修業先のスペシャリテほか

COLUMN 2　季節感はお菓子でつくる——「イデミ スギノ」のショーケースの考え方

　なぜ夏にゼリーなのか。

　日本では夏場、和菓子店の影響なのか、高温多湿の気候にあったゼリーをほぼすべての洋菓子店でつくっています。清涼感のあるさわやかなゼリーをつくって提供しているところももちろんあります。しかし、なぜ夏にはゼリーなのか、ずっと疑問に思ってきました。

　僕の店では、夏ならではの素材を使ったムースやバタークリームのケーキ、タルトレットをつくってショーケースに並べています。

　ライチとモモを使ったニュイ・ド・シン（→P66）、トロピカルフルーツのミックスピュレのムースにフレッシュミントとイチゴのジュレを組み合わせたクープ・ド・ソレイユ（→P78）、メロンとグアバのガメロン（→P84）、パッションフルーツのバタークリームにパッションフルーツとマンゴーのジュレを重ねたトロピック（→P126）、タルトレットではシュクレ生地にレモンクリームとバジルソースにイタリアンメレンゲ、プチトマトをのせたプロヴァンサル（→P158）などもあります。また、タルトレット・キャラメルではパッションフルーツの果汁を加えた柔らかいキャラメルを使った夏バージョン（→P148）もあります。

　焼き菓子でもココナッツとパッションフルーツのパウンドケーキなどがあり、夏を表現した季節限定商品がいっぱいです。

　ゼリーではなくても、夏にさわやかでおいしく食べていただけるお菓子を工夫することはできるはずです。

　夏だけではなく、ジャムにしてもタルトにしても、四季折々でおいしい旬のフルーツや季節を感じる素材を使って、その季節ならではの限定商品をつくる。それが「イデミ スギノ」のショーケースの考え方です。だから僕の店では、定番はごく限られていて、季節によって彩るお菓子が変化していくのです。行事ごとにつくるお菓子についても、できるだけその季節においしく食べられる素材と味を考えてつくっています。

ムース

マングー・キャシス
Mangue cassis

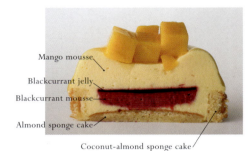

- Mango mousse
- Blackcurrant jelly
- Blackcurrant mousse
- Almond sponge cake
- Coconut-almond sponge cake

分量　口径7cm樹脂製サヴァラン型30個分
＊口径5.5cmの樹脂製マフィン型、直径7cm×高さ1.5cmのセルクル30個、直径5.3cmの抜き型を用意する。

ビスキュイ・ダマンド、ビスキュイ・ダマンド・ココ
- ビスキュイ・ダマンド（→P12）
  ── 60×40cm天板1・1/2枚分
- ココナッツファイン ── 適量

アンビバージュ　以下を合わせる
- ボーメ30°のシロップ ── 80g
- キルシュ ── 55g
- 水 ── 50g

カシスのムース（センター）
- ・カシスのアングレーズソース
  - カシスのピュレA（冷凍のまま1cm角切り）── 50g
  - ヴァニラスティック ── 1/10本
  - 卵黄 ── 30g
  - 微粒グラニュー糖 ── 10g
  - 板ゼラチン ── 3g
  - カシスのピュレB（冷凍のまま1cm角切り）── 30g
  - クレーム・ド・カシス ── 20g
- ・イタリアンメレンゲ　以下から35g使用
  - 卵白 ── 60g
  - グラニュー糖 ── 105g
  - 水 ── 25g
- クレームフェテ（→P43）── 85g

カシスのジュレ（センター）
- 板ゼラチン ── 2g
- キルシュ ── 2g
- カシスのピュレ（冷凍のまま1cm角切り）── 50g
- グロゼイユのピュレ（冷凍のまま1cm角切り）── 25g
- 微粒グラニュー糖 ── 20g

マンゴーのムース
- マンゴーのピュレ（冷凍のまま1cm角切り）── 425g
- レモン汁 ── 40g
  ＊変色を防ぎ、酸味で味を引き立てる役割。
- 板ゼラチン ── 17g
- キルシュ ── 25g
- ・イタリアンメレンゲ
  - 卵白 ── 135g
  - グラニュー糖 ── 205g
  - 水 ── 50g
- クレームフェテ ── 425g

グラッサージュ　以下を合わせる
- ナパージュ・ヌートル ── 185g
- マンゴーのピュレ（1cm角切りにして解凍）── 15g
- レモン汁 ── 5g

飾り
- ココナッツファイン（軽くロースト）── 適量
- マンゴー ── 約1cm角6切れ／1個
- フランボワーズ ── 1粒／1個
- グロゼイユのジャム（→P37ジャム）── 適量

Mango and blackcurrant

Makes thirty savarin-shaped cakes
*7-cm diameter savarin silicon mold tray,
5.5-cm diameter muffin silicon mold tray,
7-cm diameter×1.5-cm depth round cake ring,
5.3-cm diameter round pastry cutter

Almond sponge cake and
Coconut-almond sponge cake
- 1 and 1/2 sheets almond sponge cakes for 60×40-cm baking sheet pan, see page 12
- Coconut fine shred for sprinkle

For the syrup
- 80g baume-30° syrup
- 55g kirsch
- 50g water

Blackcurrant mousse
- · Blackcurrant anglaise sauce
  - 50g frozen blackcurrant purée A, cut into 1-cm cubes
  - 1/10 vanilla bean
  - 30g egg yolks
  - 10g caster sugar
  - 3g gelatin sheet, soaked in ice-water
  - 30g frozen blackcurrant purée B, cut into 1-cm cubes
  - 20g crème de cassis (blackcurrant liqueur)
- · Italian meringue (use 35g)
  - 60g egg whites
  - 105g granulated sugar
  - 25g water
- 85g whipped heavy cream, see page 44

Blackcurrant jelly
- 2g gelatin sheet, soaked in ice-water
- 2g kirsch
- 50g frozen blackcurrant purée, cut into 1-cm cubes
- 25g frozen redcurrant purée, cut into 1-cm cubes
- 20g caster sugar

Mango mousse
- 425g frozen mango purée, cut into 1-cm cubes
- 40g fresh lemon juice
- 17g gelatin sheets, soaked in ice-water
- 25g kirsch
- · Italian meringue
  - 135g egg whites
  - 205g granulated sugar
  - 50g water
- 425g whipped heavy cream

For the glaze
- 185g neutral glaze
- 15g frozen mango purée, cut into 1-cm cubes, and defrost
- 5g fresh lemon juice

For décor
- coconut fine shred, lightly toasted
- six 1-cm cubes mangos for 1 cake
- 1 raspberry for 1 cake
- redcurrant jam, see page 37

カシスの酸味がマンゴーの風味をいっそう引き立て、トロピカルな風味を満喫させる

センターをつくる

1 口径5.5cmの樹脂製マフィン型はトレイにのせて室温におく。

2 カシスのムースとカシスのジュレでセンターをつくる。ピュレを使ったアングレーズソースのムース(→P45)を参照してカシスのムースをつくり、1のマフィン型に口径1.3cmの丸口金で30個絞って急速冷凍庫で固める。

3 2種類のピュレを合わせて(レモン汁は使わない)カシスのジュレをつくり(→P37)、2にデポジッターで流して同様に固めてセンターをつくる(→P37)。

4 固まったら型からはずし、トレイに並べて冷凍庫に入れておく[a]。

生地を準備する

5 トレイに直径7cmのセルクルを並べて室温におく。

6 ビスキュイ・ダマンドをつくり、天板1枚半分にのばして焼く(→P12)。ただし、うち1枚分には焼く前にココナッツファインをふり、ビスキュイ・ダマンド・ココにする[b~c]。冷ましておく。

7 ビスキュイ・ダマンドは5.3cmの抜き型で底用に30枚抜いておく。ビスキュイ・ダマンド・ココは端を落とし、1.5×22.5cmの帯状にカットし、30本とる[d]。

8 5の型に7の帯状の生地をココナッツファインをふった面を外側にして入れる[e]。生地端を両側に向かって押し広げるようにして端と端を合わせる[f]。

＊生地を型に入れる(シュミゼ)場合、ゆるいとずれ落ちるので、帯状の生地は長めにカットしてタイトに入れる。

9 アンビバージュを型の内側からハケで塗っておく。

マンゴーのムースをつくる

10 口径7cm樹脂製サヴァラン型をトレイにのせて室温におく。

11 冷凍のマンゴーピュレを溶かしてレモン汁を加え、ピュレのムース(→P44)を参照してつくる[g]。

12 直径1.3cmの丸口金で11のムースを10のサヴァラン型に9分めくらいまで絞り、スプーンの背で軽く叩いてすき間をなくす[h~i]。

13 9を12の型にそれぞれ合わせてのせる。

14 13にマンゴーのムースを生地の高さの半分くらいまで絞り[j]、同様にスプーンの背で叩く。

15 4のセンターをとり出し、14の中央にムース側を上にしてそれぞれのせ、センターを押し入れる[k]。
* センターは作業をする直前に冷凍庫からとり出す。

16 さらにマンゴーのムースを型いっぱいに絞る[l]。スプーンの背を中央から外側に向かって動かし、余分なムースを除いてくぼみをつくる[m]。

17 7の底用の生地をアンビバージュに浸してから焼き目を下にして16の中央にのせ、回転させながら軽く押して下の空気を除く[n〜o]。

18 OPPシートの両端を持ち、17の上にピンと張らせながらのせて貼りつける[p]。上からトレイをのせて均等に押してから、急速冷凍庫に入れて固める。

19 18をとり出し、表面のOPPシートをはずす。セルクルをはずしてから樹脂製型からひとつずつはずし、ひっくり返してトレイに並べる。冷凍庫で保管する。

仕上げる

20 19をとり出す。ひとつずつ逆さにしてムース部分だけをグラッサージュによく浸して引き上げ、そのまま上下にゆっくりと動かして余分なグラッサージュを切ってトレイに並べる[q]。中央のくぼみにはグラッサージュはなくてよい[r]。
* くぼみにグラッサージュがたまると甘いので、中央に入ったら除く。

21 生地からココナッツが一部落ちてしまうので、ローストしたココナッツファインを生地まわりにつけてココナツを補強する[s]。

22 21を半解凍し、くぼみにマンゴーとフランボワーズを飾る。フランボワーズにはグロゼイユのジャムを絞り、マンゴーにはグラッサージュの残りをハケで塗ってつやを出し、乾燥を防ぐ。

バナッチオ
Banaccio

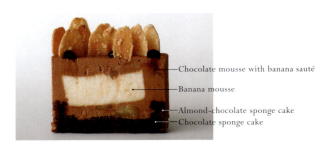

- Chocolate mousse with banana sauté
- Banana mousse
- Almond-chocolate sponge cake
- Chocolate sponge cake

分量　6cm×高さ4cm三角セルクル30個分
＊直径4cm×深さ2cmの樹脂製円形型、
　4.7cmの三角形の抜き型を用意する。

ビスキュイ・ショコラ、
アーモンドつきビスキュイ・ショコラ
- ビスキュイ・ショコラ B（→P14）
　　── 60×40cm天板1枚分
- 16割アーモンド── 20g
- ＊168℃で15分ローストする。

アンビバージュ　以下を合わせる
- ボーメ30°のシロップ── 120g
- コニャック── 120g

バナナのムース（センター）
- バナナのピュレ（冷凍のまま1cm角切り）── 135g
- レモン汁── 20g
　＊変色を防ぎ、酸味で味を引き立てる役割。
- 板ゼラチン── 3g
- コニャック── 3g
- ・イタリアンメレンゲ　以下から45gを使う
  - 卵白── 60g
  - グラニュー糖── 105g
  - 水── 25g
- クレームフェテ（→P43）── 90g

ムース・ショコラ
- ・パータ・ボンブ
  - 生クリーム（乳脂肪分38％）── 70g
  - グラニュー糖── 60g
  - 卵黄── 135g
- ブラックチョコレート（カカオ分64％）── 245g
- クレームフェテ── 495g

ガルニチュール
バナナのソテー（→P33）── 基本分量

ピストレ・ショコラ（→P104）── 適量

飾り
- アーモンドスライスのキャラメリゼ（→P31）
  ── 基本の2/3量
- グラッサージュ・ショコラ（→P42）── 適量

Banana and chocolate mousse cake

Makes thirty triangle cakes
*6-cm×4-cm height triangle cake ring,
4-cm diameter×2-cm depth round silicon mold tray,
4.7-cm triangle pastry cutter

Chocolate sponge cake,
Almond-chocolate sponge cake
- 1 sheet chocolate sponge cake B for 60×40-cm baking sheet pan, see page 14
- 20g diced almonds, 3-4mm size
- *toast in the oven 168℃ for 15 minutes

For the syrup
- 120g baume-30° syrup
- 120g cognac

Banana mousse
- 135g frozen banana purée, cut into 1-cm cubes
- 20g fresh lemon juice
- 3g gelatin sheet, soaked in ice-water
- 3g cognac
- Italian meringue (use 45g)
  - 60g egg whites
  - 105g granulated sugar
  - 25g water
- 90g whipped heavy cream, see page 44

Chocolate mousse
- Iced bombe mixture
  - 70g heavy cream, 38% butterfat
  - 60g granulated sugar
  - 135g egg yolks
- 245g dark chocolate, 64% cacao
- 495g whipped heavy cream

For the garnish
1 recipe banana sauté, see page 33

chocolate pistol, see page 104

For décor
- 2/3 recipe caramelized sliced almonds, see page 31
- chocolate glaze, see page 42

おいしいバナナの香りと酸味を
コクのあるビターチョコレートのムースが追いかけるように包み込む

バナナのムース（センター）をつくる

1 トレイにセンター用の直径4cmの樹脂製円形型をのせて冷蔵庫に入れておく。
2 ピュレのムース（→P44）を参照してバナナのムースをつくり、1の型に30個絞って急速冷凍庫で固める。
3 固まったら型からはずし、トレイに並べて冷凍庫に入れる[a]。

生地を準備する

4 OPPシートを密着させたトレイに三角形のセルクルを並べて室温におく（→P43 型用トレイの準備）。
5 ビスキュイ・ショコラ（→P14）を参照してBの配合で生地をつくる。ただし、6で天板にのばした生地の半分にはローストした16割アーモンドをふってから焼く。焼けたら天板からはずし、冷ましておく。
6 アーモンドをふった生地は2×16.5cmの帯状にカットして30枚とる。アーモンドをふっていない生地は4.7cmの三角形の抜き型で底用に30枚抜く。
7 三角セルクルに6の帯状の生地をアーモンドをふった面を外側にして入れる。型側面のとじ目を手前におき、奥の三角形の頂点に生地中央がくるように入れて頂点から生地を指で押し入れ、生地端を合わせる[b]。
8 7の生地を入れた底側からアンビバージュをハケで塗る[c]。
9 6の底生地はそれぞれアンビバージュに浸して焼き目側を上にして型に入れ、底生地と側面の生地にすき間ができないようにする。型はすき間なく寄せて並べて用意する[d]。

バナナのソテーをつくる

10 直前にバナナのソテーをつくり（→P33）、冷ましておく[e]。[1]

ムース・ショコラをつくる

11 ブラックチョコレートは使用時に50℃になるように溶かしておく。ムース・ショコラ（→P46）を参照してパータ・ボンブベースでつくる[f~h]。
12 10のバナナソテーをボウルに入れ、11のムース少量を加えてゴムベラでよく混ぜてから[i]、ムースのボウルにもどして混ぜる。バナナが均一に混ざるようにする[j]。

13 12のムースを口径1.9cmの丸口金で9の型に8〜9分めまで絞る[k]。バナナが通るように口金は大きなものを使う。

14 3のセンターをとり出し、13の中心にそれぞれのせる。すべてのせたらセンターを押し込む[l]。
＊センターは作業をする直前に冷凍庫からとり出す。

15 さらにムース・ショコラを型いっぱいに絞る[m]。トレイごと下に軽く叩きつけてすき間を除き、パレットで均す[n]。さらにパレットで余分なムースを除く[o]。カバーをかぶせて急速冷凍庫で固める。

16 15をとり出してパレットで型のまわりをきれいにし、バーナーでセルクルを温めて型からはずす。トレイに並べて冷凍庫に入れておく。

17 アラビックの16（→P106）を参照してピストレ・ショコラをつくり、ピストレ・ショコラを全体に薄く吹きつけてから同様に冷凍庫で保管する。

仕上げる

18 17を1個ずつ金トレイにのせて半解凍する。アーモンドスライスのキャラメリゼを1個につき20枚くらい刺す。適温にしたグラッサージュ・ショコラ（→P42使用時）をコルネに入れてところどころに丸く絞る。

≡1 バナナは固めのエクアドル産を使用。バナナが柔らかいと、ムースと合わせた時に一体化してバナナの味が判然としないため。また、小さすぎると食感を感じないので、7〜8mm大にしている。

モンテリマー
Montelimar

- Almond milk mousse
- Apricot jelly
- Praliné feuilltine
- Hazelnut dacquoise

分量　長径8cm×短径4cm、高さ4cmの
バトー形セルクル30個分
＊長径6.5cm×短径2.5cmのバトー形の抜き型を用意する。

パータ・ダコワーズ・ノワゼット
- ヘーゼルナッツプードル —— 125g
  ＊皮つきホールをつくる直前に粉にする。
- 薄力粉 —— 15g
- 粉糖 —— 90g
- ・メレンゲ
- 卵白 —— 140g
- 微粒グラニュー糖 —— 90g

プラリネ・フイユティーヌ
- プラリネ —— 130g
- ブラックチョコレート（カカオ分56%）—— 40g
- フイユティーヌ —— 80g

アーモンドミルクのムース
- ・アーモンドミルクのアングレーズソース
- 牛乳 —— 250g
- アーモンドミルク —— 120g
  ＊フランス語でレ・ダマンド。アーモンド、水、砂糖でつくる市販のアーモンドシロップ。
- 卵黄 —— 70g
- 微粒グラニュー糖 —— 40g
- 板ゼラチン —— 12g
- アマレット —— 75g
- ▼以下イタリアンメレンゲとクレームフェテは同じ分量で2回つくる。
- ・イタリアンメレンゲ　以下から75gを使用
- 卵白 —— 60g
- グラニュー糖 —— 105g
- 水 —— 25g
- クレームフェテ（→P43）—— 250g

アンズのジュレ
- ・ドライアンズのリキュール漬け
- ドライアンズ —— 250g
- アンズのリキュールA —— 250g
- ボーメ30°のシロップ —— 120g
- 板ゼラチン —— 10g
- アンズのリキュールB —— 10g

グラッサージュ　以下を合わせる
- ナパージュ・ヌートル —— 150g
- アマレット —— 15g

飾り
- アーモンドスライス —— 1枚／1個
  ＊軽くローストしておく
- ドライアンズ —— 約5cm角2切れ／1個
- ピスタチオ（半割）—— 1個分／1個
- ドライクランベリー —— 2粒／1個

Montelimar

Makes thirty boat-shaped cakes
＊8-cm length×4-cm width×4-cm height boat-shaped ring,
6.5-cm length×2.5cm width boat-shaped pastry cutter

Hazelnut dacquoise
- 125g fresh coarsely ground shelled hazelnuts
  ＊grind hazelnuts in food grinder just before using
- 15g all-purpose flour
- 90g confectioners' sugar
- ・Meringue
- 140g egg whites
- 90g caster sugar

Praliné feuilletine
- 130g praliné paste
- 40g dark chocolate, 56% cacao
- 80g feuilletine (flaked crispy crepe)

Almond milk mousse
- ・Almond milk anglaise sauce
- 250g whole milk
- 120g almond syrup (orgeat)
- 70g egg yolks
- 40g caster sugar
- 12g gelatin sheets, soaked in ice-water
- 75g amaretto
- ▼make Italian meringue and whipped cream twice with the same amount.
- ・Italian meringue (use 75g)
- 60g egg whites
- 105g granulated sugar
- 25g water
- 250g whipped heavy cream, see page 44

Apricot jelly
- ・Apricot in liqueur
- 250g dried apricots
- 250g apricot liqueur A
  ＊mix dried apricots into A before 1 to 2 days
- 120g baume-30° syrup
- 10g gelatin sheets, soaked in ice-water
- 10g apricot liqueur B

For the glaze
- 150g neutral glaze
- 15g amaretto

For décor
- 1 sliced almond for 1 cake, lightly toasted
- two 5-cm cubes dried apricots for 1 cake
- 2 pistachio halves for 1 cake
- 2 dried cranberries for 1cake

甘やかなアーモンドミルクの風味の中、アンズの酸味がいっそう際立つ
モンテリマールのヌガーをムース仕立てにした1品

アンズのジュレのドライアンズを漬ける
1 ドライアンズはあらかじめアンズのリキュールAと合わせてチャックつきポリ袋に入れて空気を抜いて閉じ、アンズが柔らかくなるまで1～2日室温においておく[a]。

生地を準備する
2 パータ・ダコワーズ・ノワゼットをつくり（→P22。ただしアーモンドプードルは加えない）、樹脂製マットに25×35cmにのばして190℃のオーヴンで15分焼く。天板をかえて冷ましておく。

プラリネ・フイユティーヌをつくる
3 チョコレートは刻んで40℃に溶かしておく。フイユティーヌはビニール袋に入れて麺棒で叩いて少し砕く。
4 すべての材料をボウルに入れて混ぜ、2の生地にパレットで塗り広げる。冷蔵庫に入れて固める。
5 固まったら長径6.5cm×短径2.5cmのバトー形で30個抜き、トレイに並べて冷蔵庫に入れておく[b]。

アーモンドミルクのムースをつくる
6 OPPシートを密着させたトレイにセルクルを固定して並べる（→P43 型用トレイの準備）。
7 型底にアルコールスプレーを吹きつけてから飾り用のナッツとフルーツをピンセットで彩りよく置いて貼りつけ、室温におく[c]。
　＊端に置くとあとで入れるムースの仕上がりが欠けてしまうので、セルクルの縁より内側に置く。

8 牛乳とアーモンドミルクを手鍋に入れて加熱する。温まればよい[d]。
9 卵黄と砂糖をボウルに入れて泡立器で白っぽくなるまですり混ぜ、8の半量を加えて混ぜ[e]、鍋にもどす。
10 9を中火にかけ、泡立器で混ぜながら加熱する。とろみがついてきたらすぐにボウルに漉す[f～g]。
11 ゼラチンを入れて混ぜ溶かし[h]、ボウルを氷水にあてて混ぜながら少し冷ましてアマレットを加え混ぜる。半量ずつ2つのボウルに分け入れる。

12 ピュレのムースの4～7（→P44）を参照して同時進行でつくっておいたイタリアンメレンゲとクレームフェテを合わせる[i]。
13 12に23℃に調整した11のボウル1つ分を半量ずつ加えては切るように混ぜる[j]。同9～10を参照してムースを仕上げる[k]。

14 13のムースを口径1.3cmの丸口金で6の型に1/3くらいの高さまで絞り、スプーンの背で軽く叩いてすき間を除いてから冷蔵庫に入れる。

アンズのジュレをつくる

15 1のアンズは漬けたリキュールごとフードプロセッサーにかけ、写真程度に細かくする[l]。ボウルにきれいに移し、ボーメ30°のシロップを加えてよく混ぜる[m]。
＊この程度の粗さだから食感が残って味をより感じる。

16 ゼラチンはアンズのリキュールBと一緒に別のボウルに入れ、泡立器で混ぜながら湯煎で温めてゼラチンを溶かす。

17 16のゼラチンに15をゴムベラで2〜3すくい加えてよく混ぜてから15のボウルにもどし、さらに混ぜる[n〜o]。

18 17のジュレを口径8mmの口金で14のムースの上に平らに絞る[p]。スプーンの背で軽く叩くようにしてすき間を除きながら均す。縁や型内側についた汚れはキッチンペーパーできれいにふきとり、冷蔵庫に入れておく。

19 12〜13を参照してイタリアンメレンゲとクレームフェテを再度つくって合わせ、23℃に調整した残りの11を加えて2回めのアーモンドミルクのムースを仕上げる[q]。≡1

20 18をとり出し、型の9分めまで19のムースを絞る。スプーンの背で軽く叩いてすき間を除いてから中央を少しくぼませる[r]。

21 5の生地をプラリネ・フイユティーヌ側を下にして20にそれぞれのせて軽く押さえる[s]。OPPシートを表面にのせてトレイで押さえ（→P43 凍らせる前に）、急速冷凍庫で固める。

22 固まればとり出してトレイではさんでひっくり返し、表面のOPPシートをはずす。パレットで型のまわりをきれいにし、トレイに並べて冷凍庫に入れておく。

仕上げる

23 22をとり出し、グラッサージュをパレットでひとつずつ上部に塗る。バーナーでセルクルりを温めて型をはずす。必要分を解凍する。

≡1 同じムースを半分ずつ時間をあけて絞る場合、イタリアンメレンゲやクレームフェテは気泡がなくなってしぼんでしまうので、2回に分けて仕込む。

リビエラ
Riviera

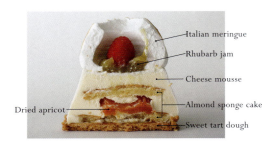

分量　口径6.5cm×深さ3.5cmプリン型30個分
＊直径6.5cm、4cm、4.7cmの抜き型を用意する。

ビスキュイ・ダマンド（→P12）
　── 60×40cm天板1枚分

パート・シュクレ（→P15）── 800g
＊2mm厚さにのばしたものを解凍する。

粉糖 ── 適量

ムース・フロマージュ
- マスカルポーネチーズ ── 105g
- フロマージュ・ブラン ── 315g
- ・パータ・ボンブ
  - 卵黄 ── 80g
  - グラニュー糖 ── 120g
  - 水 ── 30g
- 板ゼラチン ── 12g
- キルシュ ── 20g
- レモン汁（常温）── 40g
- クレームフェテ（→P43）── 455g

アンビバージュ
- リモンチェッロ ── 200g

ガルニチュール
- ドライアンズ ── 30粒
- リモンチェッロ ── アンズの重量の2割

飾り
- クレーム・シャンティイ ── 5g／1個
  ＊8%の微粒グラニュー糖を加えて生クリーム（乳脂肪42%）を泡立てる。
  接着用に使う分を少し余分に泡立てておく。
- クラクラン・ダマンド（→P30）── 適量
- ・イタリアンメレンゲ　15個分
  - 卵白 ── 60g
  - グラニュー糖 ── 105g
  - 水 ── 25g
- フランボワーズ ── 1粒／1個
- ルバーブのコンポート（→P36）── 5g／1個
＊コルネに適量ずつ詰めておく。

Riviera

Makes thirty cakes
*6.5-cm diameter×3.5-cm depth custard baking mold, 6.5-cm, 4-cm and 4.7-cm diameter round pastry cutter

1 sheet almond sponge cake for
60×40-cm baking sheet pan, see page 12

800g sweet tart dough, see page 15
confectioners' sugar for work surface

Cheese mousse
- 105g mascarpone
- 315g fresh cheese (fromage blanc)
- · Iced bombe mixture
  - 80g egg yolks
  - 120g granulated sugar
  - 30g water
- 12g gelatin sheets, soaked in ice-water
- 20g kirsch
- 40g fresh lemon juice, at room temperature
- 455g whipped heavy cream, see page 44

For the syrup
200g lemoncello

For the garnish
- 30 dried apricots
- lemoncello
- *20% for the total weight of apricots

For décor
- 5g Chantilly cream for 1 cake
  *caster sugar 8% of the heavy cream, 42% butterfat. Whip together heavy cream and sugar over ice-water bath until desired peaks form.
  plus more for the glue
- praline bits, see page 30
- · Italian meringue (for fifteen cakes)
  - 60g egg whites
  - 105g granulated sugar
  - 25g water
- 1 raspberry for 1cake
- 5g rhubarb compote for 1 cake, see page 36

アンズとルバーブの異なる酸味がチーズを軽やかに感じさせる
メレンゲの甘みが全体に広がり、香ばしいシュクレ生地がおいしいリズムを刻む

ガルニチュールを準備する

1 チャックつきポリ袋にドライアンズとその2割の重量のリモンチェッロを合わせて入れ、空気を抜いて1週間室温において漬けておく。

ビスキュイ・ダマンドを準備する

2 ビスキュイ・ダマンドは基本通りに焼いて冷まし、直径4cmと4.7cmの抜き型でそれぞれ30枚ずつ抜いてトレイに並べておく。

ムース・フロマージュをつくる

3 トレイにプリン型を並べておく。パータ・ボンブ用の卵黄はあらかじめ溶いてからミキサーボウルに漉し、冷蔵庫に入れておく。

4 マスカルポーネチーズはボウルに入れてゴムベラで混ぜて柔らかくし[a]、フロマージュ・ブランを少しずつ加えてはよく混ぜて[b]クリーム状にする。≡1

＊ミキサーだと分離するのでムースをつくる直前にゴムベラで混ぜる。

5 パータ・ボンブをつくる。3の卵黄をミキサーの中高速で白っぽくなるまで泡立てる。ミキサーを高速にし、砂糖と水を120℃に加熱したシロップをボウル縁から入れる[c]。入れ切ったら中速に落とし、37〜38℃になるまで攪拌する[d]。ボウルに移す。

6 板ゼラチンとキルシュをボウルに入れて湯煎にかけ、ゼラチンを溶かす。4のチーズを少量加えて泡立器でよく混ぜ、混ぜながら4に糸状にたらしてもどし入れる[e〜f]。

7 5を6に加えながら泡立器で切るように混ぜる[g]。最後にレモン汁も加え混ぜる[h]。

8 クレームフェテのボウルに7を3回に分けて加えては泡立器で切るように混ぜ[i]、最後にゴムベラで底と縁をぬぐう[j]。

≡1 フロマージュ・ブランにマスカルポーネチーズを加えるのはコクを出すため。

9 3の型にムースを口径1.3cmの丸口金で型の1/3の高さまで絞る。

10 2で直径4cmに抜いた生地をアンビバージュ用のリモンチェッロに浸し、焼き目を下にして9にのせ、指で生地を少し回転させながらのせ、少し押し込んで空気が入らないようにする[k～l]。

11 生地を押したくぼみにムースを絞り入れ、1の汁気を切っておいたアンズを1個ずつのせて軽く押す[m]。ムースをさらに9分めまで絞り、型ごと下に軽く叩きつけて均す。

12 パレットを型中央から外側に動かして表面を少しくぼませ[n]、2の4.7cmの生地を10と同じ要領でアンビバージュに浸してのせる。OPPシートをのせてトレイで押さえ（→P43凍らせる直前に）、急速冷凍庫で固める。

13 12はOPPシートをはずし、まわりの余分なムースを除いてきれいにする。ペティナイフを斜めに刺して冷水に型の8分めまで浸してからまわしながら型からはずす。ひっくり返してトレイに並べて冷凍庫に入れておく。

仕上げる

14 パート・シュクレは直径6.5cmの抜き型で30枚抜いて168℃のオーヴンで13分焼く[o]。冷ましておく。

15 14にたっぷりの粉糖をふってからバーナーでキャラメリゼする[p]。同じことを再度くり返し、冷蔵庫で冷やしておく。

16 15の生地中央にパレットでクレーム・シャンティイを少しつけて接着剤代わりにし、13のムースをのせて貼りつける[q]。

17 生地部分を指にのせ、ムースにクレーム・シャンティイをパレットでコーティングする[r]。次にクラクラン・ダマンドを下の縁だけにつける（すぐにつけないと接着できない）。

18 イタリアンメレンゲをつくり（P44 ピュレのムース4）、人肌より少し低い温度になるまで泡立てたらすぐに、高さが出る口径3.9cm×高さ4cmのシェルタン口金でトップにフジツボのような形に絞る[s]。イタリアンメレンゲだけバーナーで焦がす。

19 ルバーブのコンポートをくぼみに5gずつ絞り入れ[t]、フランボワーズを1個ずつピンセットで入れる。

ニュイ・ド・シン
Nuit de Chine

分量　直径5.5×高さ4cmセルクル30個分
＊直径5cmの抜き型、直径4.7cmの抜き型を用意する。

パータ・ダコワーズ・ココ（→P23）── 基本分量

ライチのムース
- ライチのピュレ（冷凍のまま1cm角切り）── 615g
- レモン汁── 70g
- 板ゼラチン── 15g
- ライチのリキュール── 40g
- イタリアンメレンゲ── 下記から145gを使用
- クレームフェテ（→P43）── 215g

ペッシュローズのムース
- ペッシュローズのピュレ（冷凍のまま1cm角切り）── 310g
- レモン汁── 15g
- 板ゼラチン── 7g
- モモのリキュール── 40g
- イタリアンメレンゲ── 下記から85gを使用
- クレームフェテ── 110g

イタリアンメレンゲ
- 卵白── 95g
- グラニュー糖── 145g
- 水── 35g

ガルニチュール
- 冷凍フレーズ・デ・ボワ（ホール）── 2〜3粒／1個

グラッサージュ　以下を合わせる
- ナパージュ・ヌートル── 150g
- ライチのリキュール── 15g

飾り
- プラム（12等分のくし形にカット）── 2切れ／1個
- フランボワーズ（半割）── 1個分／1個
- ブルーベリー── 2粒／1個

China night

Makes thirty round cakes
*5.5-cm diameter×4-cm height round cake ring,
5-cm and 4.7-cm diameter round pastry cutter

1 recipe coconut dacquoise, see page 23

Litchi mousse
- 615g frozen litchi purée, cut into 1-cm cubes
- 70g lemon juice
- 15g gelatin sheets, soaked in ice-water
- 40g litchi liqueur
- 145g italian meringue, see below
- 215g whipped heavy cream, see page 44

Rose peach mousse
- 310g frozen rose peach purée, cut into 1-cm cubes
- 15g fresh lemon juice
- 7g gelatin sheets, soaked in ice-water
- 40g peach liqueur
- 85g italian meringue, see below
- 110g whipped heavy cream

Italian meringue
- 95g egg whites
- 145g granulated sugar
- 35g water

For the garnish
2 to 3 frozen wild strawberries (fraise des bois) for 1 cake

For the glaze
- 150g neutral glaze
- 15g litchi liqueur

For décor
- 2 pieces plum wedged for 1 cakes
- 2 raspberries halves for 1cake
- 2 blueberries for 1 cake

ペッシュローズとフレーズ・デ・ボワの酸味でライチのムースの香りが引き立ち
飾りのフルーツがよりいっそうみずみずしく感じられる

生地を準備する

1 パータ・ダコワーズ・ココをつくって樹脂製マットに口径1.3cmの丸口金で直径5cmに絞り、焼いて冷ましておく（→P23）。粗熱がとれたら直径4.7cmの抜き型で30個抜いておく。

2つのムースをつくる

2 OPPシートを密着させたトレイにセルクルを並べ（→P43 型用トレイの準備）、冷蔵庫に入れておく。

3 ライチのムースとペッシュローズのムースをほぼ同時進行でつくる。ピュレのムース1〜3（→P44）を参照し、2つの冷凍のピュレをそれぞれ解凍してレモン汁を加え（変色を防ぐためにペッシュローズは解凍前にレモン汁をからめてから溶かす）、溶かしたゼラチンと合わせる[a〜b]。

4 3はイタリアンメレンゲと生クリームに合わせる前に、氷水にあてて混ぜ、それぞれ低めの13℃に調整する[c]。

5 イタリアンメレンゲは2つのムース分を合わせてつくる。同4〜7を参照してイタリアンメレンゲをつくり、そのうち145gをライチのムース用のクレームフェテと合わせ[d]、まずライチのムースを仕上げる。

6 4のライチのピュレを5に1/3量ずつ加えては、泡立て器で切るように混ぜる[e]。同9〜10を参照してつくる[f]。

7 ライチのムースが仕上がる頃に、同じ要領でペッシュローズのムースを仕込みはじめる。85gのイタリアンメレンゲを分量のクレームフェテに合わせ、4でつくったピュレベースを13℃に冷やして2回に分けて加え混ぜていく[g]。

8 冷やしておいた2の型に口径1.3cmの丸口金でライチのムースを6分めくらいまで絞る[h]。

9 最後のピュレベースを混ぜてペッシュローズのムースを仕上げ[i]、同じ大きさの丸口金で8に絞る。口金が底にカチンとあたるまで絞り袋を押し入れ、絞りながらゆっくりと引き上げる[j〜k]。≡1

≡1 このお菓子はムースに別のムースを絞り入れて仕込む独自に考えた手法。ムースがゆるいと混ざってしまうので、ピュレとゼラチンを合わせたベースは通常（20℃）より低い温度、少しとろんとする程度の13℃に冷やしている。
室温はムースの仕上がりを左右するので一定に保つ。

10 9をスプーンの背で均してくぼませ、冷凍のフレーズ・デ・ボワを2〜3粒ずつのせて押さえる[l〜m]。

11 1の底用生地を平らな面を上にしてのせ、押さえる。OPPシートとトレイをのせて押さえ(→ P43凍らせる前に)、急速冷凍庫で固める。

12 11をとり出してトレイではさんでひっくり返し、OPPシートをはずす。型のまわりをきれいにし、トレイに並べる。グラッサージュをパレットでひとつずつ上部に塗り、冷凍庫に入れて固める。バーナーでセルクルを温めて型からはずす。冷凍保管する。

仕上げる

13 12を半解凍する。まわりを飾り用のフルーツで彩る。
 ＊通常はプチ・ガトー用金トレイにのせてデコレーションする。

クラレット
Claret

- Red wine mousse
- Blackcurrant mousse
- Blackcurrant jelly
- Almond sponge cake with jam
- Almond sponge cake

分量　長径6cm×高さ4cmの六角形セルクル30個分
＊直径4cm×深さ2cm樹脂製円形型、
　直径4.7cmの抜き型を用意する。

ピスキュイ・ダマンドと
ピスキュイ・ダマンド、ジャムつき
- ピスキュイ・ダマンド（→P12）
  　　60×40cm天板1枚分
- カシスのジャム（→P37ジャム）——約100g
- フランボワーズ・ペパン（→P37ジャム）
  　　約100g

アンビバージュ　直前に合わせて漉す
- カシスのピュレ（1cm角切りにして解凍）——55g
- ボーメ30°のシロップ——15g
- 赤ワイン——30g
- 水——15g

カシスのムース（センター）　直径4cm 48個分
- ・カシスのアングレーズソース
  - カシスのピュレA（冷凍のまま1cm角切り）
    　　80g
  - ヴァニラスティック——1/10本
  - 卵黄——45g
  - 微粒グラニュー糖——20g
  - 板ゼラチン——4g
  - カシスのピュレB（冷凍のまま1cm角切り）
    　　45g
  - クレーム・ド・カシス——30g
- ・イタリアンメレンゲ　以下から55g使用
  - 卵白——60g
  - グラニュー糖——125g
  - 水——25g
- クレームフェテ（→P43）——135g

カシスのジュレ（センター）　直径4cm 48個分
- 板ゼラチン——6g
- クレーム・ド・カシス——8g
- カシスのピュレ（冷凍のまま1cm角切り）——240g
- レモン汁——10g
- 微粒グラニュー糖——35g

赤ワインのムース
- 赤ワイン——260g
- レモン汁——80g
- 微粒グラニュー糖——145g
- 卵黄——125g
- 板ゼラチン——16g
- ・イタリアンメレンゲ
  - 卵白——65g
  - グラニュー糖——95g
  - 水——25g
- クレームフェテ——450g

文字描き用カシスのジャム　以下を合わせる
- カシスのジャム——50g
- クレーム・ド・カシス——3.5g

グラッサージュ　以下を合わせる
- ナパージュ・ヌートル——200g
- グロゼイユのピュレ（1cm角切りにして解凍）
  　　漉して20g

飾り
- 巨峰——1粒／1個
- フランボワーズ——1粒／1個
- ブルーベリー——1粒／1個

Claret (Bordeaux red wine)

Makes thirty hexagon cakes
*6-cm length×4-cm height hexagon cake ring,
4-cm diameter×2-cm depth tartlet silicon mold tray,
4.7-cm diameter round pastry cutter

Almond sponge cake and almond sponge cake with jam
- 1 sheet almond sponge cake for 60×40-cm baking sheet pan, see page 12
- about 100g blackcurrant jam, see page 37
- about 100g raspberry jam, see page 37

For the syrup
- 55g frozen blackcurrant purée, cut into 1-cm cubes, and defrost
- 15g baume-30° syrup
- 30g red wine
- 15g water

Blackcurrant mousse
for 4-cm diameter silicon tartlet tray-48 wells
- ・Blackcurrant anglaise sauce
  - 80g frozen blackcurrant purée A, cut into 1-cm cubes
  - 1/10 vanilla bean
  - 45g egg yolks
  - 20g caster sugar
  - 4g gelatin sheets, soaked in ice-water
  - 45g frozen blackcurrant purée B, cut into 1-cm cubes
  - 30g crème de cassis (blackcurrant liqueur)
- ・Italian meringue (use 55g)
  - 60g egg whites
  - 125g granulated sugar
  - 25g water
- 135g whipped heavy cream, see page 44

Blackcurrant jelly
for 4-cm diameter silicon tartlet tray-48 wells
- 6g gelatin sheets, soaked in ice-water
- 8g crème de cassis (blackcurrant liqueur)
- 240g frozen blackcurrant purée, cut into 1-cm cubes
- 10g fresh lemon juice
- 35g caster sugar

Red wine mousse
- 260g red wine
- 80g fresh lemon juice
- 145g caster sugar
- 125g egg yolks
- 16g gelatin sheets, soaked in ice-water
- ・Italian meringue
  - 65g egg whites
  - 95g granulated sugar
  - 25g water
- 450g whipped heavy cream

Blackcurrant jam for decorating piping
- 50g blackcurrant jam
- 3.5g crème de cassis (blackcurrant liqueur)

For the glaze
- 200g neutral glaze
- 20g frozen redcurrant, cut into 1cm cubes, defrost and strain

For décor
- 1 grape of Kyoho (Japanese grape) for 1 cake
- 1 raspberry and 1 blueberry for 1 cake

カシスのジュレで芳醇なワインの香りと味の輪郭を際立たせた
ボルドーの赤をイメージしたムース。ジャムつきビスキュイで甘いメリハリをつけた

センターをつくる

1 トレイに直径4cmの樹脂製円形型をのせ、室温におく。
2 カシスのムースとジュレでセンターをつくる。ピュレを使ったアングレーズソースのムース（→P45）を参照してカシスのムースをつくる。
3 1の樹脂製型に口径1.3cmの丸口金で2のムースを型の7分めまで絞る。48個絞って急速冷凍庫で固める。
4 カシスのジュレをつくり（→P37）、3にデポジッターで流して同様に固めてセンターをつくる（→P37）。
5 固まったら型からはずし[a]、トレイに並べて冷凍庫に入れておく。うち30個を使う。

生地と型を準備する

6 ビスキュイ・ダマンドをつくる（→P12）。ただし、天板にのばした生地の半分にジャムを絞ってから焼く（→P13 ビスキュイ・ダマンド、ジャムつき）。カシスのジャムは口径5mmの丸口金で、フランボワーズ・ペパンは口径4mmの丸口金で1.5cm間隔で交互に斜めに絞る。焼けたら冷ましておく。
7 ジャムつきのビスキュイを2×18.5cmにカットして30枚とる[b]。ビスキュイ・ダマンドは直径4.7cmの抜き型で30枚底生地用に抜く。
8 OPPシートを密着させたトレイに六角形のセルクルを固定して並べる（→P43 型用トレイの準備）。
9 7のジャムつきの生地に粉糖（分量外）をたっぷりまぶし、8の型に1枚ずつジャム側を外に向けて入れていく[c]。型入れのポイントはマングー・キャシス8（→P52）を参照する。型内側の側面についた粉糖はキッチンペーパーでふきとる。
＊粉糖をまぶすのはジャムが型にくっついてしまうから。
10 7の底生地はアンビバージュに浸して9の型底に焼き目側を上にして敷く[d]。室温に置く。

赤ワインのムースをつくる

11 赤ワインとレモン汁、砂糖を手鍋に入れて加熱する[e]。
12 卵黄をボウルに入れてよくほぐし、11を加えてよく混ぜてから鍋にもどす[f～g]。
13 12を中火にかけ、泡立器で混ぜながら加熱し、濃度がついてきたら手早くボウルに漉す[h～j]。ゴムベラですくって中央をなぞって横に傾けても流れ落ちない状態。

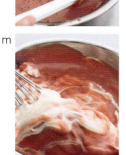 

14 ゼラチンを入れて混ぜ溶かし、氷水にあてて混ぜながら23℃に冷やす[k〜l]。

15 ピュレのムース4〜7（→P44）を参照してイタリアンメレンゲとクレームフェテを合わせる。23℃の14を3回に分けて加え混ぜ、同9〜10を参照してムースを仕上げる[m〜n]。

16 10の型に15のムースを口径1.3cmの丸口金で8分めまで絞り入れる。

17 5のセンターをとり出し、ジュレ側を下にして16の型中央に置いて押し入れ、さらにムースを絞る[o〜p]。

18 パレットで表面を均し、はみ出したムースをパレットできれいに除き[q]、カバーをかぶせて急速冷凍庫で固める。

19 18をとり出し、文字描き用カシスのジャムを口径2.5mmの丸口金で「C」とそれぞれに絞る[r]。冷凍庫に入れてジャムをしっかり固める。

20 19をとり出し、グラッサージュをかけてパレットで均一にのばし、冷凍庫に入れて固める。とり出して型のまわりをきれいにし、さらに冷凍庫に入れてしっかり固める。

21 20をとり出し、バーナーでセルクルをひとつずつ温めて型からはずしてトレイに並べ、冷凍庫に保管しておく。

仕上げる

22 21を半解凍し、フルーツを飾る。

ジェオメトリー
Geometry

分量　直径5.5×高さ4cmセルクル30個分
＊40×30cmのカードル、直径4.7cmの抜き型を用意する。

ビスキュイ・ショコラA（→P14）
　── 60×40cm天板1枚分

アンビバージュ　以下を合わせる
　ボーメ30°のシロップ── 50g
　グレープフルーツリキュール── 35g
　水── 30g

ミントのムース　30×40cmのカードル1枚分
　フレッシュミントの葉── 10g
　牛乳── 135g
　卵黄── 155g
　グラニュー糖── 35g
　板ゼラチン── 10g
　ジェット27（ミントリキュール）── 130g
　クレームフェテ（→P43）── 465g

グレープフルーツのムース
　グレープフルーツ（ルビー）の果肉── 120g
　グレープフルーツ（ルビー）の搾り汁── 820g
　微粒グラニュー糖── 15g
　レモン汁── 40g
　板ゼラチン── 24g
　グレープフルーツリキュール── 45g
　・イタリアンメレンゲ
　　卵白── 75g
　　グラニュー糖── 115g
　　水── 30g
　クレームフェテ── 305g

グラッサージュ　以下を合わせる
　ナパージュ・ヌートル── 140g
　グレープフルーツリキュール── 14g

飾り
　クラクラン・フランボワーズ（→P30）── 適量

Geometry

Makes thirty round cakes
*5.5-cm diameter×4-cm height round cake ring,
40×30-cm square cake ring, 4.7-cm diameter round pastry cutter

1 sheet chocolate sponge cake A for 60×40-cm
baking sheet pan, see page 14

For the syrup
　50g baume-30° syrup
　35g grapefruit liqueur
　30g water

Mint mousse for 40×30-cm square cake ring
　10g fresh mint leaves
　135g whole milk
　155g egg yolks
　35g granulated sugar
　10g gelatin sheets, soaked in ice-water
　130g Get27 (mint liqueur)
　465g whipped heavy cream, see page 44

Grapefruit mousse
　120g fresh ruby red grapefruit pulp
　820g squeezed ruby red grapefruit juice
　15g caster sugar
　40g fresh lemon juice
　24g gelatin sheets, soaked in ice-water
　45g grapefruit liqueur
　・Italian meringue
　　75g egg whites
　　115g granulated sugar
　　30g water
　305g whipped heavy cream

For the glaze
　140g neutral glaze
　14g grapefruit liqueur

For décor
raspberry praline bits, see page 30

グレープフルーツのみずみずしくはじける果肉と
中央のフレッシュミントの清涼感が口の中でリフレインする、さわやかなムース

ミントのムースをつくる

1 OPPシートを密着させたトレイに40×30cmのカードルをのせて室温におく(→P43 型用トレイの準備)。
2 ミントの葉をミルに入れて牛乳の半量ほどを加え、ミントがかなり細かくなるまで攪拌する[a~b]。残りの牛乳と合わせて手鍋に入れて温める。
3 ボウルに卵黄をほぐして砂糖を加えて泡立器で白っぽくなるまでよくすり混ぜ、2を加えてよく混ぜてから鍋にもどす。
4 3を中火にかけ、混ぜた跡が残るようになるまで泡立器で8の字を描くようによく混ぜながら加熱する[c]。濃度がついてきたらボウルに急いで漉す[d]。
5 温かいうちにゼラチンを加えてしっかりと混ぜ、溶けていることを確認する。氷水にあてて混ぜながら冷まし、人肌程度になったらミントリキュールを加え混ぜ[e]、さらに混ぜながら22~23℃にする。
6 ボウルにとったクレームフェテに5を2回に分けて加え混ぜる[f~g]。1のカードルにでき上がったムースを流し入れ、ゴムベラで広げる[h]。トレイごと型を持って下に叩きつけて均す[i]。急速冷凍庫で固める。
7 固まれば2.5cm角の正方形にカットし、トレイに並べて冷凍庫に入れておく。

生地を準備する

8 ビスキュイ・ショコラをAの配合で焼いて冷ます(→P14)。直径4.7cmの抜き型で30枚抜いておく。

グレープフルーツのムースをつくる

9 OPPシートを密着させたトレイに直径5.5cmのセルクルを並べ、冷蔵庫に入れておく(→P43 型用トレイの準備)。
10 クレープフルーツは房から果肉をとり出し、つぶさないように手でひと粒ずつにしておく[j]。アミにのせて余分な汁気を切り、120gをとる。

11 ボウルに搾ったグレープフルーツの果汁には、砂糖とレモン汁を加えて混ぜる[k]。
12 別のボウルにゼラチンとグレープフルーツリキュールを入れて湯煎にかけて混ぜながらゼラチンを溶かす[l]。
13 ピュレのムース3（→P44）を参照してゼラチンと11の果汁を合わせる。混ぜながら12に11の一部を加え混ぜ[m]、糸状にたらしながら11にもどし混ぜる。氷水にあてて混ぜながらとろみがつく11〜13℃にする。
14 グレープフルーツのムースを仕上げる。同4〜10を参照してイタリアンメレンゲとクレームフェテを合わせ、13を3回に分けて加え混ぜる[n]。
15 10のほぐしたグレープフルーツの果肉に14のムースの一部を入れて[o]ゴムベラでよく混ぜてからムースにもどし、切るようによく混ぜる。
16 ムースが仕上がる直前に7のミントのムースをとり出す。9の型にアルコールを吹きつけてからミントのムースを中央に置いていく。ムースが動かないのを確認してからあらかじめ冷凍しておいた天板をトレイの下に敷く。≡1
17 16に15のムースを口径1.3cmの丸口金で型の9分めまで絞り入れる[p]。スプーンの背で中央から外側に向かって均してすき間を除き、くぼみをつくる[q]。
18 8の生地をアンビバージュに浸し、焼き目を下にしてまわしながら18にのせて押さえる[r]。
19 OPPシートとトレイをのせて押さえる（→P43凍らせる前に）。急速冷凍庫で固める。
20 19をとり出してトレイではさんでひっくり返し、OPPシートをはずす。型のまわりをきれいにし、トレイに並べて冷凍庫に入れておく。

仕上げる

21 20をとり出し、グラッサージュをパレットでひとつずつ上部に塗る。冷凍庫に入れてグラッサージュをしっかり固める。
22 21をとり出し、バーナーでセルクルを温めて型からはずす。トレイに並べて冷凍庫で保管する。
23 22を半解凍しておく。ムースの底を手で持ち、縁にクラクラン・フランボワーズをつけて飾る。

≡1　ミントのムースは溶けやすいので直前に型にセットし、動かないのを確認してから冷凍庫で凍らせておいた天板を下に敷き、手早く作業する。

クープ・ド・ソレイユ
Coupe de Soleil

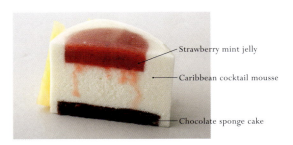
- Strawberry mint jelly
- Caribbean cocktail mousse
- Chocolate sponge cake

分量　6cm×高さ4cm三角セルクル30個分
*40×30cmのカードル、直径3.5cmの円形抜き型と
　4.7cmの三角形の抜き型を用意する。

ビスキュイ・ショコラA（→P14）── 60×40cm天板1枚分

アンビバージュ　以下を合わせる
[ボーメ30°のシロップ── 65g
　キルシュ── 45g
　水── 35g

イチゴとミントのジュレ
[板ゼラチン── 21g
　キルシュ── 30g
　イチゴのピュレ
　　（センガセンガナ、無糖。冷凍のまま1cm角切り）── 730g
　フレッシュミントの葉── 6g
　レモン汁── 105g
　微粒グラニュー糖── 110g

コクテルカライブ オ ロムのムース
[コクテルカライブ オ ロムのピュレ
　　（冷凍のまま1cm角切り）── 500g
　*ピニャコラーダをベースにパイナップル、ココナッツ、ライム、
　　ラム酒を加えたミックスピュレ。
　ココナッツピュレ（冷凍のまま1cm角切り）── 500g
　レモン汁── 50g
　板ゼラチン── 27g
　キルシュ── 110g
　・イタリアンメレンゲ
　[卵白── 75g
　　グラニュー糖── 130g
　　水── 30g
　クレームフェテ（→P43）── 340g

グラッサージュ　以下を合わせる
[ナパージュ・ヌートル── 140g
　ココナッツピュレ（1cm角切りにして解凍）── 10g

飾り
パイナップル── 適量

Coupe de Soleil

Makes thirty triangle cakes
*6-cm×4-cm height triangle cake ring,
40×30-cm square cake ring,
3.5-cm diameter round and 4.7-cm triangle pastry cutter

1 sheet chocolate sponge cake A for 60×40-cm baking sheet pan, see page 14

For the syrup
[65g baume-30° syrup
　45g kirsch
　35g water

Strawberry mint jelly
[21g gelatin sheets, soaked in ice-water
　30g kirsch
　730g frozen strawberry 100% "Senga Sengana" purée,
　cut into 1-cm cubes
　6g fresh mint leaves
　105g fresh lemon juice
　110g caster sugar

Caribbean cocktail mousse
[500g frozen "Caribbean cocktail" purée, cut into 1-cm cubes
　500g frozen coconut purée, cut into 1-cm cubes
　50g fresh lemon juice
　27g gelatin sheets, soaked in ice-water
　110g kirsch
　・Italian meringue
　[75g egg whites
　　130g granulated sugar
　　30g water
　340g whipped heavy cream, see page 44

For the glaze
[140g neutral glaze
　10g frozen coconut purée, cut into 1-cm cubes, and defrost

For décor
pineapple

「太陽の一撃」の名前のとおりパイナップルの飾りで太陽の輝きを表現
フレッシュミントをきかせたイチゴジュレをココナッツのトロピカルなムースで包んだ

イチゴとミントのジュレをつくる

1　OPPシートを密着させたトレイに40×30cmのカードルをのせて冷蔵庫に入れておく（→P43 型用トレイの準備）。

2　ジュレをつくる（→P37）。ただし、溶かしたイチゴのピュレの一部とミントの葉を合わせ、ミルで細かく挽いたものをピュレにもどしてつくる。

3　1のカードルに2を流し入れ、ゴムベラで広げ、トレイごと型を持って下に叩きつけて気泡をのぞいて均す。急速冷凍庫で固める。

4　固まれば3をとり出す。直径3.5cmの抜き型で30個抜き、トレイに並べて冷凍庫に入れておく。

生地を準備する

5　ビスキュイ・ショコラをAの配合で焼いて冷ます（→P14）。4.7cmの三角形の抜き型で30枚抜いておく。

コクテルカライブ オ ロムのムースをつくる

6　OPPシートを密着させたトレイに三角セルクルを並べ、冷蔵庫に入れておく（P43 型用トレイの準備）。

7　以下、ピュレのムース（→P44）を参照してつくる。冷凍のコクテルカライブ オ ロムとココナッツのピュレはそれぞれ溶かして合わせ[a]、レモン汁を加え混ぜる。

8　ボウルにゼラチンを入れてキルシュを加えて湯煎で溶かし、7のピュレの一部を加え混ぜてから[b]ピュレにもどす。氷水にあてながら混ぜて18℃にする[c]。

9　ピュレのムース4〜10（→P44）を参照してイタリアンメレンゲとクレームフェテを合わせたものに、18℃に冷やした8のピュレを3回に分けて加え混ぜる[d〜e]。

10　ムースが仕上がる直前に4のイチゴとミントのジュレをとり出し、アルコールを吹きつけた6の型中央に置いて貼りつける[f]。ジュレが動かないのを確認してからあらかじめ冷凍しておいた天板をトレイの下に敷く。≡1

11　10に9のムースを口径1.3cmの丸口金で型の9分めまで絞り入れる[g]。スプーンの背で中央から外側に向かって均してすき間を除き、くぼみをつくる[h]。

≡1　フレーズ・マントのジュレは溶けやすいので直前に型にセットし、動かないのを確認してから冷凍庫で凍らせておいた天板を下に敷き、手早く作業する。

12 5の生地をアンビバージュに浸し[i]、焼き目を下にして11にのせて押さえる。
13 OPPシートとトレイをのせて押さえ(→P43凍らせる前に)、急速冷凍庫で固める[j]。
14 13をとり出してトレイではさんでひっくり返し、OPPシートをはずす。型のまわりをきれいにしてトレイに並べて冷凍庫に入れる。
15 14をとり出し、グラッサージュをパレットでひとつずつ上部に塗り、冷凍庫でしっかり固める。固まればバーナーでセルクルをひとつずつ温めて型からはずし、トレイに並べて冷凍庫で保管する。

仕上げる
16 15を半解凍しておく。パイナップルはムースの高さに合わせた細長い三角形にカットする。
17 半解凍したムースに16のパイナップルをひとつの面に3切れずつ貼りつける。1個に9枚を使う。

| COLUMN 3 | ふつうでは合わせない素材も使ってみる──その発想の仕方 |

1999年、パリのレストランで吉野建氏とコラボレートしたフェアがあり、デザートを担当しました。その時は「アジアのフルーツ」をテーマにしたいと考えていました。日本のフルーツを使おうとも考えましたが、柿、ナシではお菓子になりそうにありません。そんな折、ライチのピュレが出まわりはじめたのです。そこでライチのムースにモモのムースを合わせて、ニュイ・ド・シン（→P66）というお菓子を考案しました。ライチもモモも原産地は中国です。お菓子の名前は、「シナの夜」という意味のニュイ・ド・シンにしました。

フランスにいた頃はムースに生クリームをいっぱい使うことが通常でしたが、繊細なモモの香りが鼻に抜けて香るように、生クリームの量を極力抑えるなど、味づくりに腐心したことを覚えています。モモのムースの中にはフレーズ・デ・ボワを入れ、ココナッツのダコワーズを合わせたことで味と食感のメリハリをつけ、全体の味を引き締めました。

最初にテーマを決めて、たまたま材料に恵まれたケースです。

また雑誌の連載で四季のお菓子として生まれたものもいくつかあります。

そのうちの1つがレモンクリームとバジルの組合せのタルトレット、プロヴァンサル（→P158）で、夏をイメージしてつくったお菓子です。友人のフランス人シェフがある講習会でつくったお菓子にインスパイアーされて発想したもの。それは刻んだバジルを加えたレモンクリームをタルト生地に入れたお菓子でした。それが、おいしかったのです。

自分らしいお菓子にするために彩りも考え、バジルとレモンの2つの素材をシトロンクリームとバジルのナパージュという別々のパーツに仕立てて、それぞれの印象をより際立たせました。それがプロヴァンサルです。

何かの機会に食べておいしかったという体験によって、これまでになかった素材の組合せに気づかされることも多々あるのです。

かつて自分が商品化したお菓子を土台に、新しい組合せに行き着いたものもあります。ミントのムースにグレープフルーツのムースを組み合わせたジェオメトリー（→P74）や、トロピカルフルーツのムースとイチゴとミントのジュレを合わせたクープ・ド・ソレイユ（→P78）などがそれです。

たとえばジェオメトリー。ミス・アルビオンというミントのムースとチョコレートのムースを合わせたお菓子が起点です。そのミントを使って春から初夏にかけて清涼感のあるさわやかなお菓子がつくれないかとずっと考えていました。ミントのムースにグレープフルーツのムースを合わせてジェオメトリーができます。最初はピンクグレープフルーツの果汁だけでつくりましたが、インパクトが弱いのでグレープフルーツの実をひと粒ずつほぐして加えたところ食べている時に口の中でフレッシュなグレープフルーツの果肉がはじけて果汁が口いっぱいに広がり、最高の味がつくれました。

こういう経験を重ねていくうちに、自分の頭の中で素材を組み合わせてどんな味が生まれるかを想像するようになりました。最近では、つくってみるとほとんど考えた味が表現できるようになってきています。

ガメロン（→P84）のメロンとグアバも普通ではあまり合わせない素材同士ですが、かわったことをしているわけではなく、その素材を考えるとその味の先にもっとおいしくなるであろう組合せが見えてきます。おいしいものをと考えてやってきた長年の経験の中から生まれてきたお菓子たちです。

ガメロン
Guamelon

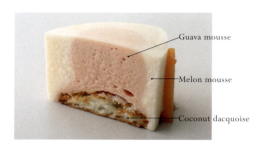

分量　6cm×高さ4cm三角セルクル30個分
＊4.7cmの三角形の抜き型を用意する。

パータ・ダコワーズ・ココ（→P23）──── 基本分量

メロンのムース
- メロンのピュレ（冷凍のまま1cm角切り）──── 785g
- レモン汁──── 65g
- 板ゼラチン──── 19g
- キルシュ──── 50g
- イタリアンメレンゲ──── 下記から195g
- クレームフェテ（→P43）──── 270g

グアバのムース
- グアバのピュレ（冷凍のまま1cm角切り）──── 290g
- レモン汁──── 15g
- 板ゼラチン──── 7g
- キルシュ──── 35g
- イタリアンメレンゲ──── 下記から70g
- クレームフェテ──── 100g

イタリアンメレンゲ
- 卵白──── 115g
- グラニュー糖──── 165g
- 水──── 40g

グラッサージュ　以下を合わせる
- ナパージュ・ヌートル──── 140g
- キルシュ──── 10g

飾り
- メロン（緑色系、赤色系）──── 各適量
  ＊皮と種を除く。緑色系はアールスメロン、アンデスメロンなど、赤肉系は夕張メロン、クインシーメロンなど。

Guava and melon mousse cake

Makes thirty triangle cakes
*6-cm×4-cm height triangle cake ring,
4.7-cm triangle pastry cutter

1 recipe coconut dacquoise, see page 23

Melon mousse
- 785g frozen melon purée, cut into 1-cm cubes
- 65g fresh lemon juice
- 19g gelatin sheets, soaked in ice-water
- 50g kirsch
- 195g italian meringue, see below
- 270g whipped heavy cream, see page 44

Guava mousse
- 290g frozen guava purée, cut into 1-cm cubes
- 15g fresh lemon juice
- 7g gelatin sheets, soaked in ice-water
- 35g kirsch
- 70g italian meringue, see below
- 100g whipped heavy cream

Italian meringue
- 115g egg whites
- 165g granulated sugar
- 40g water

For the glaze
- 140g neutral glaze
- 10g kirsch

For décor
melon, peeled and seeded
*earl's melon (green flesh melon),
cantaloupe melon (orange flesh melon), etc.

香り高いメロンムースにグアバのムースのトロピカルで華やかな香りが加わる
食感はとろりとしてなめらかで、みずみずしい

生地を準備する

1 パータ・ダッコワーズ・ココをつくって樹脂製マットに口径1.3cmの丸口金で直径5cmに絞り、焼いて冷ましておく(→P23)。粗熱がとれたら4.7cmの三角形の抜き型で30個抜いておく。

2つのムースをつくる

2 型はOPPシートを密着させたトレイに並べ、冷蔵庫に入れておく(→P43型用トレイの準備)。

3 ほぼ同時進行でメロンのムースとグアバのムースをつくる。ピュレのムース1~3(→P44)を参照し、2つの冷凍のピュレはそれぞれ解凍してレモン汁を加え、キルシュと一緒にして溶かしたゼラチンと合わせる[a~b]。

4 3はイタリアンメレンゲと生クリームに合わせる前に、氷水にあてて混ぜ、それぞれ低めの13℃になるように調整する。

5 イタリアンメレンゲは2つのムース分を合わせてつくる。同4~7を参照してイタリアンメレンゲをつくり、そのうち195gをメロンのムース用のクレームフェテと合わせ[c]、まずメロンのムースを仕上げる。

6 4のメロンのピュレを5に3回に分けて加えては、泡立て器で切るように混ぜる[d]。同9~10を参照して仕上げる[e]。

7 メロンのムースが仕上がる頃に、同じ要領でグアバのムースを仕込みはじめる。70gのイタリアンメレンゲを分量のクレームフェテに合わせ、4の13℃に冷やしたグアバのピュレを2回に分けて加え混ぜる[f~g]。グアバのムースが柔らかいようなら濃度の状態を見て冷蔵庫に入れる。≡1

8 冷やしておいた型に口径1.3cmの丸口金でメロンのムースを型の6分めくらいまで絞る[h]。

9 グアバのムースを同じ大きさの丸口金で8に絞る。口金が底にカチンとあたるまで絞り袋を押し入れてから、絞りながらゆっくりと引き上げる[i]。

≡1 ニュイ・ド・シン同様、独自の仕込み方(→P68の≡1)。

10 スプーンの背で中央から外側に向かって均してくぼみをつくり、1のダコワーズ・ココを平らな面を上にしてのせて軽く押さえる[j～k]。
11 OPPシートとトレイをのせて押さえ（→P43凍らせる前に）。急速冷凍庫で固める。
12 11をとり出してトレイではさんでひっくり返し、OPPシートをはずす。型のまわりをきれいにし、トレイに並べて冷凍庫に入れておく。
13 12をとり出し、グラッサージュをパレットでひとつずつ上部に塗り、冷凍庫に入れて固める。
14 型のまわりをきれいにしてバーナーでセルクルを温めて型からはずし、トレイに並べて冷凍庫で保管する。

仕上げる

15 14を半解凍しておく。2色のメロンは1cm幅のくし形に切り、5mm厚さの台形にカットしてキッチンペーパーにのせて汁気を切る[l～m]。
16 半解凍したムースのまわりに2色のメロンを交互に6枚ずつ貼りつけて彩る。
＊通常はプチ・ガトー用の金トレイにのせてデコレーションする。

アブリコ・ロマラン
Abricot romarin

- Blood peach mousse
- Apricot and blood peach jelly
- Apricot mousse
- Rosemary sponge cake

分量　長径8cm×短径4cm、高さ4cm
バトー形セルクル30個分
＊長径5cm×短径3cmの樹脂製オヴァール型、
　長径6.5cm×短径2.5cmバトー形抜き型を用意する。

ローズマリーのビスキュイ
- ビスキュイ・ダマンド（→P12）
　　　60×40cm天板1枚分
- ・ローズマリーのハーブソース
  - ローズマリー —— 5g
  - レモン汁 —— 1g
  - EXVオリーヴオイル —— 15g
- 緑の色素 —— 4滴
- 黄色の色素 —— 3滴

アンビバージュ　以下を合わせる
- ボーメ30°のシロップ —— 30g
- アンズのリキュール —— 25g
- 水 —— 20g

ペッシュヴィーニュのムース（センター）
- ペッシュヴィーニュのピュレ
  （冷凍のまま1cm角切り）—— 130g
  ＊ペッシュヴィーニュという赤いモモのピュレ。
  皮と果肉は赤く酸味がある。
- レモン汁 —— 6g
- グラニュー糖 —— 2g
- 板ゼラチン —— 3g
- モモのリキュール —— 17g
- ・イタリアンメレンゲ　以下から30g使用
  - 卵白 —— 60g
  - グラニュー糖 —— 125g
  - 水 —— 25g
- クレームフェテ（→P43）—— 45g

アンズとペッシュヴィーニュのジュレ（センター）
- ドライアンズのリキュール漬け
  - ドライアンズ —— 30g
  - アンズのリキュールA —— 20g
- 板ゼラチン —— 3g
- モモのリキュール —— 3g
- ペッシュヴィーニュのピュレ
  （1cm角切りにして解凍）—— 95g
- レモン汁 —— 13g

アンズのムース
- アンズのピュレ（冷凍のまま1cm角切り）—— 695g
- 微粒グラニュー糖 —— 15g
- 板ゼラチン —— 17g
- レモン汁 —— 35g
- アンズのリキュールB —— 95g
- ・イタリアンメレンゲ
  - 卵白 —— 65g
  - グラニュー糖 —— 110g
  - 水 —— 30g
- クレームフェテ —— 240g

グラッサージュ　以下を合わせる
- ナパージュ・ヌートル —— 150g
- アンズのピュレ（1cm角に切って解凍）—— 15g

飾り
- ペッシュヴィーニュのジャム（→P37ジャム）
  　—— 50g
- ・アンズのシロップ煮 —— 1個/1個
  - ドライアンズ —— 600g
  - ローズマリー —— 2枝
  - 水 —— 600g
  - グラニュー糖 —— 120g
- フランボワーズ —— 2粒/1個

Apricot and rosemary

Makes thirty boat-shaped cakes
* 8-cm×4-cm×4-cm height boat-shaped cake ring,
  5-cm length×3-cm width oval silicon mold tray,
  6.5-cm length×2.5-cm width boat-shaped pastry cutter

Rosemary sponge cake
- 1 sheet almond sponge cake for 60×40-cm baking sheet pan, see page 12
- · Rosemary sauce
  - 5g fresh rosemary
  - 1g fresh lemon juice
  - 15g EXV olive oil
- 4 drops of green food coloring
- 3 drops of yellow food coloring

For the syrup
- 30g baume-30° syrup
- 25g apricot liqueur
- 20g water

Blood peach mousse
- 130g frozen blood peach purée, cut into 1cm cubes
- 6g fresh lemon juice
- 2g granulated sugar
- 3g gelatin sheet, soaked in ice-water
- 17g peach liqueur
- · Italian meringue (use 30g)
  - 60g egg whites
  - 125g granulated sugar
  - 25g water
- 45g whipped heavy cream, see page 44

Apricot and blood peach jelly
- · Apricot in liguer
  - 30g dried apricots
  - 20g apricot liqueur A
  - *mix dried apricots into A before 1 day
- 3g gelatin sheet, soaked in ice-water
- 3g peach liqueur
- 95g frozen blood peach purée, cut into 1cm cubes
- 13g fresh lemon juice

Apricot mousse
- 695g frozen apricot purée, cut into 1-cm cubes
- 15g caster sugar
- 17g gelatin sheets, soaked in ice-water
- 35g fresh lemon juice
- 95g apricot liqueur B
- · Italian meringue
  - 65g egg whites
  - 110g granulated sugar
  - 30g water
- 240g whipped heavy cream

For the glaze
- 150g neutral glaze
- 15g frozen apricot purée, cut into 1-cm cubes, and defrost

For décor
- 50g blood peach jam, see page 37
- · 1 poached apricot for 1 cake
  - 600g dried apricots
  - 2 fresh rosemary
  - 600g water
  - 120g granulated sugar
- 2 raspberries for 1 cake

ローズマリーの香りが鼻腔に抜け、若々しい味の余韻を残す
アンズのムースの中にジュレと赤いモモのムースの酸味が顔をのぞかせ、清涼感を与える

アンズとペッシュヴィーニュのジュレ用の
アンズを漬ける

1 ドライアンズは6等分に切り、あらかじめアンズのリキュールAと合わせてチャックつきポリ袋に入れて空気を抜いて閉じ、アンズが柔らかくなるまでひと晩室温において漬ける。

センターをつくる

2 長径5cm×短径3cmの樹脂製オヴァール型はトレイにのせて冷蔵庫に入れておく。

3 ピュレのムース(→P44)を参照してペッシュヴィーニュのムースをつくる。ただし、溶かしたピュレはレモン汁と一緒に砂糖も加えて混ぜ溶かして使う。

4 ムースを2の樹脂製型に口径1.3cmの丸口金で型の7分めくらいまで絞る。30個絞って急速冷凍庫で固める。

5 アンズとペッシュヴィーニュのジュレをつくる。1の漬けたアンズは、直前に溶かしたペッシュヴィーニュのピュレの一部と合わせてミルで細かくつぶし、ピュレにもどしてレモン汁と合わせて用い、ジュレをつくる(→P37 ジュレ)。

6 5を4に口径8mmの丸口金で絞って同様に固める(→P37 センターをつくる)。

7 固まったら型からはずし、トレイに並べて冷凍庫に入れる[a]。

生地を準備する

8 ハーブ入りビスキュイ(→P13)を参照してローズマリーのビスキュイをつくる。ただし色素は、レモン汁とオリーヴオイルで和えたローズマリーのハーブソースと一緒に生地に加えてつくる。焼いて冷ましておく。

9 8の生地は2×18.25cmの帯状にカットして30枚とる。残りの生地は長径6.5cm×短径2.5cmバトー形抜き型で抜き、底生地用に30枚とる。

10 長径8cm×短径4cmのバトー形セルクルはOPPシートを密着させたトレイに並べ(→P43 型用トレイの準備)、9の帯状の生地を焼き目を内側にして入れる。セルクルのとじ目を手前におき、とじ目に両生地端がくるように奥から生地を指で押し入れて生地端を合わせる(→P52 マングー・キャシス8)。

11 9の底生地はアンビバージュに浸して、焼き目を上にして10の型底に敷く。室温におく。

アンズのムースをつくる

12 ピュレのムース(→P44)を参照してつくる。冷凍のアンズのピュレは溶かしてレモン汁と砂糖を加え混ぜる。

13 ボウルにゼラチンを入れて酒を加えて湯煎で溶かし[b]、12のピュレの一部を加え混ぜて溶かし、ピュレのボウルに混ぜながらもどす[c]。氷水にあてながら混ぜて12℃前後にする[d]。このとろみ、温度が肝心。≡1

14 同4〜10を参照し、イタリアンメレンゲとクレームフェテを合わせたものに13を3回に分けて加え混ぜる[e〜g]。

15 11の型に14のムースを口径1.3cmの丸口金で型の9分めまで絞り入れる[h]。

16 7のセンターをとり出し、ジュレ側を下にして型中央に置き[i]、押し入れる[j]。さらにムースを絞る[k]。

17 パレットで表面を均し[l]、はみ出したムースをパレットできれいに除く。カバーをかぶせて急速冷凍庫で固める。

18 17をとり出し、グラッサージュを全体にかけてパレットで均す。1個ずつ型についた余分なムースとグラッサージュを除き、同じ方向に型を並べる。冷凍庫で固める。

19 18にペッシュヴィーニュのジャムを口径2.5mmの丸口金で写真のように絞る[m]。ムースは凍っているのでジャムはすぐに固まる。

20 バーナーでセルクルを温めて型からはずし、冷凍庫で保管する。

アンズのシロップ煮をつくる

21 ドライのアンズはボウルに並べ入れ、ローズマリーをのせる[n]。

22 手鍋に水とグラニュー糖を沸かして砂糖を溶かし、熱々を21に注ぎ、穴をあけた紙蓋を密着させる[o〜p]。IH調理器にのせてふたたび沸かして火をとめ、冷めるまでおいておく。

仕上げる

23 20を半解凍してとり出し、22のアンズのシロップ煮[q]1個とフランボワーズ2粒ずつを飾る。

≡1 アンズのムースは離水しやすいので、溶かしたピュレとゼラチンを合わせたものをしっかり冷やしてとろみをつけることが重要。

オンフルール
Honfleur

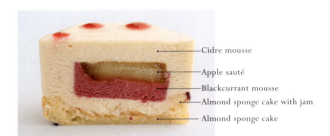

- Cidre mousse
- Apple sauté
- Blackcurrant mousse
- Almond sponge cake with jam
- Almond sponge cake

分量　長径6cm×高さ4cmの六角形セルクル30個分
＊直径4cm×深さ2cm樹脂製円形型、
　直径4.7cmの抜き型を用意する。

ビスキュイ・ダマンドと
ビスキュイ・ダマンド、ジャムつき
- ビスキュイ・ダマンド（→P12）
  ── 60×40cm天板1枚分
- カシスのジャム（→P37ジャム）── 約150g

アンビバージュ　以下を合わせる
- ボーメ30°のシロップ ── 45g
- カルヴァドス ── 30g
- 水 ── 25g

カシスのムース（センター）　直径4cm 48個分
- ・カシスのアングレーズソース
  - カシスのピュレA（冷凍のまま1cm角切り）── 100g
  - ヴァニラスティック ── 1/10本
  - 卵黄 ── 55g
  - 微粒グラニュー糖 ── 25g
  - 板ゼラチン ── 5g
  - カシスのピュレB（冷凍のまま1cm角切り）── 60g
  - クレーム・ド・カシス ── 40g
- ・イタリアンメレンゲ　以下から65g使用
  - 卵白 ── 60g
  - グラニュー糖 ── 105g
  - 水 ── 25g
- クレームフェテ（→P43） ── 165g

ガルニチュール（センター用）
リンゴのソテー（→P33）── 基本分量

シードルのムース
- ・シードルのアングレーズソース
  - シードル ── 730g
  - ヴァニラスティック ── 2/5本
  - 卵黄 ── 125g
  - 微粒グラニュー糖 ── 52g
  - 板ゼラチン ── 14g
  - カルヴァドス ── 90g
- ・イタリアンメレンゲ
  - 卵白 ── 65g
  - グラニュー糖 ── 95g
  - 水 ── 25g
- クレームフェテ ── 390g

グラッサージュ　以下を合わせる
- ナパージュ・ヌートル ── 200g
- カルヴァドス ── 10g

カシスのナパージュ　以下を合わせる
- ナパージュ・ヌートル ── 30g
- カシスのジャム ── 10g

飾り
- リンゴの乾燥焼き（→P38） ── 1切れ／1個
- ラフティスノウ ── 適量
- リンゴの皮のチップ（→P38） ── 3枚／1個

Honfleur

Makes thirty hexagon cakes
*6-cm length×4-cm height hexagon cake ring,
4-cm diameter×2-cm depth tartlet silicon
mold tray-48 wells,
4.7-cm diameter round pastry cutter

Almond sponge cake and
almond sponge cake with jam
- 1 sheet almond sponge cake for
  60×40-cm baking sheet pan, see page 12
- about 150g blackcurrant jam, see page 37

For the syrup
- 45g baume-30° syrup
- 30g calvados
- 25g water

Blackcurrant mousse (for the center)
for 4-cm diameter tartlet silicon tray-48 wells
- ・Blackcurrant anglaise sauce
  - 100g frozen blackcurrant purée A,
    cut into 1cm-cubes
  - 1/10 vanilla bean
  - 55g egg yolks
  - 25g caster sugar
  - 5g gelatin sheets, soaked in ice-water
  - 60g frozen blackcurrant purée B,
    cut into 1-cm cubes
  - 40g crème de cassis (blackcurrant liqueur)
- ・Italian meringue (use 65g)
  - 60g egg whites
  - 105g granulated sugar
  - 25g water
- 165g whipped heavy cream, see page 44

Garnish, for the center
48 pieces apple sauté, see page 33

Cidre mousse
- ・Cidre anglaise sauce
  - 730g cidre (hard cider)
    *reduce into half
  - 2/5 vanilla bean
  - 125g egg yolks
  - 52g caster sugar
  - 14g gelatin sheets, soaked in ice-water
  - 90g calvados
- ・Italian meringue
  - 65g egg whites
  - 95g granulated sugar
  - 25g water
- 390g whipped heavy cream

For the glaze
- 200g neutral glaze
- 10g calvados

Blackcurrant glaze
- 30g neutral glaze
- 10g blackcurrant jam

For décor
- 1 piece dehydrated apple for 1 cake,
  see page 38
- raftisnow for dusting
- 3 apple peel chips for 1 cake, see page 38

多くのヨットが係留されているノルマンディの港町オンフルールをイメージした
凝縮した味のシードルムースとリンゴソテーが、カシスのムースの濃厚な酸味で浮き立つ

カシスのムース（センター）をつくる

1 直径4.7cmの樹脂製型はトレイにのせて室温におく。リンゴのソテーはつくって冷ましておく（→P38）。
2 ピュレを使ったアングレーズソースのムース（→P45）を参照してカシスのムースをつくる。
3 ムースを1の型に口径1.3cmの丸口金で型の7分めくらいまで絞る。トレイごと下に叩きつけてすき間を除いて均す[a]。
4 粗熱がとれたリンゴのソテーを1切れずつ3の中央に置いて押さえ[b]、急速冷凍庫で固める。うち30個を使う。型からはずしてトレイに並べて冷凍庫に入れておく。

生地を準備する

5 OPPシートを密着させたトレイに六角形のセルクルを並べる（→P43型用トレイの準備）。
6 ビスキュイ・ダマンドをつくる（→P12）。ただし、天板にのばした生地の半分にはカシスのジャムを口径5mmの丸口金で2cm間隔に斜めに絞ってから焼く（→P13ビスキュイ・ダマンド、ジャムつき）。焼けたら冷ましておく。
7 ジャムつきのビスキュイを2×18.5cmにカットして30枚とる[c]。ビスキュイ・ダマンドは直径4.7cmの抜き型で底生地用に30枚抜く。
8 6のジャムつきの生地に粉糖（分量外）をたっぷりまぶし[d]、5のセルクルに1枚ずつジャム側を外に向けて入れていく[e]。入れ方のポイントはマンゴー・キャシス8（→P52）を参照する。型内側の側面についた粉糖はキッチンペーパーでふきとる。
＊粉糖をまぶすのはジャムが型にくっついてしまうから。
9 7の底生地はアンビバージュに浸して汁気を切り、焼き目側を上にして1の型底に敷く[f~g]。室温におく。

シードルのムースをつくる

10 シードルは手鍋に入れて中火にかけ、半量になるまで20分ほど煮つめておく[h]。少量をとってヴァニラの種を合わせて（→P24ヴァニラの処理）鍋にもどす[i]。
11 牛乳のかわりに煮詰めたシードルを使ってアングレーズソースを炊く（→P26）。卵黄と砂糖を合わせたものに10を加えてよく混ぜてから鍋にもどして中火にかけ、泡立て器で混ぜながら加熱する。しっかり濃度がついてきたら手早くボウルに漉す[j~k]。

k

l

m

n

o

p

q

r

12 11にゼラチンを加えて混ぜ溶かし、氷水にあてて混ぜながら冷ましてカルヴァドスを加え、22℃に冷やす[l]。

13 ピュレのムース4〜10（→P44）を参照してイタリアンメレンゲとクレームフェテを合わせたものに12を3回に分けて加え混ぜる[m]。

14 9の型に13を口径1.3cmの丸口金で8分めまで絞り入れる[n]。

15 4のカシスのムースのセンターをとり出す。リンゴのソテー側を上にして型中央に置いて押し入れ、さらにムースを絞る[o〜p]。

16 パレットで表面を均し[q]、はみ出したムースをパレットなどできれいに除く。カバーをかぶせて急速冷凍庫で固める。

仕上げる

17 16をとり出し、グラッサージュをかけてパレットで均一にのばす。型についた余分なムースとグラッサージュを除き、同じ向きに型を並べる。カシスのナパージュを口径2.5mmの丸口金で4ヵ所に小さく絞り[r]、冷凍庫に入れてしっかり固める。

18 バーナーでセルクルを温めて型からはずし、冷凍庫で保管する。

19 18を半解凍する。リンゴの乾燥焼きにはラフティスノウをふってからのせ、リンゴのチップを刺して飾る。

アグレアーブル
Agréable

- Passion fruit mousse
- Raspberry jelly
- Almond sponge cake
- Almond sponge cake with jam

分量　長径6cm×高さ4cmの
六角形セルクル30個分
＊直径4cm×深さ2cm樹脂製円形型、
　直径4.7cmの抜き型を用意する。

ビスキュイ・ダマンドと
ビスキュイ・ダマンド、ジャムつき
- ビスキュイ・ダマンド（→P12）
  ── 60×40cm天板1枚分
- フランボワーズ・ペパン（→P37ジャム）
  ── 約150g

アンビバージュ　直前に合わせる
- パッションフルーツのピュレ
  （1cm角切りにして解凍）── 20g
- ボーメ30°のシロップ ── 35g
- パッションフルーツのリキュール ── 20g
- 水 ── 10g

フランボワーズのジュレ（センター）
- 冷凍フランボワーズ（ホール）── 60g
- 板ゼラチン ── 5g
- フランボワーズのオー・ド・ヴィ ── 10g
- フランボワーズのピュレ
  （冷凍のまま1cm角切り）── 215g
- レモン汁 ── 20g
- 微粒グラニュー糖 ── 45g

パッションフルーツのムース
- ・パッションフルーツのアングレーズソース
  - パッションフルーツのピュレA
    （冷凍のまま1cm角切り）── 300g
  - ヴァニラスティック ── 2/5本
  - 卵黄 ── 150g
  - 微粒グラニュー糖 ── 95g
  - 板ゼラチン ── 18g
  - パッションフルーツのピュレB
    （冷凍のまま1cm角切り）── 185g
  - パッションフルーツのリキュール ── 65g
- ・イタリアンメレンゲ
  - 卵白 ── 75g
  - グラニュー糖 ── 115g
  - 水 ── 30g
- クレームフェテ（→P43）── 470g

グラッサージュ　以下を合わせる
- ナパージュ・ヌートル ── 200g
- パッションフルーツのピュレ
  （1cm角切りにして解凍）── 20g

飾り
- 巨峰、マスカット ── 各1粒／1個
- フランボワーズ、ブルーベリー ── 各1粒／1個

Agreeable

Makes thirty hexagon cakes
*6-cm length×4-cm height hexagon cake ring,
4-cm diameter×2-cm depth tartlet silicon mold tray,
4.7-cm diameter round pastry cutter

Almond sponge cake and
almond sponge cake with jam
- 1 sheet almond sponge cake for 60×40-cm baking sheet pan, see page 12
- about 150g raspberry jam, see page37

For the syrup
- 20g frozen passion fruit purée, cut into 1-cm cubes, and defrost
- 35g baume-30° syrup
- 20g passion fruit liqueur
- 10g water

Raspberry jelly
- 60g frozen raspberries, broken
- 5g gelatin sheets, soaked in ice-water
- 10g raspberry eau-de-vie (raspberry brandy)
- 215g frozen unsweetened raspberry purée, cut into 1-cm cubes
- 20g fresh lemon juice
- 45g caster sugar

Passion fruit mousse
- ・Passion fruit anglaise sauce
  - 300g frozen passion fruit purée A, cut into 1-cm cubes
  - 2/5 vanilla bean
  - 150g egg yolks
  - 95g caster sugar
  - 18g gelatin sheets, soaked in ice-water
  - 185g frozen passion fruit purée B, cut into 1-cm cubes
  - 65g passion fruit liqueur
- ・Italian meringue
  - 75g egg whites
  - 115g granulated sugar
  - 30g water
- 470g whipped heavy cream, see page44

For the glaze
- 200g neutral glaze
- 20g frozen passion fruit purée, cut into 1-cm cubes, and defrost

For décor
- 1 grape of Kyoho(Japanese grape) and 1 muscat for 1 cake
- 1 raspberry and 1 blueberry for 1 cake

パッションフルーツムースのさわやかな酸味と香り、
フランボワーズ・ペパンの清涼感が、ジャムつき生地の甘さとコントラストを生む

 a
 b
 c
 d
 e
 f
 g
 h

フランボワーズのジュレ（センター）をつくる

1 長径4cm×深さ2cmの樹脂製円形型はトレイにのせて室温におく。
2 ホールの冷凍フランボワーズはチャックつきポリ袋に入れて木槌で砕いて冷凍庫に入れておく。
3 2以外の材料でジュレをつくり（→P37）、1の型に流し入れてトレイごと型を持って下に軽く叩きつけて均す。
4 2のフランボワーズのブロークンを小さじ1弱（2g）ずつ3にのせて押さえる。急速冷凍庫で固める。
5 しっかり固めたら型からはずし[a]、トレイに並べて冷凍庫に入れておく。

生地を準備する

6 OPPシートを密着させたトレイに六角形のセルクルを並べて、室温におく（→P43型用トレイの準備）。
7 ビスキュイ・ダマンドをつくる（→P12）。ただし、天板にのばした生地の半分にはフランボワーズ・ペパンを口径4mmの丸口金で2cm間隔に斜めに絞ってから焼く（→P13ビスキュイ・ダマンド、ジャムつき）。焼けたら粗熱をとっておく。
8 ジャムつきのビスキュイを2×18.5cmに30枚とる。ビスキュイ・ダマンドは直径4.7cmの抜き型で30枚底生地用に抜く。
9 オンフルール8〜9（→P94）を参照し、8のジャムつきの生地に粉糖（分量外）をたっぷりまぶし、1のセルクルに1枚ずつジャム側を外に向けて入れ、底生地はアンビバージュに浸して型底に敷く。室温におく。

パッションフルーツのムースをつくる

10 ピュレを使ったアングレーズソースのムース（→P45）を参照してパッションフルーツのムースをつくる[b〜c]。
11 9の型に10のムースを口径1.3cmの丸口金で8分めまで絞り入れる[d]。5のフランボワーズのジュレをフランボワーズのブロークン側を上にして型中央に置いて押し入れ、さらにムースを絞る[e〜f]。
12 パレットで表面を均し、はみ出たムースをパレットできれいにする[g〜h]。カバーをかぶせて急速冷凍庫で固める。

仕上げる

13 12をとり出し、グラッサージュをかけてパレットで均す。冷凍庫に入れてしっかり固める。
14 バーナーで温めて型からはずし、トレイに並べて冷凍庫で保管する。
15 14を半解凍し、フルーツを1粒ずつ飾る。

ジャドー
J'adore

ありがちなオレンジとショコラの組合せに、オレンジのジュレを入れて酸味を、
キンカンのコンポートで柑橘系の苦みを加えて、新鮮な味わいに

ジャドー
J'adore

Orange-chocolate mousse
Orange jelly
Orange mousse
Orange-chocolate sponge cake

分量　直径5.5×高さ4cmセルクル30個分
＊直径4cm×深さ2cm樹脂製円形型、
　直径4cmの抜き型を用意する。

オレンジ風味のビスキュイ・ショコラ
- ビスキュイ・ショコラB（→P14）
  ―― 60×40cm天板1枚分
- オレンジの表皮のすりおろし ―― 5g

アンビバージュ　以下を合わせる
- オレンジの搾り汁 ―― 90g
- ボーメ30°のシロップ ―― 35g
- マンダリン・ナポレオン ―― 55g

オレンジのムース（センター）
- ・オレンジのアングレーズソース
  - オレンジの搾り汁A ―― 15g
  - オレンジのコンサントレA ―― 30g
  - ヴァニラスティック ―― 1/10本
  - 卵黄 ―― 20g
  - 微粒グラニュー糖 ―― 10g
  - 板ゼラチン ―― 2g
  - オレンジの搾り汁B ―― 5g
  - オレンジのコンサントレB ―― 10g
  - マンダリン・ナポレオン ―― 15g
- ・イタリアンメレンゲ　以下から30g使用
  - 卵白 ―― 60g
  - グラニュー糖 ―― 105g
  - 水 ―― 25g
- クレームフェテ（→P43）―― 60g

オレンジのジュレ（センター）
- 板ゼラチン ―― 5g
- マンダリン・ナポレオン ―― 5g
- オレンジの搾り汁 ―― 90g
- オレンジのコンサントレ ―― 90g
- 微粒グラニュー糖 ―― 10g

オレンジ風味のムース・ショコラ
- ・パータ・ボンブ
  - 生クリーム（乳脂肪分38%）―― 90g
  - グラニュー糖 ―― 75g
  - 卵黄 ―― 170g
- オレンジ風味のブラックチョコレート（カカオ分56%）
  ―― 325g
- クレームフェテ ―― 645g

クレーム・シャンティイ（→P62）―― 100g

グラッサージュ　以下を合わせる
- ナパージュ・ヌートル ―― 120g
- オレンジのコンサントレ ―― 12g
- オレンジの皮のコンフィ（みじん切り→P34）―― 5g

飾り
- キンカンのコンポート（半割→P36）―― 1切れ／1個
- ピスタチオ（みじん切り）―― 適量
- ブラックチョコレートのプラック・ショコラ（羽根状→P42）―― 1枚／1個

I adore

Makes thirty round cakes
＊5.5-cm diameter×4-cm height round cake ring,
4-cm diameter×2-cm depth tartlet silicom mold, tray,
4-cm diameter round pastry cutter

Orange-chocolate sponge cake
- 1 sheet chocolate sponge cake B for 60×40-cm baking sheet pan, see page14
- 5g grated orange zest

For the syrup
- 90g squeezed orange juice
- 35g baume-30° syrup
- 55g Mandarine Napoléon (orange liqueur)

Orange mousse
- ・Orange anglaise sauce
  - 15g squeezed orange juice A
  - 30g orange concentrated preparation A
  - 1/10 vanilla bean
  - 20g egg yolk
  - 10g caster sugar
  - 2g gelatin sheet, soaked in ice-water
  - 5g squeezed orange juice B
  - 10g orange concentrated preparation B
  - 15g Mandarine Napoléon (orange liqueur)
- ・Italian meringue (use 30g)
  - 60g egg whites
  - 105g granulated sugar
  - 25g water
- 60g whipped heavy cream, see page44

Orange jelly
- 5g gelatin sheets, soaked in ice-water
- 5g Mandarine Napoléon (orange liqueur)
- 90g squeezed orange juice
- 90g orange concentrated preparation
- 10g caster sugar

Orange-chocolate mousse
- ・Iced bombe mixture
  - 90g fresh heavy cream, 38% butterfat
  - 75g granulated sugar
  - 170g egg yolks
- 325g dark-orange chocolate, 56% cacao
- 645g whipped heavy cream

100g Chantilly cream, see page 62

For the glaze
- 120g neutral glaze
- 12g orange concentrated preparation
- 5g candied orange peel, finely chopped
- see page34

For décor
- 1 kumquat half compote for 1 cake, see page36
- chopped pistachios
- 1 dark chocolate decoration
- wing-shaped plate for 1 cake, see page42

センターをつくる

1 口径4cm×深さ2cmの樹脂製円形型をトレイにのせて室温におく。オレンジのムースとオレンジのジュレでセンターをつくる。

2 オレンジのムースをアングレーズソースベースでつくる。オレンジの搾り汁AとオレンジのコンサントレAを手鍋に入れ、そのうち少量をとってヴァニラの種と合わせて(→P24 ヴァニラの処理)鍋にもどす。

3 卵黄と砂糖を合わせたものに2を加えてよく混ぜてから2にもどして中火にかけ、混ぜながら加熱してしっかりと濃度がついてきたら手早くボウルに漉す(→P45 ピュレを使ったアングレーズソースのムース3~4)。ゼラチンを加えて溶かし、オレンジの搾り汁Bとコンサントレ Bを加え混ぜ、マンダリン・ナポレオンを加える。氷水にあてて混ぜながら22℃に調整する。

4 ピュレのムース4~10(→P44)を参照してイタリアンメレンゲとクレームフェテを合わせたものに22℃に調整した3を2回に分けて加え混ぜる。

5 1の樹脂製型に口径1.3cmの丸口金で4を型の半分くらいまで絞る。30個絞って急速冷凍庫で固める。

6 オレンジのジュレをつくる(→P37 ジュレ)。ゼラチンは酒の全量を加えて溶かし、ピュレのかわりにオレンジの搾り汁とコンサントレを合わせてつくる。

7 5に6をデポジッターで流して同様に固めてセンターをつくる(→P37)。固まったら型からはずし[a]、トレイに並べて冷凍庫に入れておく。

生地を準備する

8 OPPシートを密着させたトレイにセルクルを並べて室温におく(→P43 型用トレイの準備)。

9 ビスキュイ・ショコラをBの配合でつくる(→P14)。オレンジの表皮のすりおろしは同1でアーモンドプードル、粉糖、卵黄、卵白を泡立てたところに加え、一緒に攪拌してつくり、同様に焼く。焼けたら冷ましておく。

10 ビスキュイ・ショコラを2×17.5cmにカットし、側面用の生地を30枚とる。残りの生地は直径4cmの抜き型で30枚、底生地用に抜く。

11 10の側面用生地はアンビバージュをハケで塗り、焼き目側を内側にして8の型に入れる(→P52 マンゴー・キャシス8)。底生地もアンビバージュに浸し、焼き目を上にして敷く[b]。

オレンジ風味のムース・ショコラをつくる

12 オレンジ風味のブラックチョコレートは使用時に50℃になるように溶かしておく。

13 ムース・ショコラ(→P46)を参照してパータ・ボンブベースでつくる[c~g]。

14 13のムースを口径1.9cmの丸口金で11の型に7～8分めまで絞る[h]。

15 7のセンターをとり出す。14の中央にジュレ側を上にしてそれぞれのせて押し入れる[i]。

16 さらにムース・ショコラを型いっぱいに絞る[j]。トレイごと下に軽く叩きつけてすき間を除き、パレットで均す[k]。さらにパレットで型についた余分なムースを除く[l]。カバーをかぶせて急速冷凍庫で固める。

17 16をとり出す。クレーム・シャンティィをのばせる固さでつくり、表面にのせてパレットで薄く均す[m～n]。パレットで型のまわりをきれいにしてトレイに並べる。

18 パレットで1つずつにグラッサージュを塗り、冷凍庫に入れてしっかり固める。

19 18をとり出し、バーナーで温めて型からはずす。冷凍庫で保管する。

仕上げる

20 19を半解凍する。キンカンのコンポートを飾り、みじん切りのピスタチを少量散らす。羽根状のプラック・ショコラを刺して飾る。

アラビック
Arabique

香り高いエスプレッソのジュレがひんやりしてスッと溶け、驚きを与える
そのジュレととろけるブリュレのライトなコクが、チョコレートムースの新境地を拓く

アラビック
Arabique

- Coffee-chocolate mousse
- Coffee jelly
- Crème brûlée
- Chocolate sponge cake

分量　直径5.5×高さ4cmセルクル30個分
＊直径4cm×深さ2cm樹脂製円形型、
　直径4.7cmの抜き型を用意する。

ビスキュイ・ショコラA（→P14）
　── 60×40cm天板1枚分

アンビバージュ　以下を合わせる
- ボーメ30°のシロップ── 90g
- コニャック── 50g

クレーム・ブリュレ（センター）
- 卵黄── 60g
- グラニュー糖── 30g
- 生クリーム（乳脂肪分38%）── 245g
- 牛乳── 80g
- ヴァニラスティック── 2/5本

コーヒーのジュレ（センター）
- エスプレッソの抽出液── 240g
- 板ゼラチン── 6g
- 微粒グラニュー糖── 50g

ムース・ショコラ・カフェ
- ・パータ・ボンブ
  - 生クリーム（乳脂肪分38%）── 90g
  - グラニュー糖── 80g
  - 卵黄── 185g
- コーヒー風味のブラックチョコレート
  （カカオ分57%）── 340g
- クレームフェテ（→P43）── 685g
- コーヒーエキス── 18g

ピストレ・ショコラ
- ブラックチョコレート
  （カカオ分56%）── 200g
- カカオバター── 80g

飾り
- グラッサージュ・ショコラ（→P42）
  ── 適量
- ボーメ30°のシロップ
  ── グラッサージュ・ショコラの半量
- ブラック・ショコラ（羽根状→P42）
  ── ブラック1枚とミルク2枚／1個
- シール── 各1枚／1個
- クラクラン・ダマンド（→P30）
  ── 適量

Arabian

Makes thirty round cakes
*5.5-cm diameter×4-cm height round cake ring,
4-cm diameter×2-cm depth tartlet silicon mold, tray
4.7-cm diameter round pastry cutter

1 sheet chocolate sponge cake A for 60×40-cm baking sheet pan, see page14

For the syrup
- 90g baume-30° syrup
- 50g cognac

Crème brûlée
- 60g egg yolks
- 30g granulated sugar
- 245g fresh heavy cream, 38% butterfat
- 80g whole milk
- 2/5 vanilla bean

Coffee jelly
- 240g espresso coffee
- 6g gelatin sheets, soaked in ice-water
- 50g caster sugar

Coffee-chocolate mousse
- ・Iced bombe mixture
  - 90g fresh heavy cream, 38% butterfat
  - 80g granulated sugar
  - 185g egg yolks
- 340g dark-coffee chocolate, 57% cacao
- 685g whipped heavy cream, see page44
- 18g coffee extract

Chocolate pistol
- 200g dark chocolate, 56% cacao
- 80g cocoa butter

For décor
- chocolate glaze, see page42
- baume-30° syrup, 1/2 recipe to chocolate glaze
- 1 dark and 2 milk chocolate decoration wing-shaped plate for 1 cake, see page 42
- 1 seal for 1 cake
- praline bits, see page30

a  b

c  d

e  f

g  h

i  j

センターをつくる

1 センター用の直径4cmの樹脂製円形型はトレイにのせておく。クレーム・ブリュレとコーヒーのジュレでセンターをつくる。
2 クレーム・ブリュレのアパレイユをつくる。ボウルに卵黄をほぐし、砂糖を加えてよくすり混ぜる。生クリーム、牛乳を加えてはそのつどよく混ぜ、ボウルに漉す。最後にヴァニラの種だけ加えて混ぜる（→P24 ヴァニラの処理）。
3 1の樹脂製型に2のアパレイユをデポジッターで30個流し、85℃のオーヴンで80分焼く。粗熱がとれたら急速冷凍庫で固める。
4 コーヒーのジュレをつくる。エスプレッソを抽出してボウルに入れ、ゼラチンと砂糖を加え混ぜて溶かしてから氷水にあてて冷ます。
5 3に4をデポジッターで流して急速冷凍庫で固める。
6 固まったら型からはずし[a]、トレイに並べて冷凍庫で保管する。

生地を準備する

7 ビスキュイ・ショコラをAの配合でつくり、焼いておく（→P14）。焼けたら冷ましておく。
8 生地は底生地用に直径4.7cmの抜き型で30枚抜く。

ムース・ショコラ・カフェをつくる

9 OPPシートを密着させたトレイに直径5.5cmのセルクルを並べて室温におく（→P43 型用トレイの準備）。
10 ムース・ショコラ（→P46）を参照してパータ・ボンブベースでつくる。ただし、同5で溶かしたチョコレートにパータ・ボンブを加えて軽く混ぜたあと、コーヒーエキスを加えてつくる[b〜f]。
11 9のセルクルに10のムースを口径1.9cmの丸口金で型の8分めまで絞る[g]。
12 6のセンターをとり出し、11の中央にブリュレ側を上にしてそれぞれのせて押し入れる[h〜i]。さらにムース・ショコラを型いっぱいに絞る[j]。

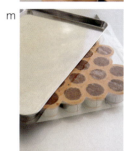

13 スプーンの背で中央から外側に均しながらくぼませ、8の底生地をアンビバージュに浸して焼き目を下にしてのせる[k〜l]。生地はまわしながらのせて空気が入らないようにする。

14 OPPシートとトレイをのせて押さえ（→P43凍らせる前に）[m]、急速冷凍庫に入れて固める。

15 14をとり出し、トレイではさんでひっくり返し、OPPシートをはずす。型のまわりをきれいにし、まわりをバーナーで温めて型からはずし、トレイに並べて冷凍庫に入れて保管する。

仕上げる

16 ピストレ・ショコラをつくる。ブラックチョコレートとカカオバターは溶かして50℃にする。15をとり出してロール紙上に間隔をあけて並べ、囲いをしてスプレーガンでピストレ・ショコラを側面にだけ吹きつけ、OPPシートを敷いたトレイに並べて冷凍庫で保管する。仕上げる分だけ1個ずつプチ・ガトー用金トレイにのせて冷蔵庫に30分ほど入れておく。とり出してキッチンペーパーで上面の水滴をとる。

17 グラッサージュ・ショコラをその半量のシロップと合わせて湯煎で26〜27℃に調整し（→P42使用時）、パレットで16の上面に1個ずつ塗っていく。冷蔵庫に15分ほど入れてグラッサージュを少し締める。

18 17をとり出し、羽根状のブラック・ショコラとシールを刺して中央に空間をつくり、そこにクラックラン・ダマンドを入れて飾る。

＊アラビックは柔らかいムースなので、少しずつ解凍しながら慎重に仕上げる。

COLUMN 4　サンマルク系のお菓子は新しいジャンル

　「ジャン・ミエ」のスペシャリテにサンマルクがありました。そのことはあまり知られていないように思います。僕はこのお菓子がとても好きでした。

　クレーム・シャンティイ・ヴァニーユとシャンティイ・ショコラはビスキュイ・ジョコンドにはさみ、生地にはパータ・ボンブを塗ってから砂糖をふってキャラメリゼしていました。キャラメリゼの香ばしさと甘苦い味がクレーム・シャンティイとすごく合って、味のバランスがいいお菓子だなあ、と思っていました。

　湿気が多い日本ではキャラメリゼが溶けてしまいます。それでも、日本でサンマルクのようなお菓子をつくりたいとずっと思っていました。

　ある時、相性がいいクレーム・シャンティイ・ヴァニーユとクレーム・シャンティイ・ショコラの組合せで夏のお菓子をつくれないかと考えていて、サンマルクをイメージしてつくったのがベ・キャライブ（→P108）です。「ジャン・ミエ」では生地にアンビバージュは塗っていませんでしたが、僕はラム酒とシロップを合わせたものを塗って甘さに切れを加えました。シャンティイ・ショコラには自家製オレンジピールを刻んで入れました。キャラメリゼのそれとは違いますが柑橘類特有の苦みも加わり、バランスがよくなりました。それでも何か足りないと感じ、バナナでジュレをつくって真ん中にはさむことにしました。ジュレにはレモン汁も加え、酸味も加わってさらにバランスのいい仕上がりになりました。

　クレーム・シャンティイにゼラチンを加えるところもありますが、僕は舌ざわりを考えて使っていません。ただし、口溶けのいいシャンティイをじょうずに泡立てることは必要です。

　エレーヌ（→P112）は、洋ナシにチョコレートソースをかけたデザート、ポワール・ベル・エレーヌから発想しました。ほかのお菓子で使ったドライイチジクの赤ワイン煮（→P39）を別のものにも使えないかと考えていて、このイチジクの赤ワイン煮をつぶしてクレーム・シャンティイ・ショコラに混ぜて使ったのです。中央のジュレは洋ナシでつくりました。

　ベ・キャライブは夏のお菓子、エレーヌは秋冬の商品です。クレーム・シャティイ、生地、ジュレの味のハーモニーはムースやバタークリームのケーキ、タルトレットにはないものです。今後「イデミ スギノ」の新しいジャンルのお菓子にしたいと位置づけています。

サンマルクバリエーション

ベ・キャライブ
B-caraïbe

- Vanilla Chantilly cream
- Banana jelly
- Chocolate Chantilly cream with orange
- Almond sponge cake

分量　7×3.3cm 44個分
*40×30cm、高さ4.5cmカードル1台を用意する。

ビスキュイ・ダマンド（→P118）
　── 42×32cm 3枚分

アンビバージュ　以下を合わせる
- ボーメ30°のシロップ── 240g
- ラム酒── 240g

クレーム・シャンティイ・ヴァニーユ
- 微粒グラニュー糖── 65g
- ヴァニラ・シュガー（→P24）── 10g
- クレームフェテ（→P43）── 825g

バナナのジュレ
- 板ゼラチン── 23g
- ラム酒── 25g
- バナナのピュレ（冷凍のまま1cm角切り）── 940g
- レモン汁── 80g
- 微粒グラニュー糖── 80g

オレンジ入りクレーム・シャンティイ・ショコラ
- オレンジの皮のコンフィのみじん切り（→P34）── 45g
- オレンジ風味のブラックチョコレート（カカオ分56%）── 340g
- 牛乳── 30g
- 転化糖── 25g
- クレームフェテ── 520g

模様描き用
- ブラックチョコレート（カカオ分56%）── 40g
- ピーナッツオイル── 15g

グラッサージュ　以下を合わせる
- ナパージュ・ヌートル── 250g
- ラム酒── 20g

B-caraibe

Makes forty four 7×3.3-cm rectangle cakes
*40×30-cm, 4.5-cm height rectangular cake ring

3 sheets almond sponge cakes for
42×32-cm baking sheet pan, see page 118

For the syrup
- 240g baume-30° syrup
- 240g rum

Vanilla Chantilly cream
- 65g caster sugar
- 10g vanilla sugar
- 825g whipped heavy cream, see page 44

Banana jelly
- 23g gelatin sheets
- 25g rum
- 940g frozen banana purée, cut into 1-cm cubes
- 80g fresh lemon juice
- 80g caster sugar

Chocolate Chantilly cream with orange
- 45g candied orange peel, chopped finely, see page 34
- 340g dark-orange chocolate, 56% cacao
- 30g whole milk
- 25g invert sugar
- 520g whipped heavy cream

For decorating piping
- 40g dark chocolate, 56% cacao
- 15g peanut oil

For the glaze
- 250g neutral glaze
- 20g rum

オレンジ風味のシャンティイ・ショコラとシャンティイ・ヴァニーユの間に
バナナのジュレをはさんでさわやかにした。サンマルクから発想した夏のお菓子

生地を準備する

1 60×40cmのオーヴンシートを端から42×32cmに折り目をつけ、60×40cm天板に貼りつける（→P12準備）。ビスキュイ・ダマンド（→P12）を参照して生地をつくって430gを折り目の内側にのばし、天板の縁を指でぬぐう。合計天板3枚分を同様にのばし、基本通りに焼いて粗熱をとり、オーヴンシートをつけたまま40×30cmのカードルに合わせて切っておく。

クレーム・シャンティイ・ヴァニーユをつくる

2 OPPシートを密着させたトレイに40×30cmのカードルを置き、冷蔵庫に入れておく（→P43型用トレイの準備）。

3 ヴァニラ・シュガーとグラニュー糖はボウルに合わせて冷蔵庫に入れておく。

4 マシンで生クリームを泡立ててクレームフェテをボウルにとる。少量を3に加えてゴムベラでよく混ぜてから[a]クレームフェテのボウルにもどし、ボウルをまわしながら切るようによく混ぜる。

5 2のカードルをとり出して4を流し入れ、トレイごと下に軽く打ちつけてすき間をなくしてからエル字パレットで均す[b〜c]。カードルの縁の汚れをキッチンペーパーでふきとる。急速冷凍庫に30分くらい入れ、固まったのを確認してからとり出す。

6 アンビバージュは3等分しておく。1のビスキュイ1枚の焼き目側に1回めのアンビバージュをハケで全体に塗り、塗った面を下にして端を合わせて5にのせ、ペーパーをはがす[d〜e]。エル字パレットで生地を均して平らにする。
＊焼成時のペーパーをつけたまま作業すると生地が崩れない。

7 残りのアンビバージュを6に塗り、エル字パレットで押さえて平らに均し、アンビバージュをしっかり吸わせる[f〜g]。

8 ふたたび冷凍庫に入れる。

バナナのジュレをつくる

9 バナナのピュレは変色しやすいのでレモン汁と合わせてからIH調理器で解凍する。これに砂糖と半量の酒を混ぜ、残りの酒で溶かしたゼラチンと合わせて、バナナのジュレをつくる（→P37ジュレ）[h]。

10 8をとり出して9を流し、均してからトレイごと軽く下に打ちつけて[i〜j]表面の泡を消して急速冷凍庫で固める。

11 10をとり出し、6〜7と同様にアンビバージュを塗った生地をのせてエル字パレットで均し、さらにアンビバージュを塗り、パレットで均してアンビバージュを生地に吸わせる。急速冷凍庫に入れて固める。

オレンジ入りクレーム・シャンティイ・ショコラをつくる

12 オレンジの皮のコンフィのみじん切りは解凍してボウルに入れておく。ブラックチョコレートは50℃に溶かしておく。

13 クレームフェテはシャンティイ・ショコラをつくる直前にマシンで泡立て、ボウルに入れる。牛乳は手鍋に入れて火にかける。

14 溶かしたチョコレートに転化糖を加えて泡立器でまわし混ぜて溶かし、次に沸かした牛乳を加え混ぜてペースト状にする[k]。

15 12のオレンジの皮のコンフィに14を少量加えてゴムベラでよく混ぜ[l]、柔らかくなれば14のボウルにもどす。よくまわし混ぜる[m]。

16 15にクレームフェテを1/5〜1/6量加えてよくまわし混ぜる[n]。均一に混ざったら湯煎にかけ、35〜36℃になるまで混ぜながら温める。温め終わりはこんな状態[o]。

17 16のうち半量をクレームフェテのボウルに入れ、ざっと色が均一になるまでまわし混ぜる[p〜q]。冷えた生クリームと合わせるとチョコレートが締まるのでここからは手早く混ぜる。

18 17の少量を16のチョコレートの残りに入れてゴムベラ手早くまわし混ぜ、17にもどし入れる[r〜s]。ボウルをまわしながら泡立器で切るように混ぜ、最後にゴムベラで底から返して混ぜ残しがないようにし、縁をきれいにする。

19 11をとり出し、18のクレーム・シャンティイ・ショコラを流し入れ、エル字パレットで均す[t]。

20 6〜7の作業をくり返し、アンビバージュを塗った生地を19にかさねてトレイで押さえ、さらにアンビバージュを塗る。ムース同様にOPPシートを密着させてからトレイで押さえ(→P43凍らせる前に)、冷凍庫に入れてしっかり固め、そのまま保管する。

仕上げる

21 模様書き用のチョコレートを刻んでボウルに入れて湯煎で溶かし、ピーナッツオイルを加え混ぜる。

22 20をとり出し、トレイではさんでひっくり返してOPPシートをはがす。21のチョコレートを直径1cmくらいの筆につけ、ケーキ表面に押しつけては離して模様を描く。

23 22にラム酒とナパージュを合わせたグラッサージュをかけてパレットで均し、キッチンペーパーで型をきれいにふいてふたたび冷凍庫に入れてグラッサージュを固める。

24 23をとり出してバーナーで温めて型からはずす。温めた波刃包丁で端を落として整えてから、7×3.3cmにカットする(→P129トロピック19)。トレイに並べてカバーをかぶせ、冷凍庫に入れてしっかり固め、保管する。

25 冷蔵庫に移して解凍する。

エレーヌ
Héléne

- Vanilla Chantilly cream
- Pear jelly
- Chocolate Chantilly cream with fig
- Almond sponge cake

分量　7×3.3cm 44個分
*40×30cm、高さ4.5cmカードル1台を用意する。

ビスキュイ・ダマンド（→P118）
　――42×32cm 3枚分

アンビバージュ
- ボーメ30°のシロップ――155g
- 洋ナシのオー・ド・ヴィ――255g
- ドライイチジクの赤ワイン煮のシロップ（→P39）
　――漉して260g

クレーム・シャンティイ・ヴァニーユ
- 微粒グラニュー糖――60g
- ヴァニラ・シュガー（→P24）――10g
- クレームフェテ（→P43）――785g

洋ナシのジュレ
- 板ゼラチン――22g
- 洋ナシのオー・ド・ヴィ――65g
- 洋ナシのピュレ（冷凍のまま1cm角切り）――900g
- レモン汁――45g
- 微粒グラニュー糖――80g

イチジク入りクレーム・シャンティイ・ショコラ
- ドライイチジクの赤ワイン煮の実――140g
- ブラックチョコレート（カカオ分64％）――325g
- 牛乳――30g
- 転化糖――25g
- クレームフェテ――495g

模様描き用
- ナパージュ・ヌートル――50g
- ドライイチジクの赤ワイン煮のシロップ
　――漉して75g

グラッサージュ　以下を合わせる
- ナパージュ・ヌートル――250g
- 洋ナシのオー・ド・ヴィ――15g

Héléne

Makes forty four 7×3.3-cm rectangle cakes
*40×30-cm, 4.5-cm height rectangular cake ring

3 sheets almond sponge cakes for
42×32-cm baking sheet pan, see page 118

For the syrup
- 155g baume30° syrup
- 255g pear eau-de-vie (pear brandy)
- 260g syrup for red wine poached dried figs, strained, see page 39

Vanilla Chantilly cream
- 60g caster sugar
- 10g vanilla sugar, see page 24
- 785g whipped heavy cream, see page 44

Pear jelly
- 22g gelatin sheets, soaked in ice-water
- 65g pear eau-de-vie (pear brandy)
- 900g frozen pear purée, cut into 1-cm cubes
- 45g fresh lemon juice
- 80g caster sugar

Chocolate Chantilly cream with fig
- 140g red wine poached dried figs
- 325g dark chocolate, 64% cacao
- 30g whole milk
- 25g invert sugar
- 495g whipped heavy cream

For decorating piping
- 50g neutral glaze
- 75g syrup for red wine poached dried figs, strained

For the glaze
- 250g neutral glaze
- 15g pear eau-de-vie (pear brandy)

プチプチしたイチジクとなめらかなヴァニラクリームの対比にまず驚く
芳醇な赤ワインの香りをまとったイチジクとチョコレートの風味が洋ナシの酸味で際立つ

生地を準備する

1 ベ・キャライブ1(→P110)と同様に生地を準備する。

クレーム・シャンティイ・ヴァニーユをつくる

2 OPPシートを密着させたトレイに40×30cmのカードルを置き、冷蔵庫に入れておく(→P43 型用トレイの準備)。

3 ベ・キャライブ3~5(→P110)と同様にクレーム・シャンティイ・ヴァニーユをつくって2のカードルに流し、カードルの縁の汚れをペーパーでふきとって[a]30分くらい冷凍庫に入れる。固まったのを確認してからとり出す。
＊表面がしっかり固まるまで急速冷凍庫に入れてもいい。

4 アンビバージュはドライイチジクの赤ワイン煮のシロップを漉してからほかの材料と混ぜ合わせてつくり、3等分してそれぞれボウルに入れておく。1のビスキュイ1枚の焼き目側に1回めのアンビバージュを表面全体にハケでしっかりと塗り、塗った面を下にして3に端を合わせてのせ、ペーパーをはがす[b~c]。エル字パレットで生地を均して平らにする。
＊焼成時のペーパーをつけたまま作業すると生地が崩れない。

5 残りのアンビバージュを4に塗り、エル字パレットで押さえて平らに均し、アンビバージュをしっかり吸わせる[d~e]。

6 固まるまでふたたび冷凍庫に入れる。

洋ナシのジュレをつくる

7 凍った洋ナシのピュレにレモン汁をからめて解凍して砂糖と半量の酒を混ぜ、半量の酒で溶かしたゼラチンと合わせて洋ナシのジュレをつくる(→P37 ジュレ)。

8 6をとり出して7を流し、均してからトレイごと軽く下に叩きつけて[f~g]表面の泡を消して冷凍庫、または急速冷凍庫でしっかり固める。

9 8をとり出し、4~5と同様にアンビバージュした生地をのせてエル字パレットで均し、さらにアンビバージュを塗り、パレットで均してアンビバージュを生地に吸わせる。冷凍庫に入れて固める。

イチジク入りクレーム・シャンティイ・ショコラをつくる

10 ドライイチジクの赤ワイン煮はフードプロセッサーで撹拌してペースト状にし、ボウルに入れておく。ブラックチョコレートは50℃に溶かしておく。

11 クレームフェテはシャンティイ・ショコラをつくる直前にマシンで泡立て、ボウルに入れる。牛乳は手鍋に入れて火にかける。

12 10の溶かしたチョコレートに転化糖を加えて泡立器でまわし混ぜて溶かす。次に沸かした牛乳を加えて混ぜ、ペースト状にする[h]。

13 10のイチジクの赤ワイン煮に12を少量加え[i]、よく混ぜて柔らかくなったら12にもどす。よくまわし混ぜる[j]。

14 13にクレームフェテ少量を加えてよくまわし混ぜる[k]。均一に混ざったら湯煎にかけ、35℃になるまで混ぜながら温める。温め終わりはこんな状態[l]。

15 14の半量をクレームフェテのボウルに入れ、ざっと色が均一になるまでまわし混ぜる[m]。冷えた生クリームと合わせるとチョコレートが締まるのでここからは手早く混ぜる。

16 15の1/5量を14のチョコレートの残りに入れてゴムベラで手早くまわし混ぜ、15にもどし入れる[n~o]。ボウルをまわしながら泡立器で切るように混ぜ、最後にゴムベラで底から返して混ぜ残しがないようにし、縁をきれいにする[p]。

17 9をとり出し、16のシャンティイ・ショコラを流し入れ、エル字パレットで均す[q]。

18 4~5の作業をくり返し、アンビバージュした生地を17にのせてトレイで押さえ、さらにアンビバージュを塗って[r]エル字パレットで均す。ムース同様にOPPシートを密着させてからトレイで押さえ(→P43凍らせる前に)、冷凍庫に入れてしっかり固め、そのまま保管する。

仕上げる

19 18をとり出し、トレイではさんでひっくり返してOPPシートをはずす。グラッサージュをかけてパレットで均し、キッチンペーパーで型をきれいにふいてふたたび冷凍庫に入れてグラッサージュを固める。

20 19をとり出してバーナーで温めて型からはずす。温めた波刃包丁で端を落として整えてから、7×3.3cmにカットする(→P129トロピック19)。トレイに並べてカバーをかぶせ、冷凍庫にひと晩入れてしっかり固める。

21 模様描き用のイチジクの赤ワイン煮のシロップはあらかじめ漉しておき、そのうち25gはナパージュ・ヌートル50gと合わせ、ともに冷蔵しておく。

22 20をとり出し、まず21のナパージュと合わせたものを口径4mmの丸口金で絞る。次にイチジクの赤ワイン煮のシロップを漉したものの残りを口径2.5mmの丸口金で少しずらして絞って模様描きにする。トレイにもどし並べて冷凍庫に入れ、保管する。

23 冷蔵庫に移して解凍する。

| COLUMN 5 | バタークリームをもっと軽く、もっとおいしく |

　僕が小さい頃はバタークリームのお菓子が主流で生クリームのケーキはとても高価なものでした。マーガリンを使っていて口溶けが悪く、バタークリームにはあまりいい印象を持っていない世代です。また見習いの時のバタークリームはバターをしっかり泡立てたものとイタリアンメレンゲを混ぜたものがほとんどで、口溶けもよくなく、あまりおいしいとは思いませんでした。

・フランスでおいしいバタークリームと出会う

　しかしフランスで食べたバタークリームは、アングレーズソースベースでとてもリッチな味わいでした。初めて食べたイチゴのバガテル(春を代表するお菓子)、フレジエには感激しました。イチゴの酸味と酒をきかせたクリーミーなバタークリームの組合せ。その味のマリアージュには驚きました。

　自分でバタークリームのケーキをつくる段になって、口に入れた時にスッと溶けてバターの固さを感じないものにしたいと考えました。もっと現代人に合った軽やかで、素材感のあるみずみずしいバタークリームをつくりたいと思い、今日にいたります。バタークリームはパータ・ボンブベースなど各種ありますが、水分の多いアングレーズソースベースにし、果汁も加えるようにしました。

・層を多くして、もっと軽く

　2001年くらい(神戸時代)まで、バタークリームはピュレを加えていたものの層も厚く、生地もクリームも3層でした(→左下写真)。それでも、自分で食べていてまだ重いなと感じていました。なんとかもっと軽く、しかもおいしくしたいと思い続けて少しずつ改良してきました。

　クリームに使うバターはよりしっかり泡立て、果汁もできるだけ多く加えるようにしました。洋酒も適度に加え、イタリアンメレンゲは切るように軽く加え混ぜ、なるべく気泡をつぶさないようにつくるようになりました。

　さらにバタークリームの層を薄くしました。人は同じ分量のクリームであっても、厚いものを食べるのと、層を薄くし重ねているものを食べるのとでは感じ方が違います。また、口に先に触れるのがクリームなのか、生地なのかによっても印象はかわります。クリームは薄くして4層にし、生地は3層にしました。

　また真ん中にジュレを入れることでさらにフレッシュ感を表現するようにしました。バタークリームなのにバターの重さを感じさせないクリームに仕上がり、現在の形になっています。

　フランボワジエ(→P118)がバタークリームケーキの最初でしたが、グレードアップして軽やかな味が表現できるようになり、バタークリームの数々のケーキが生まれています。

バタークリームのケーキ

フランボワジエ
Framboisier

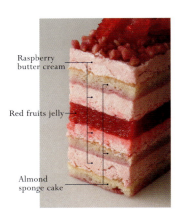

- Raspberry butter cream
- Red fruits jelly
- Almond sponge cake

分量　8.7×2.8cm 56個分
＊40×30cm、高さ4.5cmカードル1台を用意する。

ビスキュイ・ダマンド　42×32cm 3枚分
- アーモンドプードル —— 180g
- 粉糖 —— 180g
- 卵黄 —— 155g
- 卵白 —— 100g
- ・メレンゲ
  - 卵白 —— 360g
  - 微粒グラニュー糖 —— 215g
- 薄力粉 —— 155g

アンビバージュ　直前に合わせる
- フランボワーズのピュレ
  （1cm角切りにして解凍）—— 165g
- ボーメ30°のシロップ —— 100g
- フランボワーズのオー・ド・ヴィ —— 140g
- 水 —— 100g

フリュイ・ルージュのジュレ
- 板ゼラチン —— 17g
- フランボワーズのオー・ド・ヴィ —— 25g
- フランボワーズのピュレ
  （冷凍のまま1cm角切り）—— 340g
- グロゼイユのピュレ
  （冷凍のまま1cm角切り）—— 340g
- レモン汁 —— 35g
- 微粒グラニュー糖 —— 100g

フランボワーズ風味のバタークリーム
- ・アングレーズソース
  - 牛乳 —— 210g
  - ヴァニラスティック —— 1/2本
  - 微粒グラニュー糖 —— 220g
  - 卵黄 —— 215g
- バター（常温にもどす）—— 695g
- フランボワーズのピュレ
  （1cm角切りにして解凍）—— 380g
- ・イタリアンメレンゲ
  - 卵白 —— 95g
  - グラニュー糖 —— 145g
  - 水 —— 35g

飾り
- クラクラン・フランボワーズ（→P30）—— 適量
- グロゼイユのジャム（→P37 ジャム）—— 適量
- フランボワーズ（半割）—— 適量

Framboisier (Raspberry bush)

Makes fifty six 8.7×2.8-cm rectangle cakes
*40×30-cm, 4.5-cm height rectangular cake ring

3 sheets almond sponge cakes for 42×32-cm baking sheet pan
- 180g almond flour
- 180g confectioners' sugar
- 155g egg yolks
- 100g egg whites
- · Meringue
  - 360g egg whites
  - 215g caster sugar
- 155g all-purpose flour

For the syrup
- 165g frozen unsweetened raspberry purée, cut into 1-cm cubes, and defrost
- 100g baume-30° syrup
- 140g raspberry eau-de-vie (raspberry brandy)
- 100g water

Red fruits jelly
- 17g gelatin sheets, soaked in ice-water
- 25g raspberry eau-de-vie (raspberry brandy)
- 340g frozen unsweetened raspberry purée, cut into 1-cm cubes
- 340g frozen redcurrant purée, cut into 1-cm cubes
- 35g fresh lemon juice
- 100g caster sugar

Raspberry butter cream
- · Anglaise sauce
  - 210g whole milk
  - 1/2 vanilla bean
  - 220g caster sugar
  - 215g egg yolks
- 695g unsalted butter, at room temperature
- 380g frozen unsweetened raspberry purée, cut into 1-cm cubes, and defrost
- · Italian meringue
  - 95g egg whites
  - 145g granulated sugar
  - 35g water

For décor
- raspberry praline bits, see page 30
- redcurrant jam, see page 37
- raspberries halves

甘酸っぱい果汁をとじ込め、バタークリームをみずみずしくフルーティに表現
赤いベリーのジュレの酸味が、軽いバタークリーム全体をさわやかに引き締める

a

b

c

d

e

f

g

h

i

j

フリュイ・ルージュのジュレをつくる

1 OPPシートを密着させたトレイに40×30cmのカードルを置き、冷蔵庫に入れておく（→P43 型用トレイの準備）。
2 溶かしたピュレにレモン汁と砂糖と半量の酒を混ぜ、半量の酒で溶かしたゼラチンと合わせて、フリュイ・ルージュのジュレをつくる（→P37 ジュレ）。
3 1をとり出して2を流して均し、急速冷凍庫で固める。
4 固まれば3をとり出し、型の周囲をバーナーで温めて型からはずす。周囲を5mmほど包丁で切り落としてひとまわり小さくしてからトレイに置き、カバーをかぶせて冷凍庫に入れておく。≡¹

生地を準備する

5 60×40cmのオーヴンシートを端から42×32cmに折り目をつけ、60×40cm天板に貼りつける（→P12 準備）。ビスキュイ・ダマンド（→P12）を参照して生地をつくって430gを折り目の内側にのばし、天板の縁を指でぬぐう。合計天板3枚分をのばし、基本通りに焼いて粗熱をとり、シートをつけたまま40×30cmのカードルに合わせて切っておく。

フランボワーズ風味のバタークリームをつくる

6 OPPシートを密着させたトレイに40×30cmのカードルを置いておく。
7 アングレーズソースを炊いて漉し（→P26）、氷水にあてて35〜36℃に冷やす［a〜b］。
8 バターは7にタイミングを合わせてぎりぎりまで泡立て［c］、7を3回に分けて加え［d］、中高速で混ぜる（→P27 バタークリーム2〜4）。
9 ピュレをIH調理器で解凍して約20℃に調整し、3回くらいに分けて8に加えながら攪拌する［e］。ボウルに移す。
10 タイミングを合わせてイタリアンメレンゲをつくって粗熱をとり（→P44 ピュレのムース4〜6）、9に加えて切るように混ぜ、最後にゴムベラで側面と底から混ぜて混ぜ残しがないようにする［f］。
11 6のカードルに10を1/3量（450〜460g）、のばしやすいようにゴムベラで何ヵ所かに落とし、エル字パレットで均す［g〜h］。
12 アンビバージュは3等分し、それぞれ小さなボウルに入れておく。5のビスキュイは1回分のアンビバージュを焼き目側にハケでしっかり塗り、塗った面を下にして端を合わせて11にのせ、ペーパーをはがす［i〜j］。エル字パレットで押さえて平らに均してすき間を除く。

＊焼成時のペーパーをつけたまま作業すると生地が崩れない。

13 1回めのアンビバージュの残りをさらにハケで塗り、エル字パレットで均してしっかり生地に吸わせる[k〜l]。カードルの内側の汚れをペーパーでふきとる[m]。≡2

14 13を5〜6分冷凍庫に入れ、固まったのを確認してからとり出す。≡3

15 11と同じ作業をくり返し、バタークリームを塗り広げて層にする。ふたたび5〜6分冷凍庫に入れ、固まったのを確認してからとり出す。≡3

16 4のフリュイ・ルージュのジュレをとり出し、平らな面を下に向けて端を合わせて型にきれいに入れる[n]。エル字パレットで均して下のバタークリームと密着させる[o]。

17 さらに11〜13の作業を2度くり返し[p〜q]、バタークリーム、生地の順に2層ずつ重ねる。下からクリーム、生地、クリーム、ジュレ、さらにクリーム、生地、クリーム、生地（生地3層、クリームは4層）となる。

18 ムース同様にOPPシートを密着させてからトレイで押さえる（→P43凍らせる前に）[r〜s]。急速冷凍庫にスイッチを入れずに2時間入れ（途中1時間たったら向きをかえる）、そのあとで急速を30分かけて固める。
＊この状態だと固くなりすぎず、カットしやすい。

19 18はトレイではさんでひっくり返してOPPシートをはがし、ペティナイフをケーキの周囲に入れて型からはずす。温めた波刃包丁で端を落として整えてから、8.7×2.8cmにカットする（→P129トロピック19）。トレイに並べてカバーをかぶせ、冷凍庫で保管する。

仕上げる

20 19を冷蔵庫に移し、半解凍しておく。クラクラン・フランボワーズが湿気らないようにキッチンペーパーで19の上面の水滴をしっかりふきとる。

21 クラクララン・フランボワーズを上面にのせてパレットなどで押さえる。半割のフランボワーズは下にグロゼイユのジュレをつけてのせる。

≡1 ジュレをひとまわり小さくカットすることで、ジュレと型のすき間にバタークリームが入り込んで密着し、ジュレがすべりにくくなる。

≡2 生地表面に水分が残っていると、バタークリームやジュレの層がすべってずれる。アンビバージュはパレットで均して生地にしっかり吸わせるようにする。

≡3 つくりたてのバタークリームは柔らかく、重いジュレをのせると斜めに傾く。最初の生地、バタークリームを入れたところでそれぞれいったん固めて次にのせるジュレが動かないようにする。ジュレを入れたあとは動かないので冷凍庫に入れずにそのまま作業を続ける。

アメジスト
Améthyste

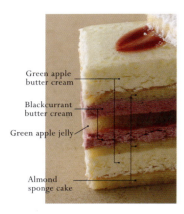

- Green apple butter cream
- Blackcurrant butter cream
- Green apple jelly
- Almond sponge cake

分量　8.7×2.8cm 56個分
*40×30cm、高さ4.5cmカードル1台を用意する。

ビスキュイ・ダマンド（→P118）——42×32cm 3枚分

アンビバージュ　以下を合わせる
- ボーメ30°のシロップ——190g
- カルヴァドス——190g
- 水——135g

青リンゴのジュレ
- 板ゼラチン——15g
- ジェット27（ミントリキュール）——35g
- 青リンゴのピュレ（冷凍のまま1cm角切り）——685g
- レモン汁——95g
- 微粒グラニュー糖——70g

バタークリーム
- ・アングレーズソース
  - 牛乳——215g
  - ヴァニラスティック——1/2本
  - 微粒グラニュー糖——220g
  - 卵黄——215g
- バター（常温にもどす）——710g

イタリアンメレンゲ
- 卵白——105g
- グラニュー糖——155g
- 水——40g

青リンゴ風味のバタークリーム
- バタークリーム（→上記）——805g
- 青リンゴのピュレ（1cm角切りにして解凍）——240g
- ジェット27——25g
- カルヴァドス——35g
- イタリアンメレンゲ（→上記）——155g

カシス風味のバタークリーム
- バタークリーム（→上記）——485g
- カシスのピュレ（1cm角切りにして解凍）——145g
- クレーム・ド・カシス——35g
- イタリアンメレンゲ（→上記）——90g

模様描き用
- ナパージュ・ヌートル——25g
- カシスのジャム（→P37ジャム）——25g
- クレーム・ド・カシス——10g
- バルサミコ酢——5g

グラッサージュ　以下を合わせる
- ナパージュ・ヌートル——250g
- ジェット27——15g

飾り
- リンゴの乾燥焼き（→P38）——基本分量、1切れ／1個
- パート・ド・フリュイ（カシス→P40）——1/4カット／1個

Améthyste

Makes fifty six 8.7×2.8-cm rectangle cakes
*40×30-cm, 4.5-cm height rectangular cake ring

3 sheets almond sponge cakes for 42×32-cm baking sheet pan, see page 118 "Framboisier"

For the syrup
- 190g baume-30° syrup
- 190g calvados
- 135g water

Green apple jelly
- 15g gelatin sheets, soaked in ice-water
- 35g Get27 (mint liqueur)
- 685g frozen green apple purée, cut into 1-cm cubes
- 95g fresh lemon juice
- 70g caster sugar

Butter cream
- ・Anglaise sauce
  - 215g whole milk
  - 1/2 vanilla bean
  - 220g caster sugar
  - 215g egg yolks
- 710g unsalted butter, at room temperature

Italian meringue
- 105g egg whites
- 155g granulated sugar
- 40g water

Green apple butter cream
- 805g butter cream, see above
- 240g frozen green apple purée, cut into 1-cm cubes, and defrost
- 25g Get27
- 35g calvados
- 155g italian meringue, see above

Blackcurrant butter cream
- 485g butter cream, see above
- 145g frozen blackcurrant purée, cut into 1cm cubes, and defrost
- 35g crème de cassis (blackcurrant liqueur)
- 90g italian meringue, see above

For decorating piping
- 25g neutral glaze
- 25g blackcurrant jam, see page 37
- 10g crème de cassis (blackcurrant liqueur)
- 5g balsamic vinegar

For the glaze
- 250g neutral glaze
- 15g Get27

For décor
- 1 dehydrated apple for 1 cake, see page 38
- 1/4 piece (1.5-cm cube) blackcurrant jelly candies for 1 cake, see page 40

青リンゴのジュレの青々しい酸味とカルヴァドスの香りが
カシスと青リンゴのバタークリームをさわやかにつなぎ、ノルマンディの「風」を感じる

青リンゴのジュレをつくる

1 OPPシートを密着させたトレイに40×30cmのカードルを置き、冷蔵庫に入れておく（→P43 型用トレイの準備）。
2 青リンゴのジュレをつくり（→P37 ジュレ）、1に流して均し、急速冷凍庫で固める。
3 固まれば2をとり出し、型の周囲をバーナーで温めて型からはずす。周囲を5mmほど包丁で切り落としてひとまわり小さくしてからトレイに置いてカバーをかぶせて冷凍庫に入れておく。

生地を準備する

4 フランボワジエ5（→P120）と同様にオーヴンシートを準備し、42×32cmにビスキュイ・ダマンド3枚分を焼いて粗熱をとり、40×30cmのカードルに合わせて切っておく。

2種類のバタークリームをつくる

5 OPPシートを密着させたトレイに40×30cmのカードルを置いておく。
6 同時進行でアングレーズソースのバタークリームを2種類つくる。まずアングレーズソースを炊いて漉し（→P26）、氷水にあてて35〜36℃に冷やす[a〜b]。
7 6にタイミングを合わせてバターをぎりぎりまで泡立て[c]、6を3回に分けて加え[d]、中高速で混ぜる（→P27 バタークリーム2〜4）。
8 7を805gと485gに分け、それぞれミキサーボウルに入れる。
9 2種類のピュレをIH調理器で解凍し、それぞれ20〜22℃に調整しておく。青リンゴのピュレは805gのボウルに、カシスのピュレは485gのボウルに、それぞれ3回くらいに分けて加えながら中高速で撹拌する[e〜f]。混ざればそれぞれボウルに移す。
10 イタリアンメレンゲは9に合わせて泡立て、ボウルに広げて冷ましておく（→P44 ピュレのムース4〜6）。青リンゴベースの方には155gを、カシスベースには90gを加え、それぞれ切るように混ぜる[g]。
11 5のカードルに10の青リンゴ風味のバタークリームの半量（約610g）を入れ、エル字パレットで均す[h〜i]。
12 アンビバージュは3等分する。4のビスキュイ1枚に1回めのアンビバージュをハケでしっかり塗る。塗った面を下にして端を合わせて11にのせ、ペーパーをはがす[j]。エル字パレットで押さえて平らに均し、すき間を除く[k]。1回めのアンビバージュの残りを塗り[l]、パレットで均して生地に吸わせる。カードルの内側の汚れをキッチンペーパーでふきとる。

13 12を5～6分冷凍庫に入れ、固まったのを確認してからとり出す。

14 カシス風味のバタークリームの半量（約370g）を11と同じ要領で塗り広げて層にする[m]。

15 ふたたび5～6分冷凍庫に入れ、固まったのを確認してからとり出す。

16 3の青リンゴのジュレをとり出し、平らな面を下に向けて端を合わせて型に入れる[n]。エル字パレットで均して下のバタークリームと密着させる[o]。

17 次に14と同様にカシスのバタークリームの残りを塗り広げて層にする[p]。

18 12（生地）→11（青リンゴのバタークリーム）→12の作業をくり返す[q～r]。下から青リンゴのクリーム、生地、カシスのクリーム、ジュレ、さらにカシスのクリーム、生地、青リンゴのクリーム、生地となる。

19 OPPシートを密着させてからトレイで押さえ（→P43凍らせる前に）、急速冷凍庫にスイッチを入れずに2時間おき（途中で1時間たったら向きをかえる）、急速を30分かけて固める。

20 19をとり出してトレイではさんでひっくり返し、上のOPPシートをはがす。グラッサージュをかけてパレットで均す[s]。

21 ペティナイフをケーキの周囲に入れて型からはずす。温めた波刃包丁で端を落として整えてから、8.7×2.8cmにカットする（→P129 トロピック19）。

22 OPPシートを貼りつけたトレイに21を並べ、カバーをかぶせて冷凍庫で固めて保管する。

仕上げる

23 22をとり出す。模様書き用の材料を合わせ、ペティナイフの先につけてケーキにのせて手前にひいて模様をつける[t]。冷凍庫に入れて模様部分をしっかり固める。

24 23を冷蔵庫に移し、半解凍する。ラフティスノウ（分量外）をふったリンゴの乾燥焼きとカシスのパート・ド・フリュイを飾る。

詳細、ポイントは→P118 フランボワジエ

トロピック
Tropique

分量　8.7×2.8cm 56個分
＊40×30cm、高さ4.5cmカードル1台を用意する。

ビスキュイ・ダマンド（→P118）
　──42×32cm 3枚分

アンビバージュ　直前に合わせる
┌ パッションフルーツのピュレ
│　（1cm角切りにして解凍）── 125g
│ ボーメ30°のシロップ ── 210g
│ パッションフルーツのリキュール ── 125g
└ 水 ── 40g

ジュレ・エキゾチック
┌ 板ゼラチン ── 15g
│ パッションフルーツのリキュール ── 25g
│ パッションフルーツのピュレ
│　（冷凍のまま1cm角切り）── 280g
│ マンゴーのピュレ
│　（冷凍のまま1cm角切り）── 280g
│ マンゴー・エピスのピュレ
│　（冷凍のまま1cm角切り）── 115g
└ 微粒グラニュー糖 ── 60g

パッションフルーツ風味のバタークリーム
┌ ・ピュレのアングレーズソース
│ ┌ パッションフルーツのピュレA
│ │　（冷凍のまま1cm角切り）── 245g
│ │ ヴァニラスティック ── 7/10本
│ │ 微粒グラニュー糖 ── 170g
│ │ 卵黄 ── 245g
│ │ パッションフルーツのピュレB
│ └　（冷凍のまま1cm角切り）── 285g
│ バター（常温にもどす）── 800g
│ ・イタリアンメレンゲ
│ ┌ 卵白 ── 110g
│ │ グラニュー糖 ── 165g
└ └ 水 ── 40g

飾り
┌ パイナップル ── 1cm角4切れ／1個
│ マンゴー ── 1cm角4切れ／1個
│ ・マンゴー用ナパージュ
│ ┌ ロイヤルナップ ── 30g
│ │ ジェルフィックス ── 30g
│ └ 水 ── 20g
│ ＊ロイヤルナップはアンズの果肉入りナパージュ、
└ 　ジェルフィックスはナパージュ用アンズジャム。

Tropique

Makes fifty six 8.7×2.8-cm rectangle cakes
＊40×30-cm, 4.5-cm height
rectangular cake ring

3 sheets almond sponge cakes for
42×32-cm baking sheet pan,
see page118 "Framboisier"

For the syrup
┌ 125g frozen passion fruit purée,
│　cut into 1-cm cubes, and defrost
│ 210g baume-30° syrup
│ 125g passion fruit liqueur
└ 40g water

Exotic jelly
┌ 15g gelatin sheets, soaked in ice-water
│ 25g passion fruit liqueur
│ 280g frozen passion fruit purée,
│　cut into 1-cm cubes
│ 280g frozen mango purée,
│　cut into 1-cm cubes
│ 115g frozen spicy mango purée,
│　cut into 1-cm cubes
└ 60g caster sugar

Passion fruit butter cream
┌ ・Anglaise sauce with passion fruit purée
│ ┌ 245g frozen passion fruit purée A,
│ │　cut into 1-cm cubes
│ │ 7/10 vanilla bean
│ │ 170g caster sugar
│ │ 245g egg yolks
│ │ 285g frozen passion fruit purée B,
│ └　cut into 1-cm cubes
│ 800g unsalted butter, at room temperature
│ ・Italian meringue
│ ┌ 110g egg whites
│ │ 165g granulated sugar
└ └ 40g water

For décor
┌ 4 pieces pineapple 1-cm cubes for 1 cake
│ 4 pieces mango 1-cm cubes for 1 cake
│ ・Glaze for mango
│ ┌ 30g Royal nap apricot
│ │ 30g Geléefix
│ └ 20g water
│ ＊Royal nap is glaze with apricot pulp,
└ 　Geléefix is apricot jam for the glaze

真夏にもおいしく感じるバタークリームのケーキをと、考案したもの
パッションフルーツの果汁たっぷりのクリームとトロピカルなジュレで切れを加えた

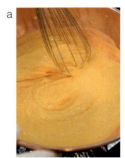 

ジュレ・エキゾチックをつくる

1 OPPシートを密着させたトレイに40×30cmのカードルを置き、冷蔵庫に入れておく（→P43 型用トレイの準備）。
2 3種類のピュレを解凍して合わせ、ジュレ・エキゾチックのジュレをつくり（→P37 ジュレ）、1に流して急速冷凍庫で固める。
3 固まれば2をとり出し、バーナーで温めて型からはずす。周囲を5mmほど包丁で切り落としてひとまわり小さくしてトレイに置き、カバーをかぶせて冷凍庫に入れておく。

生地を準備する

4 フランボワジエ5（→P120）と同様にオーヴンシートを準備し、42×32cmにビスキュイ・ダマンド3枚分を焼いて冷まし、40×30cmのカードルに合わせて切っておく。

パッションフルーツ風味のバタークリームをつくる

5 OPPシートを密着させたトレイに40×30cmのカードルを置いておく。
6 ピュレを使ってアングレーズソースを炊き、パッションフルーツ風味のバタークリームをつくる（→P28）。パッションフルーツのピュレAを溶かしてヴァニラの種と半量の砂糖を加え、ピュレのアングレーズを炊いてボウルに漉す［a～b］。
7 すぐにピュレBの半量を加え混ぜて温度を下げる［c］。次に溶かした残りのピュレBを加え混ぜて26～27℃にする［d］。
8 バタークリーム2～7（→P27）を参照して泡立てたバターに7を加え、次にイタリアンメレンゲを加え混ぜる［e～f］。
9 5に8のバタークリームのうち445gをゴムベラで数ヵ所に落とし、エル字パレットで均す［g～h］。
10 アンビバージュは3等分する。4のビスキュイ1枚に1回めのアンビバージュをハケでしっかり塗る［i］。塗った面を下にして端を合わせて9にのせてペーパーをはがし、エル字パレットで押さえて平らに均してすき間を除く［j］。1回めの残りのアンビバージュを塗り［k］、ふたたびパレットで均して生地に吸わせる。カードルの内側の汚れをキッチンペーパーでふきとる。
11 10を5～6分冷凍庫に入れ、固まったのを確認してからとり出す。
12 残りのバタークリームを3等分し（1回分約495g）を9と同じ要領で塗り広げて層にする。

13 ふたたび5〜6分冷凍庫に入れ、固まったのを確認してからとり出す。

14 3のジュレ・エキゾチックをとり出し、平らな面を下に向けて端を合わせて型に入れる［l］。エル字パレットで均して下のバタークリームと密着させる［m］。

15 さらに9と同様にバタークリームの残りを塗り広げて層にする。

16 10（生地）→12（バタークリーム）→10の作業をくり返す。下からバタークリーム、生地、クリーム、ジュレ、さらにクリーム、生地、クリーム、生地となる。

17 OPPシートを密着させてからトレイで押さえ（→P43凍らせる前に）、急速冷凍庫にスイッチを入れずに2時間おき（途中で1時間たったら向きをかえる）、急速を30分かけて固める。

18 17はトレイをのせてはさみ、ひっくり返して上のOPPシートをはがす［n］。

19 ペティナイフをケーキの周囲に入れて型からはずす［o］。バーナーで温めた波刃包丁で端を落とし、印をつけて8.7×2.8cmにカットする［p〜q］。

20 OPPシートを敷いたトレイに19をきれいに並べて［r］カバーをかぶせ、冷凍庫で固めて保管する。

仕上げる

21 20を冷蔵庫に移し、半解凍する。キッチンペーパーで水滴をしっかりふきとる。マンゴー用のナパージュの材料を手鍋に合わせて加熱して溶かし、塗りやすい固さにする。ハケでマンゴーだけに塗る。マンゴーとパイナップルを4個ずつ飾る。

＊ナパージュはマンゴーの乾燥を防ぐ。

詳細、ポイントは→P118 フランボワジエ

ミセス・チヒロ
Mrs.Chihiro

- Strawberry butter cream
- Mint sponge cake
- Mint butter cream
- Strawberry and mint jelly

分量　8.7×2.8cm 56個分
*40×30cm、高さ4.5cmカードル1台を用意する。

ミント風味のビスキュイ
- ・ビスキュイ・ダマンド
  - ——42×32cm 3枚分
  - アーモンドプードル——180g
  - 粉糖——180g
  - 卵黄——155g
  - 卵白——100g
- ・ミントのハーブソース　以下から50g使用
  - ニホンハッカの葉——20g
  - レモン汁——5g
  - EXV オリーヴオイル——35g
- ・メレンゲ
  - 卵白——360g
  - 微粒グラニュー糖——215g
- 薄力粉——155g

アンビバージュ　以下を合わせる
- ボーメ30°のシロップ——180g
- ジェット27（ミントリキュール）——105g
- キルシュ——125g
- 水——105g

イチゴとミントのジュレ
- 板ゼラチン——15g
- キルシュ——20g
- イチゴのピュレ（センガセンガナ、加糖。冷凍のまま1cm角切り）——650g
- ニホンハッカの葉——6g
- レモン汁——60g
- 微粒グラニュー糖——130g

ミント風味のバタークリーム
- ・アングレーズソース
  - 牛乳——90g
  - ニホンハッカの葉——6g
  - 微粒グラニュー糖——70g
  - 卵黄——75g
- ジェット27——75g
- バター（常温にもどす）——305g
- イタリアンメレンゲ（→下記）——95g

イチゴ風味のバタークリーム
- ・アングレーズソース
  - 牛乳——135g
  - ヴァニラスティック——1/2本
  - 微粒グラニュー糖——130g
  - 卵黄——135g
- バター（常温にもどす）——435g
- イチゴのピュレ（センガセンガナ、加糖。1cm角切りにして解凍）——235g
- フランボワーズのオー・ド・ヴィ——45g
- イタリアンメレンゲ（→下記）——145g

イタリアンメレンゲ
- 卵白——105g
- グラニュー糖——155g
- 水——40g

グラッサージュ
- ナパージュ・ヌートル——250g
- イチゴのピュレ（冷凍のまま1cm角切り）——25g

飾り
- イチゴ（半割）——2切れ／1個
- ナパージュ・ヌートル——適量
- フランボワーズ（半割）——3切れ／1個
- ニホンハッカの葉——1枚／1個

Mrs.Chihiro

Makes fifty six 8.7×2.8-cm rectangle cakes
*40×30-cm, 4.5-cm height rectangular cake ring

Mint sponge cake
- ・3 sheets almond sponge cakes for 42×32-cm baking sheet pan
  - 180g almond flour
  - 180g confectioners' sugar
  - 155g egg yolks
  - 100g egg whites
- ・Herb sauce (use 50g)
  - 20g japanese peppermint leaves
  - 5g fresh lemon juice
  - 35g EXV olive oil
- ・Meringue
  - 360g egg whites
  - 215g caster sugar
- 155g all-purpose flour

For the syrup
- 180g baume-30° syrup
- 105g Get27 (mint liqueur)
- 125g kirsch
- 105g water

Strawberry and mint jelly
- 15g gelatin sheets, soaked in ice-water
- 20g kirsch
- 650g frozen strawberry "Senga Sengana" purée, cut into 1-cm cubes
- 6g japanese peppermint leaves
- 60g fresh lemon juice
- 130g caster sugar

Mint butter cream
- ・Anglaise sauce
  - 90g whole milk
  - 6g japanese peppermint leaves
  - 70g caster sugar
  - 75g egg yolks
- 75g Get27
- 305g unsalted butter, at room temperature
- 95g italian meringue, see below

Strawberry butter cream
- ・Anglaise sauce
  - 135g whole milk
  - 1/2 vanilla bean
  - 130g caster sugar
  - 135g egg yolks
- 435g unsalted butter, at room temperature
- 235g frozen strawberry "Senga Sengana" purée, cut into 1-cm cubes, and defrost
- 45g raspberry eau-de-vie (raspberry brandy)
- 145g italian meringue, see below

Italian meringue
- 105g egg whites
- 155g granulated sugar
- 40g water

For the glaze
- 250g neutral glaze
- 25g frozen strawberry purée, cut into 1-cm cubes

For décor
- 2 strawberries halves for 1 cake
- neutral glaze
- 3 raspberries halves for 1 cake
- 1 japanese peppermint leaf for 1 cake

イチゴが好きな新婦に清楚な大和撫子のイメージを重ね、ミントはニホンハッカを使用
やさしいミントの香りでイチゴを品よく味わうウエディング用に考案したケーキ

イチゴとミントのジュレをつくる

1 OPPシートを密着させたトレイに40×30cmのカードルを置き、冷蔵庫に入れておく(→P43 型用トレイの準備)。
2 ピュレを解凍し、ニホンハッカとレモン汁を合わせてミルで挽いたものと合わせて、ジュレをつくる(→P37 ジュレ)。
3 1をとり出して2を流し、均してから急速冷凍庫で固める。
4 固まれば3をとり出し、型をバーナーで温めてはずす。周囲を5mmほど包丁で切り落としてひとまわり小さくしてからトレイに置いて、カバーをかぶせて冷凍庫に入れておく。

生地を準備する

5 ハーブ入りビスキュイ(→P13)を参照し、ニホンハッカの葉とレモン汁とオリーヴオイルを合わせてハーブソースをつくり、アーモンドプードルと粉糖、卵黄、卵白をリボン状に泡立てた生地に加えてミント風味のビスキュイをつくる。フランボワジエ5(→P120)と同様にオーヴンシートを準備し、42×32cmにビスキュイ3枚分を焼いて冷まし、40×30cmのカードルに合わせて切っておく。

2種類のバタークリームをつくる

6 OPPシートを密着させたトレイに40×30cmのカードルを置いておく。2種類のバタークリームを同時進行でつくる。
7 ミント風味のバタークリームをつくる。牛乳とニホンハッカの葉を合わせてミルで挽き、手鍋に移して半量の砂糖を加えて泡立器で混ぜながら加熱する。≡1
8 ほぐした卵黄と残りの砂糖を合わせてなめらかになるまで泡立てて7を加え混ぜ[a]、7の鍋にもどして中火で混ぜながらとろみがつくまで加熱してアングレーズソースを炊き[b]、ボウルに漉す(→P26・2~5)。ミントリキュールを加えて混ぜ[c]、氷水にあてて混ぜながら35~36℃に冷やす。
9 バターは8にタイミングを合わせてぎりぎりまで泡立て、8を3回に分けて加え、中高速で混ぜる(→P27 バタークリーム2~4)[d~e]。ボウルに移す。
10 イチゴ風味のバタークリームをつくる。アングレーズソースを炊いて漉し(→P26)[f]、氷水にあてて35~36℃に温度を下げる。
11 9と同様にバターを泡立て、10を2回に分けて加え混ぜる。
12 解凍したイチゴのピュレはフランボワーズのオー・ド・ヴィを加え混ぜて20℃に調整し、11に2回に分けて加え、中高速で撹拌する[g]。ボウルに移す。
13 イタリアンメレンゲは9と12の仕上がりに合わせて泡立て、温かい時にとめてボウルに広げ、冷凍庫で冷ましてとり出す(→P44 ピュレのムース4~6)。145gと95gに分ける。
14 145gは12のイチゴ風味のボウルに、95gは9のミント風味のボウルに加え、それぞれ泡立器でさっくりと混ぜてからゴムベラにかえて混ぜる(→P27 バタークリーム6~7)[h~i]。

15 6のカードルに14のイチゴ風味のバタークリームの半量(約600g)を、ゴムベラで数ヵ所に落とし、エル字パレットで均し、キッチンペーパーで縁をふく[j]。

16 アンビバージュは3等分する。5のビスキュイ1枚に1回めのアンビバージュをハケでしっかりと塗る[k]。塗った面を下にして端を合わせて15にのせ、ペーパーをはがす。エル字パレットで押さえて平らに均し、すき間を除く。1回めの残りのアンビバージュを塗り、パレットで均して生地に吸わせる[l]。カードルの内側の汚れをペーパーでふきとる。

17 16を5〜6分冷凍庫に入れ、固まったのを確認してからとり出す。

18 ミント風味のバタークリームの半量(約330g)を15と同じ要領で塗り広げて層にする[m]。

19 ふたたび5〜6分冷凍庫に入れ、固まったのを確認してからとり出す。

20 4のイチゴとミントのジュレをとり出し、平らな面を下に向けて端を合わせて型にきれいに入れる。エル字パレットで均して下のバタークリームと密着させる[n]。

21 さらに18と同様にミント風味のバタークリームの残りを塗り広げて層にする[o]。

22 16(生地)→15(イチゴのバタークリーム)→16の作業をくり返す。下からイチゴのクリーム、生地、ミントのクリーム、ジュレ、さらにミントのクリーム、生地、イチゴのクリーム、生地となる。

23 OPPシートを密着させてから[p]トレイで押さえ(→P43凍らせる前に)、急速冷凍庫にスイッチを入れずに2時間おき(途中で1時間たったら向きをかえる)、急速を30分かけて固める。

24 グラッサージュを用意する。IH調理器で解凍したピュレは目の細かいアミで漉してからナパージュ・ヌートルと混ぜておく。

25 23をとり出してトレイではさんでひっくり返し、上のOPPシートをはがす。24のグラッサージュをかけてパレットで均し[q]、冷凍庫に少し入れてグラッサージュを固める。

26 25をとり出し、ペティナイフをケーキの周囲に入れて型からはずす[r〜s]。温めた波刃包丁で端を落として整えてから、8.7×2.8cmにカットする(→P129トロピック19)。

27 OPPシートを敷いたトレイに26を並べ、カバーをかぶせて冷凍庫で保管する。

仕上げる

28 27を冷蔵庫で半解凍する。イチゴはナパージュ・ヌートルを断面に塗り、フランボワーズ、日本ハッカの葉とともに飾る。

詳細、ポイントは→P118 フランボワジエ
1 ニホンハッカはミントの中でもおだやかで繊細な香り。依頼されたウェディングケーキを創作する際、新婦からイメージしてこのミントを採用した。

アグリューム
Agrumes

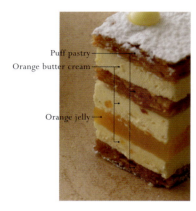

- Puff pastry
- Orange butter cream
- Orange jelly

分量　8.7×2.8cm 12個分
*18cm角カードル2台を用意する。

パート・フイユテ（→P16）──400g
*2mm厚さにのばしておいたものを
50×35cmくらいにカットして使用。
焼成後は40×30cmほどになる。

粉糖──適量

オレンジのジュレ
- 板ゼラチン──4g
- マンダリン・ナポレオン──5g
- オレンジの搾り汁──100g
- オレンジのコンサントレ──50g
- レモン汁──10g
- 微粒グラニュー糖──20g
  - オレンジの皮のコンフィのみじん切り（→P34）──40g
  - マンダリン・ナポレオン──5g

オレンジ風味のバタークリーム
- オレンジの皮のコンフィのみじん切り──30g
- マンダリン・ナポレオン──15g
- オレンジのコンサントレ──95g
- ・アングレーズソース
  - 牛乳──60g
  - ヴァニラスティック──1/5本
  - 微粒グラニュー糖──60g
  - 卵黄──60g
- バター（常温にもどす）──190g
- ・イタリアンメレンゲ　以下から65g使用
  - 卵白──60g
  - グラニュー糖──125g
  - 水──25g

飾り
- ラフティスノウ──適量
- ・オレンジ風味のフォンダン　以下から適量
  - フォンダン──50g
  - オレンジのコンサントレ──10g
- キンカンのコンポート（→P36）──1切れ／1個
- オレンジピールのシロップ煮
  - （→P38 ライムピールのシロップ煮）──2本／1個

Citrus fruit

Makes twelve 8.7×2.8-cm rectangle cakes
*two 18-cm square cakes rings

400g puff pastry dough, see page 16
confectioners' sugar

Orange jelly
- 4g gelatin sheets, soaked in ice-water
- 5g Mandarine Napoléon (orange liqueur)
- 100g squeezed orange juice
- 50g orange concentrated preparation
- 10g fresh lemon juice
- 20g caster sugar
  - 40g candied orange peel, chopped finely, see page 34
  - 5g Mandarine Napoléon

Orange butter cream
- 30g candied orange peel, chopped finely
- 15g Mandarine Napoléon (orange liqueur)
- 95g orange concentrated preparation
- · Anglaise sauce
  - 60g whole milk
  - 1/5 vanilla bean
  - 60g caster sugar
  - 60g egg yolks
- 190g unsalted butter, at room temperature
- · Italian meringue (use 65g)
  - 60g egg whites
  - 125g granulated sugar
  - 25g water

For décor
- raftisnow
- · Orange fondant icing
  - 50g white fondant (white icing paste)
  - 10g orange concentrated preparation
- 1 kumquat half compote for 1 cake, see page 36
- 2 pieces candied orange peel for 1 cake, see page 38 "candied lime peel"

香ばしくしっかり焼いた生地にキュッとした酸味のあるジュレで
オレンジ風味のバタークリームがさわやかに。新しい発想のミルフィーユ

オレンジのジュレをつくる

1 OPPシートを密着させたトレイに18cm角のカードルを置き、冷蔵庫に入れておく（→P43 型用トレイの準備）。

2 板ゼラチンはマンダリン・ナポレオン5gと合わせて湯煎で溶かし、オレンジの搾り汁とコンサントレはレモン汁、砂糖と合わせ、基本通りにオレンジのジュレをつくる（→P37 ジュレ）。オレンジの皮のコンフィのみじん切りは解凍しておき、マンダリン・ナポレオン5gと合わせてほぐし、ジュレに加え混ぜる。

3 1をとり出して2を流し、均してから急速冷凍庫で固める。

4 固まれば3をとり出し、型の周囲をバーナーで温めて型からはずす。トレイに置いてカバーをかぶせて冷凍庫に入れておく。

オレンジ風味のバタークリームをつくる

5 OPPシートを密着させたトレイに18cm角のカードル2台を離して置いておく。

6 オレンジの皮のコンフィのみじん切りは解凍しておき、ボウルに入れる。マンダリン・ナポレオンを加えてゴムベラでよく混ぜ、混ざればオレンジのコンサントレも加え混ぜる[a]。

7 アングレーズソースを炊いて（→P26）氷水をあてて混ぜながら35〜36℃冷ましおき、白っぽくなるまで泡立てたバターに2回に分けて加えながら中高速のミキサーで攪拌する（→P27 バタークリーム2〜4）。6も同様に2回に分けて加え混ぜる[b]。

8 イタリアンメレンゲを泡立てて温かいうちにミキサーをとめて冷やし（→P44 ピュレのムース4〜6）、7に加え混ぜる（→P27 バタークリーム6〜7）[c〜d]。

9 5のカードル1台に8のバタークリーム1/3量（約180g）を口径1cmの丸口金で絞り入れ、小さなエル字パレットで軽く叩きながら均してすき間を除く[e〜f]。

10 4のジュレをとり出し、平らな方を下にして9にのせる。パレットで均してすき間を除く[g]。さらにバタークリームを約180g絞って同様に均す。

11 もう1台のカードルには残りのバタークリーム（約180g）を同様に絞って均し、10と一緒に冷凍庫に入れて固める。固まれば型の周囲にペティナイフを入れて型からはずし、OPPシートを敷いたトレイにのせて冷凍庫で保管する。

生地を準備する

12 のばして冷凍しておいた生地は仕上げ当日に50×35cmくらいにカットし、天板上の樹脂製マットにのせる。

13　180℃のオーヴンで30分焼く。10分たったら樹脂製マットと天板をのせて10分、樹脂製マットではさんでひっくり返して天板をのせてさらに10分焼く[h～j]。焼成中にマット上に出た余分な油は、[i]のようにそのつどキッチンペーパーできれいにふきとる。両面が同じ色に焼けていることを確認する[k]。オーヴンは温度を230℃に上げておく。≡1

14　13の生地の片面に粉糖を真っ白になるくらいに茶漉しでふり、230℃で3～4分焼く。砂糖が溶ければよい。裏面も同様に粉糖をふって焼き[以上l～m]、グラッセする（つやを出す）。冷ましておく。

オレンジピールのシロップ煮を3日前につくっておく

15　仕上げの3日以上前に仕込む。ライムピールのシロップ煮（→P38）を参照し、下ゆでの塩を2gにし、赤の色素少量を加えたシロップで炊いてつくる。

仕上げる

16　11のバタークリームと、ジュレをサンドしたバタークリームはそれぞれ18×8.7cmに2枚ずつカットし冷凍庫に入れておく。

17　14の生地を波刃包丁で18×8.7cmに6枚切りだし、うち2枚は2.8cm幅にカットする[n]。

18　18×8.7cmにカットした生地2枚に16のジュレをはさんだバタークリーム1枚ずつをのせる[o]。同じ大きさの生地をのせ、さらに16のバタークリームのみを固めたものを1枚ずつのせる[p]。

19　最後に2.8cm幅にカットした生地6枚ずつ、計12枚を18にのせて並べ、押さえる[q]。

20　波刃包丁で端を落とし、上の切り目に包丁を入れて手で押さえながらひとつずつに切り離す[r～s]。

21　表面にラフティスノウを真っ白になるまでふる。

22　オレンジ風味のフォンダンをつくる。もみほぐして柔らかくしたフォンダンとオレンジのコンサントレをボウルに合わせ、湯煎で混ぜながら42℃に調整する。コルネに入れて、21それぞれに3ヵ所ずつ絞る。

23　キンカンのコンポート1切れと15のオレンジピールのシロップ煮2本を飾る。

ポイントは→P118 フランボワジエ
≡1　天板についた溶けたバターをそのままにして焼くと生地が油っぽくなるので、余分な油はふきとり、途中でのせる天板も新しいものにかえる。

マジェスティック
Majestique

分量　8.7×2.8cm 12個分
＊18cm角カードル3台を用意する。

パート・フイユテ（→P16）——400g
＊2mm厚さにのばしておいたものを
　50×35cmくらいにカットして使用。
　焼成後は40×30cmほどになる。

粉糖——基本分量

ヘーゼルナッツのヌガティーヌ（→P31）
　——全量

コーヒーのジュレ
[エスプレッソの抽出液——175g
　板ゼラチン——7g
　微粒グラニュー糖——15g
　カルーア（コーヒーリキュール）——5g

プラリネ風味のバタークリーム
[・アングレーズソース
　[牛乳——60g
　　ヴァニラスティック——1/5本
　　微粒グラニュー糖——40g
　　卵黄——45g
　バター（常温にもどす）——170g
　プラリネ（目が粗いもの）——20g
　プラリネ（目が細かいもの）——20g
　・イタリアンメレンゲ　以下から60g使用
　[卵白——60g
　　グラニュー糖——105g
　　水——25g

ガナッシュ・カフェ
[コーヒー風味のチョコレート（カカオ分57%）
　　——115g
　[牛乳——70g
　　生クリーム（乳脂肪分38%）——15g
　バター（5mm角切り。常温にもどす）——25g

飾り
ラフティスノウ——適量

Majestic

Makes twelve 8.7×2.8-cm rectangle cakes
*three 18-cm square cakes rings

400g puff pastry dough, see page 16
confectioners' sugar

1 recipe caramelized hazelnuts, see page 31

Coffee jelly
[175g espresso coffee
　7 g gelatin sheets, soaked in ice-water
　15g caster sugar
　5g Kahlúa (coffee liqueur)

Praline butter cream
[・Anglaise sauce
　[60g whole milk
　　1/5 vanilla bean
　　40g caster sugar
　　45g egg yolks
　170g unsalted butter, at room temperature
　20g coarse ground praline paste
　20g fine ground praline paste
　・Italian meringue (use 60g)
　[60g egg whites
　　105g granulated sugar
　　25g water

Coffee-chocolate cream filling
[115g dark-coffee chocolate, 57% cacao
　[70g whole milk
　　15g fresh heavy cream, 38% butterfat
　25g unsalted butter, cut into 5-mm cubes,
　at room temperture

For décor
raftisnow

プラリネのナッティな甘さ、コーヒーのジュレとガナッシュの苦みと酸味
サクサクのフイユテ生地とヌガティーヌで、食感と風味のハーモニーを楽しむお菓子

a
b
c
d
e
f
g
h
i

コーヒーのジュレをつくる

1 OPPシートを密着させたトレイに18cm角のカードルを置き、冷蔵庫に入れておく(→P43 型用トレイの準備)。
2 抽出した温かいエスプレッソコーヒーをボウルに入れてゼラチンを加えて混ぜ溶かし、次に砂糖を加えて混ぜ溶かす。氷水にあてて混ぜながら冷まし、粗熱がとれたらカルーアを加え混ぜる。
3 1をとり出して2を流し、急速冷凍庫で固める。
4 固まれば3をとり出し、型の周囲をバーナーで温めて型からはずす。トレイに置いてカバーをかぶせて冷凍庫に入れておく。

プラリネ風味のバタークリームをつくる

5 OPPシートを密着させたトレイに18cm角のカードル3台を離して置いておく。
6 アングレーズソースを炊いて(→P26)氷水をあてて混ぜながら35〜36℃に冷まし、白っぽくなるまで泡立てたバターに2回に分けて加えながら中高速のミキサーで撹拌し、ボウルに移す(→P27 バタークリーム2〜4)。
7 2種類のプラリネを合わせ、6に加えてよく混ぜる[a〜b]。≡1
8 イタリアンメレンゲを泡立てて温かいうちにミキサーをとめて冷まし(→P44 ピュレのムース4〜6)、7に加え混ぜる(→P27 バタークリーム6〜7)[c]。
9 5のカードル3台に8のバタークリームを口径1cmの丸口金で1/3量(約130g)ずつ周囲から絞り入れ、小さなエル字パレットで軽く叩きがなら均してすき間を除く[d〜e]。
10 絞り終えたら、冷凍庫に入れておく。

ガナッシュ・カフェをつくる

11 コーヒー風味のチョコレートはフードプロセッサーで細かく砕いてボウルに入れ、67〜68℃に温めた牛乳と生クリームを注ぎ入れてコーヒー風味のガナッシュをつくる(→P29 ガナッシュ3〜6)[f〜g]。
12 10のバタークリームを固めた型1台に4のジュレを入れて小さなエル字パレットで押さえ、11のガナッシュを流す[h〜i]。冷凍庫に入れて固める。
13 固まった12をとり出し、型の周囲をバーナーで温めて型からはずす。10のバタークリーム単体も同様にして型からはずす。OPPシートを敷いたトレイに並べ、カバーをかぶせて冷凍庫に入れて保管する。

生地を準備する

14 のばして冷凍しておいた生地を仕上げ当日に50×35cmくらいにカットし、天板上の樹脂製マットの上にのせる。

15 アグリューム13〜14（→P137）と同様に180℃で焼き、最後に粉糖をふって230℃で焼いてグラッセする。冷ましておく。

ヘーゼルナッツのヌガティーヌを用意する

16 ヘーゼルナッツのヌガティーヌをつくって（→P31）温かいうちに8.7×2.8cmに12枚カットしておいたものを使う[j]。
＊通常は1週間分くらいを仕込んでカットし、密閉性のいい缶に乾燥剤と一緒に入れて室温で保管している。

仕上げる

17 13のバタークリームとジュレとガナッシュを層にしたものと、バタークリームのみのもの2枚をとり出し、それぞれ凍ったまま18×8.7cmに2枚ずつ切りだしてから8.7×2.8cmにカットする。バタークリームのみのものは合計24枚、ジュレとガナッシュを合わせたものは12枚とる。OPPシートを敷いたトレイに並べて冷蔵庫で半解凍し、キッチンペーパーで水滴をふく。

18 15の生地も波刃包丁で同じサイズにカットする。カットした生地は36枚となる。

19 18の生地12枚を離して並べ、上に17のバタークリームを1枚ずつのせる[k]。次に生地をのせ、ジュレとガナッシュを合わせたものはバタークリーム側を下にして1枚ずつのせてそのつど軽く押さえる[l〜m]。

20 さらに生地、バタークリームを重ねる[n]。16のヘーゼルナッツのヌガティーヌを最後にのせて軽く押さえる。

21 カードをヌガティーヌの対角線に合わせて20にのせ、ラフティスノウを茶漉しでふって飾りにする。

ポイントは→P118 フランボワジエ
1 プラリネは粒子が粗いものと細かいものを混ぜ、食感を感じられるようにしている。

カサミラ
Casa-Milà

- Butter cream
- Almond sponge cake

分量　口径5×深さ6cmボンブ型20個分
＊直径2.8cmと4cmの抜き型を用意する。

ビスキュイ・ダマンド　60×40cm天板1/2枚分
- アーモンドプードル —— 50g
- 粉糖 —— 50g
- 卵黄 —— 45g
- 卵白 —— 30g
- ・メレンゲ
  - 卵白 —— 100g
  - 微粒グラニュー糖 —— 60g
- 薄力粉 —— 40g

アンビバージュ　以下を合わせる
- ボーメ30°のシロップ —— 45g
- キルシュ —— 30g
- 水 —— 25g

バタークリーム
- ・アングレーズソース
  - 牛乳 —— 100g
  - ヴァニラスティック —— 1/5本
  - 微粒グラニュー糖 —— 80g
  - 卵黄 —— 85g
- バター(常温にもどす) —— 340g
- キルシュ —— 70g
- ・イタリアンメレンゲ　以下から100g使用
  - 卵白 —— 60g
  - グラニュー糖 —— 105g
  - 水 —— 25g

メレンゲ飾り
- 卵白 —— 50g
- 微粒グラニュー糖A —— 50g
- 微粒グラニュー糖B —— 25g
- コーンスターチ —— 5g
- ピンクペッパー —— 適量

ガルニチュール
イチゴ —— 3粒／1個

Casa-Milà

Makes twenty cakes
*5-cm diameter×6-cm depth dariol timbal mold, 2.8-cm and 4-cm diameter round pastry cutter

1/2 almond sheet sponge cake for 60×40-cm baking sheet pan
- 50g almond flour
- 50g confectioner's sugar
- 45g egg yolks
- 30g egg whites
- ・Meringue
  - 100g egg whites
  - 60g caster sugar
- 40g all-purpose flour

For the syrup
- 45g baume-30° syrup
- 30g kirsch
- 25g water

Butter cream
- ・Anglaise sauce
  - 100g whole milk
  - 1/5 vanilla bean
  - 80g caster sugar
  - 85g egg yolks
- 340g unsalted butter, at room temperature
- 70g kirsch
- ・Italian meringue (use 100g)
  - 60g egg whites
  - 105g granulated sugar
  - 25g water

Meringue for décor
- 50g egg whites
- 50g caster sugar A
- 25g caster sugar B
- 5g corn starch
- pink pepper

For the garnish
3 strawberries for 1 cake

バルセロナにあるガウディの建造物にインスパイアーされて考えた新フレジエ
バタークリームとイチゴの酸味にメレンゲがミルキーさと甘みをプラス

生地を準備する

1 60×40cmのオーヴンシートを縦半分の位置で折り目をつけ、天板に貼りつける(→P12準備)。ビスキュイ・ダマンド(→P12)を参照して生地をつくって折り目までのばし、天板の縁を指でぬぐう。基本どおりに焼き、冷ましておく。

2 直径2.8cmの抜き型で40枚、4cmの抜き型で20枚抜いてトレイに入れておく。

バタークリームをつくる

3 専用トレイにボンブ型をセットしておく。

4 アングレーズソースを炊いて(→P26)氷水をあてて35〜36℃に冷ましおき、白っぽくなるまで泡立てたバターに2回に分けて加えながら中高速のミキサーで攪拌し[a]、ボウルに移す(→P27 バタークリーム2〜4)。

5 4にキルシュを2〜3回に分けて加え、そのつど泡立器で混ぜる[b]。

6 5に合わせてイタリアンメレンゲをつくってボウルに移して急冷し(→P44 ピュレのムース4〜6)、5に加えて混ぜる(→P27 バタークリーム6〜7)[c〜d]。

7 3の型に6のバタークリームを口径8.5mmの丸口金で少量ずつ絞る[e]。

8 2の小さい方の生地をアンビバージュに浸してから焼き目を下にして7に入れ、指で軽く押さえてすき間を除く[f]。

9 さらに型の半分くらいまでバタークリームを絞り、下に打ちつけてすき間を除く[g]。

10 縦半分にカットしたイチゴ4切れを断面を外側に向け、型側面に1つずつすべり込ませるように入れていく[h]。丸ごとのイチゴ1個は中央に頭を上にして押し入れる[i]。

11 残りのバタークームを10に9分めまで絞り[j]、9と同様に下に打ちつけてすき間をなくす。2の小さい生地の残りをアンビバージュに浸して焼き目を下にして入れ、型中央に指で押し入れる[k]。

12 さらにバタークリームを絞り入れてパレットで均す[l]。2の大きな生地をアンビバージュに浸して焼き目を下にしてのせ、指で回転させながら押さえてすき間を除く[m]。OPPシートとトレイをのせて押さえ（→P43凍らせる前に）[n]、冷蔵庫にひと晩入れて固める。

13 12をとり出し、OPPシートをはずす。型中央にペティナイフを斜めに刺し、ぬるま湯に型の8分めまでつけてから型をまわしながらはずす。OPPシートを敷いたトレイに、ひっくり返して並べていく。冷蔵庫で保管する。

メレンゲ飾りをつくる

14 厚さ2mmの塩化ビニールを長径7.5cm×短径3cmの楕円形にくりぬいてシャブロン型をつくっておく。

15 卵白に砂糖Aを加えてミキサーの中高速でしっかり角が立つまで泡立てる（→P23 パータ・ダッコワーズ・ノワゼット3〜5）、ボウルに移す。

16 砂糖Bとコーンスターチを合わせてふるったものをふり入れて、ゴムベラで切るように混ぜる。

17 14の自家製シャブロン型を水にくぐらせてから樹脂製マットにのせ、パレットで16の生地を入れて均し、型をはずす。多めにつくっておく。ピンクペッパーを1枚につき2〜3粒ずつのせて押さえ、ダンパーを開けた100℃のオーヴンで約2時間乾燥焼きする。焼けたら粗熱をとり、乾燥剤を入れた缶に入れて蓋をし、テープなどで密閉して室温で保管する。

仕上げる

18 13をとり出して17のメレンゲ飾りを適宜手で折って貼りつける。

COLUMN 6　つくって感じて思い浮かぶ——日々感じることがお菓子をおいしくする

お菓子をつくっていて、ふと何か新しいものを加えてみてこれはいけると思うことがあります。そこからまた、おいしさが広がります。

たとえばタルトレットのカプチーノ（→P152）。から焼きした生地にガナッシュを入れたものですが、ガナッシュにコーヒー風味のチョコレートを使い、上にのせるクレーム・シャンティイにもコーヒーを加えて一緒に食べてみたら、これがあのコーヒーのカプチーノの味になったのです。シャンティイもコーヒー風味じゃなくては、別ものになったと思います。ふとやってみようと思ってコーヒー味になりました。

キャラメルのタルトレットがあります。よくあるのはキャラメルが固いのですが、僕は柔らかい方がおいしいと感じていました。そして、いまの柔らかなタルトレット・キャラメル（→P148）をつくるようになりました。また、もっと軽くしたかったので、それまでキャラメルに加えていたバターも加えなくなりました。

さらに、かつてはのせていなかったクレーム・シャンティイをのせるようにもなりました。クレーム・シャンティイがあるのとないのとでは味のバランスが違います。盛合せで表現するデザート感覚でしょうか。また、タルトレット・キャラメルのシャンティイには合うのではないかとシナモンパウダーをふったら、よりバランスがよくなりました。

ムースのアグレアーブル（→P96）は、パッションフルーツのムースの中に緩いフランボワーズのジュレとフランボワーズのブロークンを一緒に固めたものを入れてあります。ケーキをカットしただけでパッションフルーツの香りがいっぱいに広がります。予想以上の香りでした。自分で切って食べてみて感じたことが、また次のケーキづくりのヒントになります。

いつも厨房にいてお菓子をつくっているからこそ、毎日の作業の中からいくつものアイデアが浮かんでくるのです。ひとつのお菓子をつくったら、それでおしまいではないと思います。マイナーチェンジを重ねることは大切です。

アンブロワジーという僕のスペシャリテがあります。チョコレートムースの中にピスタチオのムース、フランボワーズ・ペパン、ピスタチオのビスキュイを入れ、下にはチョコレートのビスキュイを敷いたものです。クープ・デュ・モンド・ド・ラ・パティスリーというお菓子の世界大会で優勝した時のお菓子です。これを超えるチョコレートのムースをと考えてつくったのがアラビック（→P103）です。

アラビックはコーヒー味のチョコレートを使い、この味を生かしたいと考えて中にエスプレッソのジュレとブリュレ生地を入れてみました。つくっていく中、エスプレッソは抽出してすぐのものでないと香りが立たないことがわかりました。ブリュレ生地は固いと口溶けが悪いので焼き具合が肝心です。

アラビックはマイナーチェンジではありませんが、アンブロワジーを超えたいという大きな願望から生まれました。

日々感じ、マイナーチェンジを重ねることで大きな飛躍も生まれます。

タルトレット

秋冬のキャラメルのタルトレットと夏バージョン

タルトレット・キャラメル
Tartelette au caramel

分量　9.6×4.8cmフィナンシェ型20個分
＊ひとまわり小さな型を用意する。

パート・シュクレ（→P15）
　——敷き込みずみ20個（基本分量の2/3）

ソース・キャラメル
[
　水飴——50g
　グラニュー糖——200g
　生クリーム（乳脂肪分38％）——330g
]

ガルニチュール
[
　ドライアンズ——80g
　ドライチェリー——40g
　レーズン——40g
　クルミ——40g
　ヘーゼルナッツ——40g
　アーモンド——40g
]

飾り
[
　ラフティスノウ——適量
　ピスタチオ——2粒／1個
　クレーム・シャンティイ（乳脂肪分42％）——15g／1個
　シナモンパウダー——適量
]

タルトレット・キャラメル・パッション
Tartelette au caramel fruit de la passion

分量　9.6×4.8cmフィナンシェ型20個分
＊ひとまわり小さな型を用意する。

パート・シュクレ（→P15）
　——敷き込みずみ20個（基本分量の2/3）

パッションフルーツのソース・キャラメル
[
　水飴——60g
　グラニュー糖——200g
　生クリーム（乳脂肪分38％）——170g
　パッションフルーツのピュレ（1cm角切りにして解凍）——170g
]

ガルニチュール
[
　ドライアンズ——50g
　ドライチェリー——50g
　ドライマンゴー——50g
　ドライクランベリー——50g
　ヘーゼルナッツ——50g
　アーモンド——50g
]

飾り
[
　ラフティスノウ——適量
　ピスタチオ——2粒／1個
　クレーム・シャンティイ（乳脂肪分42％）——15g／1個
]

Caramel tartlets

Makes twenty rectangle tartlets
*9.6×4.8-cm financier individual mold

2/3 recipe sweet tart dough for twenty tartlets, see page 15

Caramel sauce
[
　50g starch syrup
　200g granulated sugar
　330g fresh heavy cream, 38% butterfat
]

For the garnish
[
　80g dried apricots
　40g dried cherries
　40g raisin
　40g walnuts, toasted
　40g hazelnuts, toasted
　40g almonds, toasted
]

For décor
[
　raftisnow for dusting
　2 pistachios for 1 cake
　15g Chantilly cream, 42% butterfat, for 1 cake
　ground cinnamon for dusting
]

Caramel and passion fruit tartlets

Makes twenty rectangle tartlets
*9.6×4.8-cm financier individual mold

2/3 recipe sweet tart dough for twenty tartlets, see page 15

Caramel and passion fruit sauce
[
　60g starch syrup
　200g granulated sugar
　170g fresh heavy cream, 38% butterfat
　170g frozen passion fruit purée, cut into 1-cm cubes, and defrost
]

For the garnish
[
　50g dried apricots
　50g dried cherries
　50g dried mangos
　50g dried cranberries
　50g hazelnuts, toasted
　50g almonds, toasted
]

For décor
[
　raftisnow for dusting
　2 pistachios for 1 cake
　15g Chantilly cream, 42% butterfat, for 1 cake
]

タルトレット・キャラメル・パッション
Tartelette au caramel fruit de la passion

タルトレット・キャラメル
Tartelette au caramel

苦みばしったキャラメルにシナモンの香りの秋冬用キャラメルのタルトレットと
パッションフルーツとトロピカルドライフルーツを使ったすがすがしい夏バージョン

タルトレット・キャラメル

生地を準備する

1 パート・シュクレをフィナンシェ型に敷き込んだもの（→P19 小さな角型）を冷凍庫から20個とり出す。

2 1を168℃のオーヴンに入れて約15分空焼きする。3分たったらとり出し、ひとまわり小さな型で手早く押して浮きを押さえ、さらに2分たったら同じ作業をくり返してオーヴンにもどす。5分たったらとり出して確認し、型の位置を置きかえてさらに5分焼き、焼きムラがないように調整する。オーヴンからとり出してからの作業は温度が下がるので手早く行う。

3 焼けたら別の天板に移して生地を押さえる。冷めたら型からはずし、樹脂加工の天板に並べておく[a]。

ガルニチュールを準備する

4 ドライアンズは5mm角に切る。クルミは半割を6等分に、ヘーゼルナッツは半分に、アーモンドは3〜4等分にカットし、それぞれ168℃のオーヴンで12〜15分色づくまでローストする。冷ましてからドライフルーツと一緒にボウルに入れておく[b]。

ソース・キャラメルをつくる

5 手鍋に水飴と砂糖を入れて中火にかけ[c]、木ベラで混ぜながらキャラメリゼする。
＊サーキュレターを反対向きに置いてまわし、煙を吸引しながら作業するとよい。

6 色が焦げ茶色になったら[d]生クリームを3〜4回に分けて加えては混ぜる[e〜f]。最後にひと煮立ちさせたら火をとめる。

7 6に4のガルニチュールを加えてよく混ぜ、ボウルに移す。氷水にあてて混ぜながら冷やし、とろみが出てきたら[g]氷水をはずす。

8 4のタルトレット生地に7をスプーンで均等に入れる[h]。生地縁にはみ出たキャラメルはぬぐいとる[i]。

9 8のキャラメルの両端にピスタチオを1個ずつ位置をややずらしてのせ、少し固まるまで冷凍庫に入れる。≡1

仕上げる

10 9をとり出す。生地部分だけ出るようにひとまわり小さくカットしたプラスチックカードをあらかじめ用意しておき、9にのせて茶漉しでラフティスノウを生地縁にふる[j〜k]。

11 乳脂肪分42％の生クリームでつくったクレームフェテに8％の砂糖を加え混ぜてクレーム・シャンティイをつくり、水でぬらしたテーブルスプーンで丸めてクネルをつくり（→P154 カプチーノ7）、10にのせる。シナモンパウダーをふる。

≡1 ラフティスノウをふる際にカットしたカードをのせるが、カードをのせてもぐらつかないようにピスタチオをずらして配置し、冷凍庫で固めて固定している。プラスチックカードは副材料容器の平らな部分を使う。

タルトレット・キャラメル・パッション

生地を準備する

1 タルトレット・キャラメル1〜3（→P150）と同様に空焼きしたものを準備する。

ガルニチュールを準備する

2 ドライアンズとドライマンゴーは5㎜角に切る。ヘーゼルナッツは半分に、アーモンドは3〜4等分にカットし、それぞれ168℃のオーヴンで12〜15分色づくまでローストし、冷ましてからドライフルーツと一緒にボウルに入れておく。≡2

パッションフルーツのソース・キャラメルをつくる

3 手鍋に水飴と砂糖と生クリームを入れて中火にかける。木ベラで混ぜながらとろみがついてうっすらとキャラメル色になるまで加熱する[a〜b]。

4 3に解凍したパッションフルーツのピュレを少しずつ入れて混ぜながら加熱し続け、最後にひと煮立ちさせてから火をとめる[c〜d]。

5 4に2のガルニチュールを加えてよく混ぜ、ボウルに移す。氷水にあてて混ぜながら冷やし、とろみが出てきたら[e]、氷水をはずす。

6 同8〜9を参照してタルトレット生地に5をスプーンなどで均等に入れて縁をきれいにし[f]、ピスタチを両端に位置をずらしてのせ、少し固まるまで冷凍庫に入れる。

仕上げる

7 6をとり出し、同10〜11を参照して生地縁にラフティスノウをふり、クレーム・シャンティイのクネルをのせる。

≡2 夏向けにトロピカルなマンゴーや酸味が多いドライフルーツを多く配合した。

カプチーノ
Cappuccino

分量　9.6×4.8cmフィナンシェ型20個分
＊ひとまわり小さな型を用意する。

パート・シュクレ（→P15）
　　── 敷き込みずみ20個（基本分量の2/3）

ガナッシュ・カフェ
- コーヒー風味のチョコレート（カカオ分57％）── 185g
- 転化糖 ── 20g
  ＊チョコレートの上にのせて計量。
- 水飴 ── 24g
- 生クリーム（乳脂肪分38％）── 210g
- バター（5mm角切り。常温にもどす）── 74g

クレーム・シャンティイ・カフェ
- クレーム・シャンティイ（乳脂肪分42％）── 300g
- インスタントコーヒー ── 3g
- 生クリーム（乳脂肪分42％）── 15g

飾り
- グラッサージュ・ショコラ（→P42）── 適量
- ボーメ30°のシロップ ── 適量
- クレーム・シャンティイ・カフェ（→上記）── 15g／1個
- プラリネ・キャフェ（→P32）── 1個／1個
- ブラック・ショコラ（シート状→P42）
  　── ブラックチョコレートで適量

Cappuccino

Makes twenty rectangle tartlets
*9.6×4.8-cm financier individual mold

2/3 recipe sweet tart dough for twenty tartlets, see page 15

Coffee-chocolate cream filling
- 185g dark-coffee chocolate, 57% cacao
- 20g invert sugar
- 24g strach syrup
- 210g fresh heavy cream, 38% butterfat
- 74g unsalted butter, cut into 5-mm cubes, at room temperature

Coffee Chantilly cream
- 300g Chantilly cream, 42% butterfat, see page 62
- 3g instant coffee
- 15g fresh heavy cream, 42% butterfat

For the décor
- chocolate glaze, see page 42
- baume30° syrup
- 15g coffee Chantilly cream for 1 cake, see above
- 1 coffee praline, see page 32
- dark chocolate decoration sheet, see page 42

香ばしいシュクレ生地、コーヒー風味のガナッシュと上がけのチョコレートの味わい
上にのせたコーヒー風味の生クリームが、不思議とこれらの風味を際立たせる

a

b

c

d

e

f

生地を準備する

1 タルトレット・キャラメル1～3（→P150）と同様に空焼きしたものを準備する。

ガナッシュ・カフェをつくる

2 コーヒー風味のブラックチョコレートでガナッシュをつくり（→P29）[a]、混ぜながら冷ます。

3 2を32℃に調整し、デポジッターで1の生地いっぱいに絞る[b]。絞り終えたらトレイごと下に軽く叩きつけて表面を均す[c]。冷凍庫に入れて固め、そのまま保管する。

仕上げる

4 グラッサージュ・ショコラを冷蔵庫からとり出し、その半量のボーメ30°のシロップと一緒にボウルに入れて湯煎で溶かす。使う時点で26～27℃になるように調整する。

5 3をとり出し、5のグラッサージュをゴムベラで20gほどずつ表面全体に塗り[d]、冷蔵庫に入れる。

6 クレーム・シャンティイ・カフェをつくる。乳脂肪分42％の生クリームでつくったクレームフェテに8％の砂糖を加えてつくったクレーム・シャンティイは、冷蔵庫に入れておく。インスタントコーヒーに生クリーム15gを加えてよく混ぜ溶かしてから、クレーム・シャンティイに加え混ぜる。

7 5はグラッサージュが固まればとり出す。お湯で温めてキッチンペーパー上に軽く叩きつけて水分を除いたテーブルスプーンを使い、6のクレーム・シャンティイ・カフェをすくって転がして丸め、クネル（紡錘形）形に整えてからタルトレットの上にのせる[e～f]。プラリネ・キャフェとプラック・ショコラを飾る。

リュバーブのタルトレット
Tartelette à la rhubarbe

香ばしいシュクレ生地に敷いた酸味の強いルバーブのコンポートを
ふわふわの甘いメレンゲが包み込んで、メリハリのあるおいしさをつくる

リュバーブのタルトレット
Tartelette à la rhubarbe

分量　口径6cm×深さ1.5cmミラソン型20個分
＊同程度の大きさの製菓用アルミ箔パーチ20個を用意する。

パート・シュクレ（→P15）
　　――敷き込みずみ20個（約550g）

ルバーブのコンポート（→P36）
　　――基本分量（約550g）

飾り
　［ルバーブ（フレッシュ）――2本
　　ボーメ30°のシロップ――適量
　　・イタリアンメレンゲ
　　　［卵白――80g
　　　　グラニュー糖――140g
　　　　水――35g
　　粉糖――適量

Rhubarb tartlets

Makes twenty round tartlets
*6-cm diameter ×1.5-cm depth millasson mold

About 550g sweet tart dough for twenty tartlets, see page 15

1 recipe rhubarb compote (about 550g), see page 36

For décor
　[2 fresh rhubarbs
　　baume-30° syrup
　　· Italian meringue
　　　[80g egg whites
　　　　140g granulated sugar
　　　　35g water
　　confectioners' sugar for dusting

a  b

ルバーブのコンポートをつくる

1 ルバーブのコンポートは仕込んでおき（→P36）、粗熱がとれたら冷蔵庫で保存する。
  ＊通常は3～4日分ずつまとめて仕込み、必要量をとり出して使っている。

生地を準備する

c 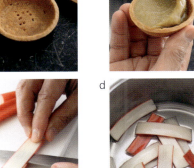 d

2 ミラソン型に敷き込んだ（→P19底がある小さな型）パート・シュクレを冷凍庫から20個とり出し、アルミ箔パーチをのせ、タルトストーンを詰めて天板に並べる。

3 2を冷凍のまま168℃のオーヴンに入れて17分空焼きする。5分たったら重石とパーチを手早くはずしてオーヴンにもどす。このあと5分ごとに2回とり出して焼き色を確認しながら型の位置を手早く差しかえてオーヴンにもどし、最後は2分焼く。色を確認して焼き時間は調整する。

4 焼けたら型からはずして冷まし[a]、樹脂製天板に並べておく。

e  f

5 4に1のコンポートを小さなパレットで詰めて均す[b]。コンポートは少し残しておく。冷蔵庫に入れておく。

飾り用のルバーブの乾燥焼きをつくる

6 ルバーブはペティナイフで7～8cm長さにカットしてから2mm厚さにスライスし[c]、手鍋に入れる。ボーメ30°のシロップを少量加え、加熱して少し色が出てきたら火をとめる[d～e]。
  ＊色が出なければシロップに赤の色素をほんの少し加えてもよい。

g  h

7 6を樹脂製マットに重ならないように並べ[f]、80℃のオーヴンでダンパーをあけて1時間半～2時間乾燥焼きにする。

8 焼けたら粗熱をとって乾燥剤を入れた密閉容器に入れて常温で保管する[g]。

仕上げる

9 5をとり出す。イタリアンメレンゲをつくり（→P44 ピュレのムース4）、人肌より少し低い温度になるまで泡立てたらすぐに口径1.4cmのサントノレ口金で左右に蛇行させながら5に絞る[h]。

i  j

10 9のメレンゲに粉糖を軽く2度ふり、200℃のオーヴンで1分焼いてエッジ部分に淡い焼き目をつける[i～j]。

11 メレンゲのカーブしたところにルバーブのコンポートをコルネに入れて絞り、ルバーブの乾燥焼きを飾る。

プロヴァンサル
Provençal

分量　9.6×4.8cmフィナンシェ型20個分
＊ひとまわり小さな型を用意する。

パート・シュクレ(→P15)
　　──敷き込みずみ20個(基本分量の2/3)

クレーム・シトロン　以下から適量使用
- レモンの表皮── 3.5個分
- バター(1cm角にカット)── 410g
- 全卵── 255g
- 微粒グラニュー糖── 255g
- レモン汁── 275g

バジルのナパージュ　以下から適量使用
- バジルの葉── 45g
- レモン汁── 23g
- EXVオリーヴオイル── 45g
- ナパージュ・ヌートル── 450g

イタリアンメレンゲ
- 卵白── 60g
- グラニュー糖── 105g
- 水── 25g

粉糖── 適量

飾り
- チェリートマト(半割)── 1切れ／1個
- ・チェリートマト用ナパージュ
  - ロイヤルナップ── 30g
  - ジェルフィックス── 30g
  - 水── 20g
  - ＊ロイヤルナップはアンズの果肉入りナパージュ、ジェルフィックスはナパージュ用アンズジャム。

Provençal

Makes twenty rectangle tartlets
*9.6×4.8-cm financier individual mold

2/3 recipe sweet tart dough for twenty tartlets, see page 15

Lemon cream
- 3.5 lemons (lemon zest)
- 410g unsalted butter, cut into 1-cm cubes
- 255g whole eggs
- 255g caster sugar
- 275g fresh lemon juice

Basil glaze
- 45g basil leaves
- 23g fresh lemon juice
- 45g EXV olive oil
- 450g neutral glaze

Italian meringue
- 60g egg whites
- 105g granulated sugar
- 25g water

confectioners' sugar, for dusting

For décor
- 1 cherry tomato half for 1 cake
- ・Glaze for cherry tomato
  - 30g Royal nap apricot, see page 126
  - 30g geleefix, see page 126
  - 20g water

プロヴァンスのオリーヴオイルのピリリとした辛味とバジルのかすかな苦みのある甘い香り
このバジルの上がけとトマトの甘酸っぱさで、新しいタルトレット・シトロンを創作

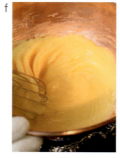

クレーム・シトロンをつくる

1 レモンの表皮はエコノムでむき、白いワタ部分はペティナイフで除く。塩ひとつまみ(分量外)を加えて手鍋に沸かした湯に入れ、皮が柔らかくなるまで炊いてアクやワックスを煮だし、ざるにとって流水でよく洗って水気を切る。
2 バターと1を手鍋に入れて火にかけて沸かし、レモンの香りをバターに移す[a]。沸いたら火をとめ、フードプロセッサーにかけてレモンの皮を細かくする。
3 ボウルに全卵を入れ、よくほぐし混ぜ、砂糖を加えてさらにすり混ぜる[b]。
4 3にレモン汁を加えてよく混ぜ、別のボウルに漉し入れる[c]。2も加えてよく混ぜる[d]。
5 4を湯煎にかけて混ぜながら20分ほど加熱してとろみをつける[e]。さらに銅鍋に移し、ガスの直火にかけてつやが出てくるまで混ぜ続けながら加熱する[f]。
6 5を氷水にあてて混ぜながら常温になるまで冷ます[g]。ただし、バターが固まるので、冷やしすぎないこと。
7 冷蔵庫に入れてかならずひと晩休ませる。冷蔵庫で保存し、使用分だけとり出して使う。≡1

バジルのナパージュをつくる

8 ハーブ入りビスキュイ1～2 (→P13)を参照し、バジルの葉とレモン汁、オリーヴオイルでハーブソースをつくる。目の細かいアミで裏漉ししておく。
9 ナパージュ・ヌートルと8をボウルに合わせてゴムベラでよく混ぜる。薄手のOPPシートでつくったコルネに詰めて、冷凍保存する。その日に使う分だけ冷蔵庫に移して解凍する。

生地を準備する

10 タルトレット・キャラメル1～3 (→P150)と同様に空焼きしたものを準備する。
11 10の生地に7のクレーム・シトロンをパレットで26～28gずつ詰めて均す[h]。樹脂加工の天板に並べ、カバーをかけて冷蔵庫に入れておく。

≡1 状態が安定して作業しやすくなるので、クレーム・シトロンはかならず冷蔵庫でひと晩休ませる。

仕上げる

12 チェリートマト用のナパージュの材料を合わせ、手鍋に入れて沸騰させ、ハケでトマトの断面に塗っておく[i]。

13 11をとり出す。イタリアンメレンゲをつくり(→P44 ピュレのムース4)、人肌より少し低い温度になるまで泡立てたらすぐに口径1.4cmのバラ口金で波打つように11の半分に絞る[j]。≣2

14 メレンゲ部分に粉糖を軽く2度ふり[k]、200℃のオーヴンで1分焼いてメレンゲのエッジ部分に淡い焼き目をつける。

15 14のメレンゲを絞っていない部分に、9のコルネに入れたバジルのナパージュを輪郭線からはじめてくまなく絞り、パレットで均す[l～m]。

16 12のトマトを飾る。

≣2 ほかのものと合わせるムースと違い、プロヴァンサル、リュバーブのタルトレット(→P157・9)に絞るイタリアンメレンゲはキメの細かさと保形性が求められるので、人肌の温度になるまで泡立ててすぐに絞る。

アナナス・アワイ
Ananas Hawaii

分量　口径7cm×深さ2cmの樹脂製サヴァラン型20個分
＊直径4cm×深さ2cmの円形樹脂製型、
　直径5cm×高さ4cmのセルクルを用意する。

ケーク・ココ　35個分
- バター(常温にもどす)——215g
- 粉糖——325g
- 全卵——380g
- ココナッツのピュレ(1cm角切りにして解凍)——40g
- アーモンドプードル——85g
- ココナッツファイン——215g
- 薄力粉——155g
- ベーキングパウダー——3.5g

ココナッツファイン——適量

アンビバージュ
- マリブ(ココナッツリキュール)——8g／1個

ココナッツのジュレ　48個分
- 板ゼラチン——7g
- マリブ——20g
- ココナッツのピュレ(冷凍のまま1cm角切り)——400g
- レモン汁——15g
- 微粒グラニュー糖——30g

ガルニチュール
- パイナップル(芯と外皮を除いたもの)——600g
- レモン汁——20g
- キルシュ——20g
- ヴァニラスティック——2/5本
- 微粒グラニュー糖——20g

グラッサージュ(ガルニチュール用)
- ロイヤルナップ(→P158)——30g
- ジェルフィックス(→P158)——60g
- ガルニチュールのマリネ液の残り——30〜40g

飾り
- クレーム・シャンティイ(乳脂肪分42%)——15g／1個
- フランボワーズ——1粒／1個
- グロゼイユのジャム(→P37ジャム)——適量
- ライムピールのシロップ煮(→P38)——1本／1個

Ananas Hawaii

Makes twenty cakes
*7-cm diameter×2-cm depth savarin silicon mold tray,
4-cm diameter×2-cm depth tartlet silicon mold tray,
5-cm diameter×4-cm height cake ring

Coconut cake, making thirty five
7-cm diameter×2-cm height savarin cakes
- 215g unsalted butter, at room temperature
- 325g confectioners' sugar
- 380g whole eggs
- 40g frozen coconut purée, cut into 1-cm cubes, and defrost
- 85g almond flour
- 215g coconut fine shred
- 155g all-purpose flour
- 3.5g baking powder

coconut fine shred

For the syrup
- 8g Malibu (coconut liqueur) for 1 cake

Coconut jelly, making forty eight
- 7g gelatin sheets, soaked in ice-water
- 20g Malibu
- 400g frozen coconut purée, cut into 1-cm cubes
- 15g fresh lemon juice
- 30g caster sugar

For the garnish
- 600g pineapple, rind and core excepted
- 20g fresh lemon juice
- 20g kirsch
- 2/5 vanilla bean
- 20g caster sugar

For the glaze to garnish
- 30g Royal nap apricot, see page 126
- 60g geleefix, see page 126
- 60g marinade for the garnish, see above

For décor
- 15g Chantilly cream, 42% butterfat, for 1 cake, see page 62
- 1 raspberry for 1 cake
- redcurrant jam, see page 37
- 1 candied lime peel for 1 cake, see page 38

ココナッツ風味のケーク生地とジュレの甘い香りがふんわりと舌の上で溶け
ヴァニラとキルシュを合わせたパイナップルの酸味が、トロピカルさを盛り立てる

a  b

c  d

e  f

ココナッツのジュレをつくる

1 トレイに直径4cmの樹脂製円形型をのせ、冷蔵庫に入れておく。
2 ココナッツのジュレをつくる（→P37 ジュレ）。
3 1をとり出して2を流し、急速冷凍庫で固める。
4 固まった3をとり出し[a]、蓋つきプラスチック容器に入れて冷凍庫に入れておく。

生地を準備する

5 樹脂製サヴァラン型にはポマード状のバター（分量外）を塗ってココナッツファインをまぶし、冷蔵庫に入れておく。材料順にフードプロセッサーで攪拌し、パータ・ケーク・ココをつくる（→P300 トロピック2）。
6 5のサヴァラン型を天板に置き、5の生地を口径1.3cmの丸口金で等分に絞る。164℃のオーヴンで合計約34分焼く。16分たったら天板の向きを入れかえてオーヴンにもどし、6分焼いたらとり出して手早く型からはずし、樹脂製マットに底だった側を上にして並べてオーヴンにもどす。さらに5分、4分おきにとり出して焼き色を確認しながら天板の向きをかえてはオーヴンにもどし、さらに3分焼く。
7 焼けたら生地を冷まし、ボウルに入れたマリブに浸して8gずつ生地にマリブを吸わせておく。
8 4のココナッツのジュレをとり出し、7の生地のくぼんだ部分にジュレを1個ずつのせてはトレイに並べ、冷蔵庫に入れておく[b]。時間がたつとジュレは生地になじむ[c]。

ガルニチュールをつくる

9 仕上げ直前に仕込む。パイナップルは斜めにV字形にぐるりと切込みを入れ、茶色の種のところを除いて600gを用意する。6mm幅にスライスしてから6mm角にカットする[d〜e]。
10 ボウルにレモン汁、キルシュを入れてサヤからとり出したヴァニラの種を加え、ほぐしてから9を入れる[f]。砂糖もふり入れてスプーンでつぶさないようによく混ぜ、ラップ紙をかけて30分〜1時間冷蔵庫に入れてマリネしておく。味を見て、レモン汁、キルシュ、砂糖の量は多少調整する。≡1

≡1　酒と砂糖、レモン汁でさっとマリネすることで、パイナップルらしい味が浮き立ち、素材感が増す。

仕上げる

11 10のガルニチュールはざるにあけて汁気を切り、汁はとっておく[g]。

12 8の生地に直径5cmのセルクルをのせ、11のガルニチュールを少しずつ詰めてはスプーンの背で押さえて固める[h]。セルクルをそっとはずす。

13 グラッサージュの材料を手鍋に合わせて火にかけて沸騰させ、12のガルニチュールにハケで塗る。冷蔵庫に入れて少し休ませる。

14 乳脂肪分42％の生クリームでつくったクレームフェテに8％の砂糖を加えて泡立て、クレーム・シャンティイをつくる。13をとり出し、湯で温めたテーブルスプーンでクレーム・シャンティイをすくって転がし、クネル（紡錘形）に整えてから上にのせる（→P154 カプチーノ7）。ライムピールのシロップ煮を1本のせる。

15 フランボワーズは中心にグロゼイユのジャムをコルネで少し絞り、14にのせる。

| COLUMN 7 | マカロンはプティ・ガトーがおいしい |

　僕の店では素材感を大切にしてお菓子をつくっています。お菓子にナイフを入れるとそのお菓子の素材の香りがして、口に入れた時、瞬時にして香りが鼻腔を抜けて風味が口いっぱいに広がるようにと考えて、お菓子をつくっています。
　一般に販売されているマカロンはプティフール、ミニャルディーズといった小菓子ですが、僕がつくるお菓子は素材感を大切にしていて、小さなサイズでは味の表現がたいへんむずかしい。それで僕はマカロンを直径6cmほどにし、プティ・ガトーとしてつくっています。生地の固さもバタークリームも通常のものより柔らかく仕立てて、また真ん中にはジュレやキャラメルソースを入れ、小さなマカロンよりもクリームや生地とのバランスがよくなるようにしています。メレンゲに砂糖をたくさん使うマカロン生地も、このバランスのよさでおいしく感じるのです。

| COLUMN 8 | ジュレのこと |

　マカロンにもジュレを入れていますが、最初にジュレをケーキに入れたのは、パラディというお菓子だったと記憶しています。白ワインのムースで、中にグロゼイユのジュレとグロゼイユのムースを仕込んだものです。いまでも季節がくるとお店に出しています。
　白ワインのムースはそれだけでは味が浮き立ちません。そこで酸味のあるグロゼイユのムースを入れましたが、いまひとつ味がはっきりしませんでした。デザートにかけるソースのような感覚でジュレを入れることを思いつきました。デザートはア・ラ・ミニュットで(注文を受けてから)つくるものですが、皿の上のすべてが味に影響します。デザートのソース感覚でピュレを少しのゼラチンで固めてムースの間に入れました。1990年代前半のことです。誰かがやっていたことではありませんでした。
　もちろんグロゼイユ自体の酸味の影響もありますが、ジュレにして入れることで「清涼感」が加わるのです。味に切れが出て白ワインを感じるようになりました。
　当時、もうひとつペッシュ・ミニヨンというモモのムースにもジュレを入れ、切れが出てモモの味が浮き立つようになりました。
　それ以来、清涼感がほしいもの、みずみずしい味わいがほしい時にケーキに入れるようになりました。軽くしたいバタークリームを使ったケーキ(→P118)にもジュレをはさむようになり、マカロンにも自然と使うようになっています。

マカロン

グリオット・オランジュ
Macaron griotte et orange

Orange butter cream
Macaron shell
Morello cherry and orange jelly

分量　直径5.5cm 20個分
＊14cm角のカードル2台を用意する。

パータ・マカロン
- ・メレンゲ
  - 卵白——170g
    ＊割卵して2〜3日たったものを使用。
  - 微粒グラニュー糖——155g
- 黄の色素——5滴
- 赤の色素——13滴
- アーモンドプードル——210g
- 粉糖——255g
- 粉糖（樹脂製マット用）——適量

グリオットとオレンジのジュレ
14cm角カードル2台(50個)分
- 板ゼラチン——6g
- キルシュ——10g
- グリオットのピュレ（冷凍のまま1cm角切り）
  ——176g
- オレンジのコンサントレ——20g
- レモン汁——30g
- 微粒グラニュー糖——20g
- オレンジの皮のコンフィのみじん切り（→P34）
  ——10g

オレンジ風味のバタークリーム
- ・アングレーズソース
  - 牛乳——35g
  - ヴァニラスティック——1/10本
  - グラニュー糖——35g
  - 卵黄——35g
- バター（常温にもどす）——110g
- オレンジのコンサントレ——60g
- マンダリン・ナポレオン——10g
- ・イタリアンメレンゲ　以下から35g使用
  - 卵白——60g
  - グラニュー糖——105g
  - 水——25g

Morello cherries and orange macarons

Makes twenty 5.5-cm diameter macarons
*two 14-cm square cake rings

Macaron shells
- · Meringue
  - 170g egg whites
  - 155g caster sugar
- 5 drops of yellow food coloring
- 13 drops of red food coloring
- 210g almond flour
- 255g confectioners' sugar
- confectioners' sugar, for dusting silicon backing sheet

Morello cherry and orange jelly, for two 14-cm square cake rings
- 6g gelatin sheets, soaked in ice-water
- 10g kirsch
- 176g frozen morello cherry purée, cut into 1-cm cubes
- 20g orange concentrated preparation
- 30g fresh lemon juice
- 20g caster sugar
- 10g candied orange peel, chopped finely, see page 34

Orange butter cream
- · Anglaise sauce
  - 35g whole milk
  - 1/10 vanilla bean
  - 35g granulated sugar
  - 35g egg yolks
- 110g unsalted butter, at room temperature
- 60g orange concentrated preparation
- 10g Mandarine Napoléon (orange liqueur)
- · Italian meringue (use 35g)
  - 60g egg whites
  - 105g granulated sugar
  - 25g water

オレンジの香りにグリオットの酸味がさわやか。冷やして食べたい1品

グリオットとオレンジのジュレをつくる

1 オレンジの皮のコンフィのみじん切りは分量をとり出して冷蔵庫に移して解凍しておく。
2 OPPシートを密着させたトレイに14cm角のカードルを置き、冷蔵庫に入れておく（→P43 型用トレイの準備）。
3 グリオットのピュレを解凍してオレンジのコンサントレと合わせたものでジュレをつくり（→P37）、1を加え混ぜる。2のカードルに流して均し、急速冷凍庫で固める。
4 固まった3を2.7cm角にカットし、50個とる。蓋つきプラスチック容器に入れて冷凍庫に入れておく。そのつど使用分をとり出して使う。

パータ・マカロンをつくる

5 基本通りに生地をつくって5.5cmに40枚絞って表面を乾かし、123℃のオーヴンで19分焼く（→P20 パータ・マカロン）。焼けたら少しおいて樹脂製マットから生地をはずす。

オレンジ風味のバタークリームをつくる

6 5の生地は大きさを確認して2枚ずつ合わせ、ロール紙を敷いたトレイに並べておく[a]。色がきれいな方を上にする。
7 アングレーズソースを炊いて漉し（→P26）、氷水にあてて35〜36℃に冷やし、ぎりぎりまで泡立てたバターに加えて中高速で混ぜる（→P27 バタークリーム 2〜4）。
8 オレンジのコンサントレとマンダリン・ナポレオンを合わせて20℃に調整し、2回に分けて7に加えながら攪拌する[b〜c]。ボウルに移す。
9 タイミングを合わせてイタリアンメレンゲをつくって冷まし、8に加えて切るように混ぜる（同5〜7）[d〜f]。
10 6の下の生地に9を口径5mmの丸口金で縁を少しあけて渦巻き状に絞り、周囲にもう1周重ねて絞る[g]。
11 上の生地にはひとまわり小さく渦巻き状に絞る[h]。
12 10の下の生地中央に4のジュレを置く[i]。上の生地をのせてはさんで押さえ[j]、トレイにもどし並べる。

＊大量につくる場合は冷凍保管し、冷蔵庫で解凍する。

アイリッシュ・スピリット
Irish Spirit

アイルランドの草原に吹く風をイメージした
イチゴの甘酸っぱさにミントがさわやかな息吹を吹き込む

アイリッシュ・スピリット
Irish Spirit

分量　直径5.5cm 20個分
*14cm角のカードル2台を用意する。

ミント入りパータ・マカロン（→P22）
　　──直径5.5cm 20個(40枚)分

イチゴとミントのジュレ
14cm角カードル2台(50個)分
- 板ゼラチン──10g
- キルシュ──10g
- イチゴのピュレ
  （センガセンガナ、無糖。冷凍のまま1cm角切り）
  ──240g
- ミントの葉──2g
- レモン汁──35g
- 微粒グラニュー糖──35g

ミント風味のバタークリーム
- ・アングレーズソース
  - 牛乳──40g
  - ミントの葉──3g
  - 微粒グラニュー糖──30g
  - 卵黄──35g
- ジェット27（ミントリキュール）──35g
- バター（常温にもどす）──145g
- ・イタリアンメレンゲ　以下から45g使用
  - 卵白──60g
  - グラニュー糖──105g
  - 水──25g

Irish Spirit

Makes twenty 5.5-cm diameter macarons
*two 14-cm square cake rings

Forty 5.5-cm diameter mint macaron shells, see page22

Strawberry and mint jelly, for two 14-cm square cake rings
- 10g gelatin sheets, soaked in ice-water
- 10g kirsch
- 240g frozen strawberry 100%"Senga Sengana" purée, cut into 1-cm cubes
- 2g mint leaves
- 35g fresh lemon juice
- 35g caster sugar

Mint butter cream
- ・Anglaise sauce
  - 40g whole milk
  - 3g mint leaves
  - 30g caster sugar
  - 35g egg yolks
- 35g Get27 (mint liqueur)
- 145g unsalted butter, at room temperature
- ・Italian meringue (use 45g)
  - 60g egg whites
  - 105g granulated sugar
  - 25g water

a

b

c

d

e

f

イチゴとミントのジュレをつくる

1 ミセス・チヒロ1〜3（→P132）を参照し、ニホンハッカをミントにかえてジュレをつくり、14cm角のカードル2台に流して急速冷凍庫で固める。

2 1をとり出して型からはずし、2.7cm角にカットして50個とる。蓋つきプラスチック容器に入れて冷凍庫に入れておく。うち使用分の20個を使う。

ミント入りパータ・マカロンをつくる

3 基本どおりに生地をつくって40枚絞って焼く（→P22）。焼けたら少し冷まして樹脂製マットから生地をはずす。

ミント風味のバタークリームをつくる

4 3の生地は大きさを確認して2枚ずつ合わせ、ロール紙を敷いたトレイに並べておく[a]。色がきれいな方を上にする。

5 ミセス・チヒロ7〜9（→P132）を参照し、ニホンハッカをミントにかえてミント風味のアングレーズソースを炊いて泡立てたバターと合わせる。バタークリーム5〜7（→P27）を参照してイタリアンメレンゲを加え混ぜてバタークリームをつくる[b]。

6 4の下の生地に5を口径5mmの丸口金で縁を少しあけて渦巻き状に絞り、周囲にもう1周重ねて絞る[c]。

7 2のジュレをクリームの中央に置き、その上にさらに渦巻き状に絞ってジュレを覆う[d〜e]。上の生地をのせ、はさんで押さえてトレイに並べる[f]。≡1

≡1 ジュレの高さがある場合、また中に入れるガルニチュールが多い場合は、上の生地にクリームを絞っただけでは中身が出てしまうことがあるので、ジュレやガルニチュールを覆うようにクリームを絞っている。

キャフェ・キャラメル
Macaron café et caramel

Coffee macaron shell
Coffee butter cream
Caramel sauce

分量　直径 5.5cm 20 個分

パータ・マカロン・カフェ（→P21）
　——直径 5.5cm 20 個（40 枚）分

ソース・キャラメル
- 水飴——25g
- グラニュー糖——80g
- 生クリーム（乳脂肪分 38%）——80g
- コニャック——10g

コーヒー風味のバタークリーム
- ・アングレーズソース
  - 牛乳——45g
  - ヴァニラスティック——1/10 本
  - 微粒グラニュー糖——40g
  - 卵黄——40g
- コーヒーエキス——20g
- バター（常温にもどす）——155g
- ・イタリアンメレンゲ　以下から 50g 使用
  - 卵白——60g
  - グラニュー糖——105g
  - 水——25g

Coffee and caramel macarons

Makes twenty 5.5-cm diameter macarons

Forty 5.5-cm diameter coffee macaron shells, see page21

Caramel sauce
- 25g starch syrup
- 80g granulated sugar
- 80g fresh heavy cream, 38% butterfat
- 10g cognac

Coffee butter cream
- · Anglaise sauce
  - 45g whole milk
  - 1/10 vanilla bean
  - 40g caster sugar
  - 40g egg yolks
- 20g coffee extract
- 155g unsalted butter, at room temperature
- · Italian meringue (use 50g)
  - 60g egg whites
  - 105g granulated sugar
  - 25g water

クリームの中から溶けでるビターなキャラメルソースはコニャックが香る
甘くてほろ苦いコーヒー風味の生地とクリームが大人のバランス

ソース・キャラメルをつくる

1 手鍋に水飴と砂糖を入れて中火にかけ、砂糖が溶けて少し色がついてきたら木ベラで混ぜながらキャラメリゼする。[1]
2 色が焦げ茶色になったら生クリームを2〜3回に分けて加えては混ぜる。最後にひと煮立ちさせたら火をとめ、ボウルに移して冷ます。
3 冷めたらコニャックを加え混ぜ、口径5mmの丸口金をつけた絞り袋に入れて冷蔵庫に入れておく。

パータ・マカロン・カフェをつくる

4 基本どおりに生地をつくって40枚絞って焼き（→P21）、焼けたら少しおいて樹脂製マットから生地をはずす。

コーヒー風味のバタークリームをつくる

5 4の生地は大きさを確認して2枚ずつ合わせ [a]、ロール紙を敷いたトレイに並べておく。色がきれいな方を上にする。
6 アングレーズソースを炊いて（→P26）、氷水にあてて35〜36℃に冷やし、ぎりぎりまで泡立てたバターに加えて中高速で混ぜる（→P27 バタークリーム2〜4）[b]。
7 均一に混ざればコーヒーエキスを加え混ぜる [c]。
8 タイミングを合わせてイタリアンメレンゲをつくって冷まし、7に加えて切るように混ぜる（同5〜7）[d〜e]。
9 5の下の生地に8を口径5mmの丸口金で縁を少しあけて渦巻き状に絞り、周囲にもう1周重ねて絞る。とくに流動状のソース・キャラメルを中に入れるので、すき間ができないようにきっちり壁をつくる意識で絞る。
10 3のソース・キャラメルをクリーム中央に絞る [f]。
11 上の生地にはバタークリームを少し小さめの渦巻き状に絞る [g]。10にのせてはさんで押さえ、トレイに並べる [h]。

[1] キャラメルの焦がし具合で味が変わる。

ポワール・マロン
Macaron poire et marron

ヘーゼルナッツ入り生地にラム酒をまとったマロンクリームと粒つぶのクリ、
洋ナシのジュレをはさみ、秋の味覚を表現したクリーミーなマカロン

ポワール・マロン
Macaron poire et marron

- Hazelnut macaron shell
- Chestnut cream
- Pear jelly
- Broken marron gracés with rum

分量　直径5.5cm 20個分
＊14cm角のカードル2台を用意する。

パータ・マカロン・ノワゼット
- ・メレンゲ
  - 卵白──170g
    ＊割卵して2〜3日たったものを使用。
  - 微粒グラニュー糖──155g
- アーモンドプードル──140g
- ヘーゼルナッツ（皮つき）──挽いて70g
- 粉糖──255g
- 粉糖（樹脂製マット用）──適量

洋ナシのジュレ　14cm角カードル2台(50個)分
- 板ゼラチン──6g
- 洋ナシのオー・ド・ヴィ──20g
- 洋ナシのピュレ（冷凍のまま1cm角切り）──210g
- レモン汁──10g
- 微粒グラニュー糖──20g

マロンクリーム
- パート・ド・マロン──130g
- バター（常温にもどす）──145g
- 粉糖──35g
- ラム酒──45g

ガルニチュール
- マロン・デブリ（5mm角にカット）──100g
- ラム酒──約20g

Pear and chestnut macarons

Makes twenty 5.5-cm diameter macarons
*two 14-cm square cake rings

Hazelnut macaron shells
- ・Meringue
  - 170g egg whites
  - 155g caster sugar
- 140g almond flour
- 70g fresh coarsely ground shelled hazelnut
  *grind hazelnuts in food grinder, just befor using
- 255g confectioners' sugar
- confectioners' sugar, for dusting silicon baking sheet

Pear jelly, for two 14-cm square cake rings
- 6g gelatin sheets, soaked in ice-water
- 20g pear eau-de-vie (pear brandy)
- 210g frozen pear purée, cut into 1-cm cubes
- 10g fresh lemon juice
- 20g caster sugar

Chestnut cream
- 130g chestnut paste
- 145g unsalted butter, at room temperature
- 35g confectioners' sugar
- 45g rum

For the garnish
- 100g broken marron glaćes, cut into 5mm-cubes
- about 20g rum

洋ナシのジュレをつくる

1 OPPシートを密着させたトレイに14cm角のカードル2台を置き、冷蔵庫に入れておく（→P43型用トレイの準備）。
2 洋ナシのピュレはレモン汁をからめて解凍し、ジュレをつくる（→P37）。1のカードルに流して均し、急速冷凍庫で固める。
3 固まったら型からはずして2.7cm角にカットし、50個とる。蓋つきプラスチック容器に入れて冷凍庫に入れておく。うち使用分の20個をとり出して使う。

パータ・マカロン・ノワゼットをつくる

4 ヘーゼルナッツは直前にミルでアーモンドプードルくらいの粗さに挽いて70gをとり[a]、アーモンドプードル、粉糖と合わせておく。
5 4を使って基本どおりに生地をつくって40枚絞って表面を乾かし（→P20・1~7）、123℃のオーヴンで18分焼く[b~c]。焼けたら少し冷まして樹脂製マットから生地をはずす。

マロンクリームをつくる

6 5の生地は大きさを確認して2枚ずつ合わせ、ロール紙を敷いたトレイに並べておく。色がきれいな方を上にする。
7 パート・ド・マロンは低速のミキサーにかけてクリーム状にする[d]。
8 バターは写真くらいに柔らかめにもどしておき[e]、7に加えてさらに攪拌する[f]。時々ミキサーをとめてボウルについたクリームをはらいながら攪拌する。固い場合にはバーナーでミキサーボウルを少し温めるとよい。
9 均一に混ざれば粉糖を加えてさらにミキサーにかける[g]。ホイッパーの跡が筋状に残るようになればラム酒を加え、攪拌する[h~i]。
10 6の下の生地に9を口径5mmの丸口金で縁を少しあけて渦巻き状に絞り、周囲にもう1周重ねて絞る。
11 ガルニチュールのマロン・デブリはラム酒を加えて混ぜてほぐし、スプーンで1杯ずつ10の中央にのせていく[j~k]。
12 その上に3の洋ナシのジュレをのせ、残りのクリームをさらに絞ってジュレを覆う[l]。下の生地をのせ、はさんで押さえてトレイに並べる。

クール・ド・マカロン・ショコラ
Cœur de macaron chocolat

分量　縦(型の中心) 11cm×横12cm、
高さ4cmのハート形セルクル3台分

パータ・マカロン・ショコラ
- ・メレンゲ
  - 卵白 —— 165g
    *割卵して2～3日たったものを使用。
  - 微粒グラニュー糖 —— 180g
  - アーモンドプードル —— 195g
  - カカオプードル —— 20g
  - 粉糖 —— 150g
- 粉糖(樹脂製マット用) —— 適量

ガナッシュ
- ブラックチョコレート(カカオ分56%) —— 155g
  *フードプロセッサーで細かく刻んでおく。
- 転化糖 —— 15g
  *チョコレートの上にのせて計量。
  - 生クリーム(乳脂肪分38%) —— 20g
  - 牛乳 —— 100g
- バター(5mm角切り。常温にもどす) —— 40g

Chocolate heart macarons

Makes three heart-shaped macarons
*11-cm×12-cm×4-cm height heart-shaped cake ring

Chocolate macaron shells
- ・Meringue
  - 165g egg whites
  - 180g caster sugar
  - 195g almond flour
  - 20g cocoa powder
  - 150g confectioners' sugar
- confectioners' sugar for dusting silicon baking sheet

Chocolate cream filling
- 155g dark chocolate, 56% cacao
  *chop finely with food processor
- 15g invert sugar
  - 20g fresh heavy cream, 38% butterfat
  - 100g whole milk
- 40g unsalted butter, cut into 5-mm cubes, at room temperature

大きく焼いた生地は中がしっとり。軽やかで水分の多いガナッシュをサンドすることで生地とガナッシュが一体化。なめらかな味わいが際立つ

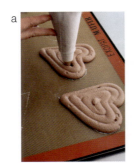 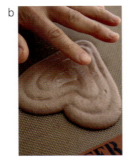

パータ・マカロン・ショコラをつくる

1 メレンゲをしっかり泡立てて大きなボウルに移し、粉類をふり入れながらゴムベラの面を使ってつやが出るまでよく混ぜる(→P20 パータ・マカロン1〜5)。

2 ハート形セルクルに粉糖をつけて樹脂製マットに印をつけ、口径1.3cmの丸口金で外側から中心に向けて6枚絞る[a]。

3 2は向きをかえて8〜10分ずつ風をあて、さわっても指につかなくなるまで表面を乾かす(同7)[b]。160℃のオーヴンで約12分焼く[c]。冷ましておく。

4 少し冷ましてマットからはずし、別の樹脂製マット上に並べておく。

ガナッシュをつくる

5 4の生地は大きさ、形を確認して2枚ずつ合わせ、色がきれいな方を上にする。

6 生クリームと牛乳を手鍋に入れて67〜68℃に温め、ボウルに入れたチョコレートと転化糖に注いでペースト状にし、バターを加えてガナッシュをつくって32℃くらいに調整する(→P29・2〜6)[d〜f]。

7 5の下の生地に6を口径8.5mmの丸口金で1台につき85〜90gを外側から中心に向かって絞る[g]。上の生地をかぶせて軽く抑える[h]。

キャシス・ヴィオレット
Macaron cassis et violette

南仏を思わせるスミレの花の香りただようマカロン
カシスの酸味とココナッツ風味の甘い生地、スミレの花の香りがいいバランス

キャシス・ヴィオレット
Macaron cassis et violette

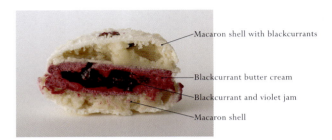
- Macaron shell with blackcurrants
- Blackcurrant butter cream
- Blackcurrant and violet jam
- Macaron shell

分量　直径5.5cm 20個分

パータ・マカロン
- ・メレンゲ
  - 卵白——170g
  - ＊割卵して2～3日たったものを使用。
  - 微粒グラニュー糖——195g
- アーモンドプードル——210g
- 粉糖——215g
- ココナッツ・ファイン——適量
- 冷凍カシスのシロップ煮
  - ——下記から40粒(2粒／1個)
- 粉糖(樹脂製マット用)——適量

冷凍カシスのシロップ煮(→P36)——基本分量

カシス風味のバタークリーム
- ・アングレーズソース
  - 牛乳——35g
  - ヴァニラスティック——1/10本
  - 微粒グラニュー糖——30g
  - 卵黄——30g
- バター(常温にもどす)——110g
- カシスのピュレ(1cm角切りにして解凍)——75g
- ・イタリアンメレンゲ　以下から40g使用
  - 卵白——60g
  - グラニュー糖——105g
  - 水——25g

カシス・ヴィオレットのジャム
- カシスのジャム(→P37 ジャム)——130g
- スミレの花の蒸留水——0.5g

Blackcurrant and violet macarons

Makes twenty 5.5-cm diameter macarons

Macaron shells
- ・Meringue
  - 170g egg whites
  - 195g caster sugar
- 210g almond flour
- 215g confectioners' sugar
- coconut fine shred
- 2 frozen blackcurrants compote for 1 cake, see below
- confectioners' sugar, for dusting silicon baking sheet

1 recipe frozen blackcurrant compote, see page 36

Blackcurrant butter cream
- ・Anglaise sauce
  - 35g whole milk
  - 1/10 vanilla bean
  - 30g caster sugar
  - 30g egg yolks
- 110g unsalted butter, at room temperature
- 75g frozen blackcurrant purée, cut into 1-cm cubes, and defrost
- ・Italian meringue (use 40g)
  - 60g egg whites
  - 105g granulated sugar
  - 25g water

Blackcurrant and violet jam
- 130g blackcurrant jam, see page 37
- 0.5g violet water (aromatic natural water)

a  b

冷凍カシスのシロップ煮を準備する
1 冷凍カシスのシロップ煮は、生地とガルニチュール用の使用分を冷蔵庫から出して汁気を切ってキッチンペーパーの上に並べておく。

パータ・マカロンをつくる
2 基本通りに生地をつくって5.5cmに40枚絞る（→P20 パータ・マカロン1~6）[a~b]。
3 半量の生地に1のカシスをピンセットで2個ずつのせて軽く押さえる[c]。カシスは端にのせると焼き上がりが変形してしまうことがあるので、中央にのせる。
4 ココナッツ・ファインをふってから[d]向きをかえて8分ずつ風にあてて表面を乾かし（同7）、126℃のオーヴンで18分弱焼く[e]。焼けたら少しおいて樹脂製マットから生地をはずす。

c  d

e  f

カシス風味のバタークリームをつくる
5 4の生地は大きさを確認して2枚ずつ合わせ、カシスをのせた方を上にしてロール紙を敷いたトレイに並べておく。
6 アングレーズソースを炊いて（→P26）、氷水にあてて35~36℃に冷やし、ぎりぎりまで泡立てたバターに加えて[f]中高速で混ぜる（→P27 バタークリーム2~4）。
7 解凍したカシスのピュレを22℃に調整し、2回くらいに分けて6に加えながら攪拌する[g]。ボウルに移す。
8 タイミングを合わせてイタリアンメレンゲをつくって冷まし、7に加えて切るように混ぜる（同5~7）[h]。
9 5の下の生地に8を口径4mmの丸口金で縁を少しあけて渦巻き状に絞り、周囲にもう1周重ねて絞る[i]。上の生地にはひとまわり小さく渦巻き状に絞る。
10 カシスのジャムにスミレの花の蒸留水を加え混ぜ、口径5mmの丸口金で9のクリームの中に5~6gずつ渦巻き状に絞る。1の汁気を切ったカシスのシロップ煮を3個ずつピンセットでジャムの上に置いて押さえる[j]。
11 上の生地を10にのせてはさんで押さえ、トレイに並べる。

g 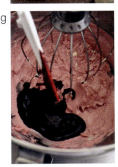 h

i  j

| COLUMN 9 | 修業先のスペシャリテと自分のお菓子——イチから自分でつくったお菓子なんてない |

　僕がフランスで修業した1970年末〜1980年初頭はいまのように情報があまりなく、また人の真似をすることはよくないと思っていたのか、どのパティスリーも品ぞろえに特徴があり、スペシャリテを持っていました。「ペルチエ」ではプランセス、アンフェール・デザンジュ、アンブル・ノワ、「ジャン・ミエ」ではサンマルク、プレジデント、「モデユイ」ではタンブランなど。人の真似ではなくオリジナルをつくるのはむずかしいことだと思いますが、個性あるお菓子屋さんがたくさんありました。

　「ジャン・ミエ」のお菓子はすべて味が素晴らしく、一方、「ペルチエ」はデザインがとても素晴らしいと感じました。どのお店もしっかりした個性を持っていました。

　ガストン・ルノートルという人がいます。僕がフランスに行くずっと前のことです。彼は初めてお菓子の配合を数値化し、学校もつくった人で、多くのシェフたちに影響を与えました。ルノートルに師事したシェフたちは、新しいおいしいお菓子をたくさん生み出していきました。

　ルノートルにシユウスというレアチーズケーキがありますが、「モデユイ」ではフォンテンブロー、「ペルチエ」ではエベレストといっていて、ルノートルの学校のレシピをもとにつくっていました。ルノートルのレシピはいろいろなお菓子屋さんで使われていました。しかし、それぞれが自分の店用にアレンジしていました。パーツの組合せなどをかえてそれぞれ違う「自分のお菓子」をつくっていたのです。

　イチから自分でつくったお菓子などないように思います。それでもそこから自分らしいものを生み出していくことこそ素晴らしいと思います。

　修業時代の初期の頃、僕は日本で習い覚えたやり方、自分の考え方で仕事をしていました。そんな中、ある店のシェフに自己流のやり方をするなと注意を受けました。それ以降は自分が働く店のつくり方、お菓子に対する考え方を素直に学ぶことに努めるようになりました。なぜこのお菓子にはこの作業が必要なのかを考えるようになりました。すべての作業には意味があり、それを素直に学ぶことにしたのです。大事なのは配合ではなく、何をつくりたいのか、なぜそうつくるかということだと考えるようになったのも、このことがきっかけです。

　そして帰国後、日本の材料で修業先のお菓子を再現していく中、徐々に自分の味を追求していくようになり、受け継いできたお菓子もいつしか変化していきます。

　アンブル・ノワ（→P201）は、「ペルチエ」では底生地は表面がカリッとして中はしっとりしたフォン・ダマンドという生地を使っていました。メレンゲにタンプータンを加えてつくるものですが、僕は重く感じてクルミ入りのビスキュイ・ノワにかえました。また「ペルチエ」では生地にアンビバージュを塗っていませんでしたが、僕は2つの生地にコニャックのきいたアンビバージュを塗るようになりました。かえたことで全体に味の切れが出たと思います。

　「モデユイ」のスペシャリテであるタンブラン。そのクリームは炊き上がりの温かいクレーム・パティシエールに固いバターを加えていったん冷却したのち、室温にもどしたバターを加えてミキサーで泡立てたクレーム・ムースリーヌでした。表面にイタリアンメレンゲを塗って焦げ目をつけていました。僕はクリームをアングレーズソースベースのバタークリームにしてクレーム・パティシエールと合わせて口溶けをよく軽やかにし、中に入れたフルーツの風味がより味わえるようにしました。さらにジェノワーズだった生地をビスキュイにかえ、アンビバージュは甘めなコワントローからキルシュにかえて味を引き締めました。これによってフルーツの素材感がより感じられるようになったと考えています。

　修業時代のスペシャリテが自分のお菓子づくりの礎になったと思います。

修業先のスペシャリテほか

グリゾール
Grisolle

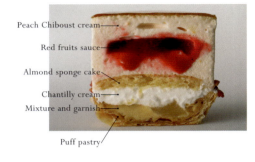

Peach Chiboust cream
Red fruits sauce
Almond sponge cake
Chantilly cream
Mixture and garnish
Puff pastry

分量　直径5.5cm×高さ4cmのセルクル30個分
＊直径4cm×深さ2cm樹脂製円形型、
　直径4.7cmの抜き型、
　口径6cm×深さ1.5cmミラソン型60個を用意する。

ビスキュイ・ダマンド（→P12）
　── 60×40cm天板1/2枚分
パート・フイユテ（→P16）
　── 敷き込みずみ30個（約550g）
塗り卵（全卵）── 適量

アパレイユ
- 全卵── 270g
- 卵黄── 60g
- 微粒グラニュー糖── 45g
- 生クーム（乳脂肪分38%）── 120g
- 牛乳── 75g
- モモのリキュール── 15g
- モモのピュレ（1cm角切りにして解凍）── 45g

ガルニチュール
- モモの缶詰（半割）── 5切れ

アンビバージュ　以下を合わせる
- ボーメ30°のシロップ── 40g
- モモのリキュール── 30g
- 水── 20g

フリュイ・ルージュのソース
- フランボワーズのピュレ（冷凍のまま1cm角切り）
　── 105g
- グロゼイユのピュレ（冷凍のまま1cm角切り）── 105g
- レモン汁── 10g
- グラニュー糖── 30g
- フランボワーズのオー・ド・ヴィ── 10g
- 冷凍グロゼイユ（ホール）── 2～3粒/1個

モモのシブーストクリーム
- モモのピュレ（冷凍のまま1cm角切り）── 300g
- 卵黄── 85g
- グラニュー糖── 65g
- 薄力粉── 40g
- 板ゼラチン── 10g
- モモのリキュール── 60g
- ・イタリアンメレンゲ
  - 卵白── 170g
  - グラニュー糖── 250g
  - 水── 60g

飾り
- クレーム・シャンティイ── 約5g/1個
- ・キャラメリゼ用
  - グラニュー糖、粉糖── 各適量
- クラクラン・フランボワーズ（→P30）── 適量

Peach Chiboust

Makes thirty round cakes
*5.5-cm diameter×4-cm height round cake ring,
4-cm diameter×2-cm depth tartlet
silicon mold tray,
4.7-cm diameter round pastry cutter,
6-cm diameter×1.5-cm depth millasson mold

1/2 sheet almond sponge cake
for 60×40-cm baking sheet pan, see page 12
about 550g puff pastry dough,
see page 16, for thirty millasson molds
whole egg for brushing

For the mixture
- 270g whole eggs
- 60g egg yolkes
- 45g caster sugar
- 120g fresh heavy cream, 38% butterfat
- 75g whole milk
- 15g peach liqueur
- 45g frozen peach purée,
  cut into 1-cm cubes, and defrost

For the garnish
5 canned peaches halves in syrup

For the syrup
- 40g baume-30° syrup
- 30g peach liqueur
- 20g water

Red fruits sauce
- 105g frozen unsweetened raspberry purée,
  cut into 1-cm cubes
- 105g frozen redcurrant purée,
  cut into 1-cm cubes
- 10g fresh lemon juice
- 30g granulated sugar
- 10g raspberry eau-de-vie (raspberry brandy)
- 2 to 3 frozen redcurrants for 1 cake

Peach Chiboust cream
- 300g frozen peach purée,
  cut into 1-cm cubes
- 85g egg yolks
- 65g granulated sugar
- 40g all-purpose flour
- 10g gelatin sheets, soaked in ice-water
- 60g peach liqueur
- · Italian meringue
  - 170g egg whites
  - 250g granulated sugar
  - 60g water

For décor
- 5g Chantilly cream, 42% butterfat, for 1 cake,
  see page 62
- · For caramelizing
  - granulated sugar, confectioners' sugar
- Raspberry praline bits, see page 30

モモの果汁でつくったシブースト
ジューシーで甘酸っぱい赤いベリーのソースがモモの香りを引き立てている

フリュイ・ルージュのソースをつくる

1 トレイに直径4cm×深さ2cmの樹脂製円形型をのせ、冷蔵庫に入れておく。
2 解凍した2種類のピュレにレモン汁、砂糖、フランボワーズのオー・ド・ヴィを合わせ、デポジッターで1の型に等分に流し、冷凍のグロゼイユを2〜3粒ずつ入れる。ショックフリーザーで固める。
3 固まったら型からはずし、トレイに並べて冷凍庫で保存する[a]。

ビスキュイを準備する

4 ビスキュイ・ダマンドは直径4.7cmの抜き型で30枚抜いてトレイに並べておく。

モモのシブーストクリームをつくる

5 直径5.5cmのセルクルはOPPシートを密着させたトレイに並べ、室温におく(→P43 型用トレイの準備)。
6 牛乳の代わりにモモのピュレでクレーム・パティシエールをつくる(詳細は→P25)。手鍋にピュレを入れてIH調理器にかけ、ゴムベラで混ぜながら溶かして温める。[b]
7 ボウルに卵黄を入れて溶き、砂糖を加えてよくすり混ぜ、さらに薄力粉を加えてさっくりと混ぜる。6の温めたピュレを少量加え混ぜてから[c]漉す。
8 6が沸いてきたら混ぜながら7を加え、しっかり炊き上がるまで混ぜながら加熱して火からはずす[d]。
9 ゼラチンを加え混ぜ[e]、完全に溶ければモモのリキュールを加え混ぜる[f]。
10 9のタイミングに合わせて同時進行でイタリアンメレンゲを泡立て(→P44 ピュレのムース4)、40℃くらいの温かいうちにミキサーをとめる。≡1
11 イタリアンメレンゲ少量を温かいうちに9に加え、泡立て器でよく混ぜる[g]。残りのメレンゲを加えたらゴムベラに持ちかえて切るように混ぜる。最後に底と側面をはらう[h]。イタリアンメレンゲはキメを整えてから加えるようにする。
12 5のセルクルに11のシブーストクリームを口径1.9cmの丸口金で型の8分めまで絞り、スプーンの背で軽く叩いてすき間を除く。3のソースをのせて押し込む[i]。
13 さらにシブーストクリームを絞ってスプーンの背で均す。4のビスキュイをアンビバージュに浸し、焼き目側を下にしてまわしながらのせ、押さえる[j]。

≡1 シブーストは、クレーム・パティシエールとイタリアンメレンゲを同時進行でつくって温かいうちに合わせ、素早く型に絞ること、またすべての作業をスピーディに行うことが大切。

14 OPPシートとトレイをのせて押さえ（→P43 凍らせる前に）、急速冷凍庫で固める。固まったらトレイではさんでひっくり返し、OPPシートをはずす。バーナーで温めて型からはずし、トレイに並べて冷凍庫に入れておく。

パート・フイユテを準備する

15 パート・フイユテを口径6cmのミラソン型に敷き込んだもの（→P19 底がある小さな型）を冷凍庫から30個とり出し、天板に並べる。

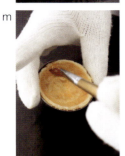 

16 別のミラソン型にタルトストーンを入れて15にのせ [k] 168℃のオーヴンで合計約25分焼く。8分、5分、3分ごとにとり出して焼き色を確認しては型の位置を置きかえてオーヴンにもどす。この段階で写真程度の焼き色になれば [l] 型ごとタルトストーンをはずし、塗り卵を筆で塗ってオーヴンにもどす [m]。さらに3分焼いて同様に位置を置きかえてオーヴンにもどし、最後に5分焼いて焼きムラがないように調整する。このくらいの焼き具合 [n] であればよい。

 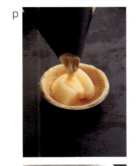

アパレイユをつくる

17 全卵と卵黄をボウルに入れて泡立て器でほぐし、砂糖を加えてすり混ぜる。

18 生クリームと牛乳を合わせて17に加え混ぜ、モモのリキュール、モモのピュレも加え混ぜて、漉す。

19 ガルニチュールのモモ（半割）を縦4等分にしてから3つに切る [o]。16の生地に2切れずつ入れ、18のアパレイユをデポジッターで流し入れる [p]。

20 19を160℃のオーヴンで約13分焼く。8分、3分ごとにとり出しては焼き色を確認し、型の位置を置きかえて焼きムラがないようにする。最後に2分焼く。竹串を端に入れて型からはずし裏も焼けているのを確認し [q]、焼き時間を調整する。このくらいの焼き色ならOK [r]。オーヴンシートを敷いたトレイに並べて冷ます。

21 クレーム・シャンティイを口径1.3cmの丸口金で薄く絞り、14のシブーストクリームをのせて接着する [s〜t]。10分ほど冷凍庫に入れる。

仕上げる

22 21にグラニュー糖で2回、粉糖で1回キャラメリゼする（→P196 オートンヌ25）。シブーストクリームの縁にクラクラン・フランボワーズを手でつける。

オートンヌ
Automne

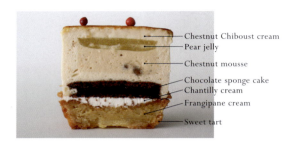

分量　直径5.5cm×高さ4cmのセルクル30個分
＊直径4cm×深さ2cm樹脂製円形型、
　直径4.7cmの抜き型、口径6cm×深さ1.5cm
　ミラソン型30個を用意する。

ビスキュイ・ショコラA（→P14）
　　　── 60×40cm天板1/2枚分
パート・シュクレ（→P15）
　　　── 敷き込みずみ30個（約550g）
クレーム・フランジパーヌ（→P26）── 520g

アンビバージュA（ビスキュイ用）以下を合わせる
[　ボーメ30°のシロップ ── 45g
[　コニャック ── 80g

アンビバージュB（フランジパーヌ用）以下を合わせる
[　ボーメ30°のシロップ ── 90g
[　コニャック ── 160g

ムース・マロン（センター）
[　・クリのアングレーズソース
　[　牛乳 ── 65g
　[　パート・ド・マロン ── 65g
　[　卵黄 ── 25g
　[　グラニュー糖 ── 5g
[　板ゼラチン ── 3g
[　コニャック ── 20g
[　・イタリアンメレンゲ ── 以下から40g
　[　卵白 ── 60g
　[　グラニュー糖 ── 105g
　[　水 ── 25g
[　クレームフェテ（→P43）── 75g
[　コニャック ── 10g
[　マロン・デブリ（5mm角にカット）── 45g

洋ナシのジュレ（センター）
[　板ゼラチン ── 4g
[　洋ナシのオー・ド・ヴィ ── 15g
[　洋ナシのピュレ（冷凍のまま1cm角切り）── 180g
[　レモン汁 ── 10g
[　微粒グラニュー糖 ── 15g

クリのシブーストクリーム
[　パート・ド・マロン ── 115g
[　牛乳 ── 155g
[　卵黄 ── 65g
[　グラニュー糖 ── 30g
[　薄力粉 ── 30g
[　板ゼラチン ── 10g
[　ラム酒A ── 50g
[　・イタリアンメレンゲ
　[　卵白 ── 155g
　[　グラニュー糖 ── 230g
　[　水 ── 60g
[　・ガルニチュール
　[　マロン・デブリ（5mm角にカット）
　　── 115g
　[　ラム酒B ── 25g

飾り
[　クレーム・シャンティイ ── 約5g／1個
[　・キャラメリゼ用
　[　グラニュー糖、粉糖 ── 各適量
[　クラクラン・ダマンド（→P30）── 適量
[　ピンクペッパー ── 4粒／1個

Autumn

Makes thirty round cakes
*5.5-cm diameter×4-cm height round cake ring,
4-cm diameter×2-cm depth tartlet
silicon mold tray,
6-cm diameter×1.5-cm depth millasson mold,
4.7-cm diameter round pastry cutter

1/2 sheet chocolate sponge cake A for
60×40-cm baking sheet pan, see page 14
about 550g sweet tart dough, see page 15,
for thirty millasson molds
520g frangipane cream, see page 26

For the syrupA, for chocolate sponge cake
[45g baume-30° syrup
[80g cognac

For the syrupB, for frangipane cream
[90g baume-30° syrup
[160g cognac

Chestnut mousse
[· Chestnut anglaise sauce
　[65g whole milk
　[65g chestnut paste
　[25g egg yolks
　[5g granulated sugar
[3g gelatin sheet, soaked in ice-water
[20g cognac
[· Italian meringue (use 40g)
　[60g egg whites
　[105g granulated sugar
　[25g water
[75g whipped heavy cream, see page 44
[10g cognac
[45g broken marron glacés, cut into 5mm-cubes

Pear jelly
[4g gelatin sheets, soaked in ice-water
[15g pear eau-de-vie (pear brandy)
[180g frozen pear purée, cut into 1-cm cubes
[10g fresh lemon juice
[15g caster sugar

Chestnut Chiboust cream
[115g chestnut paste
[155g whole milk
[65g egg yolks
[30g granulated sugar
[30g all-purpose flour
[10g gelatin sheets, soaked in ice-water
[50g rum A
[· Italian meringue
　[155g egg whites
　[230g granulated sugar
　[60g water
[· For the garnish
　[115g broken marron glacés, cut into 5mm-cubes
　[25g rumB

For décor
[about 5g Chantilly cream,
　42% butterfat, for 1 cake, see page 62
[· for caramelizing
　[granulated sugar, confectioners' sugar
[praline bits, see page 30
[4 pink peppers for 1 cake

コニャックをきかせたマロンムースと洋ナシのジュレを閉じ込めたマロンのシブースト
ビターなチョコレート生地とピリッとしたピンクペッパーが大人のアクセント

センターをつくる

1 トレイに直径4cm×深さ2cmの樹脂製円形型をのせ、室温においておく。

2 ムース・マロンをつくる。クリのシブーストクリーム11(→下記)を参照してパート・ド・マロンを少量の牛乳でクリーム状にしてから残りの牛乳と合わせて温める。

3 ボウルに卵黄を溶き、砂糖を加えてすり混ぜ、2を加えてアングレーズソースを炊いて漉す(→P26・2~5)。ゼラチンを加えてゴムベラで混ぜ溶かしてから氷水をあてて混ぜながら冷まし、コニャック20gを加えてよく混ぜる。

4 ピュレのムース4~10(→P44)を参照して、泡立てて冷ましたイタリアンメレンゲとクレームフェテを合わせ、22~23℃に調整した3を2回に分けて加え混ぜていく。マロン・デブリにコニャック10gを加え混ぜたものを加え、ゴムベラで軽く混ぜる。

5 4を口径1.3cmの口金で1の型に等分に絞って均し、急速冷凍庫で固める。

6 洋ナシのジュレをつくり(→P37 ピュレはレモン汁にからめて解凍)、5にデポジッターで流して急速冷凍庫で固める。

7 固まれば6を型からはずし、OPPシートを敷いたトレイに並べて冷凍庫に保管する[a]。

ビスキュイを準備する

8 ビスキュイ・ショコラは直径4.7cmの抜き型で30枚抜いてトレイに並べておく。

クリのシブーストクリームをつくる

9 OPPシートを密着させたトレイにセルクルを並べ、室温におく(→P43 型用トレイの準備)。

10 ガルニチュールのマロン・デブリとラム酒Bはボウルに合わせて混ぜ[b]、室温におく。

11 フードプロセッサーにパート・ド・マロンを入れ、牛乳を少量ずつ加えながら攪拌し、クリーム状にする[c~d]。鍋に移して火にかける。

12 11を使ってクレーム・パティシエールをつくる(詳細は→P25)。ボウルに卵黄をほぐして砂糖を加えて泡立て器ですり混ぜ、薄力粉も加えて軽く混ぜる。

13 温めた11を少量12に加えて軽く混ぜてから[e]ボウルに漉す。

14 11の残りを火にかけて混ぜながらしっかり沸かし、13を加えてよく混ぜて炊き上げて火をとめる[f~g]。ゼラチンを加えてよく混ぜて溶かす。ボウルに移す。

15 混ぜながらラム酒Aを加え混ぜる[h]。

16 タイミングを合わせてイタリアンメレンゲを40℃になるまで泡立て、15に少量を加えて泡立器で混ぜる。キメを整えた残りのメレンゲを全量加え、ゴムベラに持ちかえて全体が均一になるまで切るように混ぜる（以上→P190 グリゾール10～11）。

17 10のマロン・デブリに16をひとすくい加えてよく混ぜ、シブーストクリームのボウルにもどして混ぜ、ボウルの底と側面をはらう[i～j]。

18 17のシブーストクリームを口径1.7cmの丸口金で9のセルクルの8分めまで絞り、スプーンの背で軽く叩いてすき間を除く[k]。7のセンターをムース側を上にしてのせて押し込み、すき間を除く[l]。

19 さらにシブーストクリームをいっぱいに絞ってスプーンで均し[m]、4のビスキュイをアンビバージュAに浸して焼き目側を下にしてまわしながらのせて押さえる[n]。OPPシートとトレイをのせて押さえ（→P43 凍らせる前に）、急速冷凍庫で固める。

20 固まったらとり出し、トレイではさんでひっくり返してOPPシートをはずし、バーナーで温め型からはずす。OPPシートを敷いたトレイに並べて冷凍庫で保管する。

タルトレット生地を準備する

21 パート・シュクレを口径6cmのミラソン型に敷き込んで冷蔵庫で休ませ（→P19 底がある小さな型）、30個とり出して天板に並べる。クレーム・フランジパーヌを口径1.3cmの丸口金で等分（15～20gずつ）に絞る。この状態で冷凍しておく。≣2

22 21をとり出し、168℃のオーヴンで約27分焼く。3分たったらとり出してパレットナイフで2～3ヵ所にピケしてオーヴンにもどし（→P200・12の≣2）、4分たったら型を下に叩きつけてもどす。さらに7分ごとに2回とり出して焼き色を確認しては型の位置を置きかえ、最後にオーヴンにもどす時に樹脂製マットをかぶせる。5～6分焼き、焼きムラがないように調整する。

23 焼けたら型からはずし、樹脂製マットに並べて冷ましておく。

≣1 パード・ド・マロンが牛乳と同割近く入っているので焦げやすい。混ぜながら炊く時に注意する。
≣2 通常はまとめて仕込む。冷凍しておくのは作業性の問題。

24 23のフランジパーヌ部分にアンビバージュBをハケで2回、1個につき合計5〜7gずつ塗る[o]。上に20のシブーストをのせるので、フランジパーヌが浮いている場合は周辺を指で押して平らにする[p]。クレーム・シャンティイを口径1.3cmの丸口金で薄く絞り、20のシブーストクリームをのせて接着し、指でシュクレ生地の縁を1周してはみ出したクリームを除く[q]。冷凍庫に10分ほど入れる。

仕上げる

25 24にグラニュー糖を上面にふり、熱したコテでキャラメリゼする[r〜s]。同様にもう1度グラニュー糖でキャラメリゼし、最後に粉糖を茶漉しでたっぷりふってキャラメリゼする[t]。タルトレット生地についた砂糖をハケではらう。

26 シブーストクリームの縁にクラクラン・ダマンドをつけ、上にピンクペッパーを飾る。

マラクジャ
Maracuja

マンゴーの風味のあとにパッションフルーツを感じ、さわやかでフルーティな印象
香ばしくキャラメリゼした表面の苦みと甘さ、酸味の対比がおいしさをつくる

マラクジャ
Maracuja

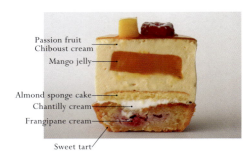

Passion fruit Chiboust cream
Mango jelly
Almond sponge cake
Chantilly cream
Frangipane cream
Sweet tart

分量　直径 5.5cm×高さ 4cm のセルクル 30 個分
＊直径 4cm×深さ 2cm 樹脂製円形型、
　直径 4.7cm の抜き型、
　口径 6cm×深さ 1.5cm ミラソン型 30 個を用意する。

ビスキュイ・ダマンド（→ P12）
　── 60×40cm 天板 1/2 枚分
パート・シュクレ（→ P15）
　── 敷き込みずみ 30 個（約 550g）
クレーム・フランジパーヌ（→ P26）── 520g

ガルニチュール
冷凍フランボワーズ（ホール）── 2 粒／1 個

アンビバージュ A（ビスキュイ用）　以下を合わせる
［ボーメ 30°のシロップ ── 55g
　パッションフルーツのリキュール ── 35g
　水 ── 40g］

アンビバージュ B（フランジパーヌ用）　以下を合わせる
［ボーメ 30°のシロップ ── 50g
　キルシュ ── 30g
　水 ── 35g］

マンゴーのジュレ
［板ゼラチン ── 6g
　キルシュ ── 7g
　マンゴーのピュレ（冷凍のまま 1cm 角切り）── 240g
　レモン汁 ── 60g
　微粒グラニュー糖 ── 15g］

ガルニチュール
マンゴー（5mm 角切り）── 115g

パッションフルーツのシブーストクリーム
［パッションフルーツのピュレ
　　（1cm 角切りにして解凍）── 300g
　卵黄 ── 85g
　微粒グラニュー糖 ── 65g
　薄力粉 ── 40g
　板ゼラチン ── 10g
　パッションフルーツのリキュール ── 60g
　・イタリアンメレンゲ
　　［卵白 ── 170g
　　　グラニュー糖 ── 250g
　　　水 ── 60g］］

飾り
［クレーム・シャンティイ ── 約 5g／1 個
　・キャラメリゼ用
　　［グラニュー糖、粉糖　各適量］
　フランボワーズ ── 1 粒／1 個
　マンゴー（1cm 角切り）── 1 切れ／1 個
　ラフティスノウ ── 適量］

Passion fruit Chiboust

Makes thirty round cakes
＊5.5-cm diameter×4-cm height
round cake ring,
4-cm diameter×2-cm depth tartlet
silicon mold tray,
4.7-cm diameter round pastry cutter,
6-cm diameter×1.5-cm depth
millasson mold

1/2 sheet almond sponge cake
for 60×40-cm baking sheet pan,
see page 12
about 550g sweet tart dough, see page 15,
for thirty millasson molds
520g frangipane cream, see page 26

For the garnish
2 forzen raspberries for 1 cake

For the syrupA, for almond sponge cake
［55g baume-30° syrup
　35g passion fruit liqueur
　40g water］

For the syrupB, for frangipane cream
［50g baume-30° syrup
　30g kirsch
　35g water］

Mango jelly
［6g gelatin sheets, soaked in ice-water
　7g kirsch
　240g frozen mango purée, cut into 1-cm cubes
　60g fresh lemon juice
　15g caster sugar］

For the garnish
115g mango, cut into 5-mm cubes

Passion fruit Chiboust cream
［300g frozen passion fruit purée,
　cut into 1-cm cubes, and defrost
　85g egg yolks
　65g caster sugar
　40g all-purpose flour
　10g gelatin sheets, soaked in ice-water
　60g passion fruit liqueur
　・Italian meringue
　　［170g egg whites
　　　250g granulated sugar
　　　60g water］］

For décor
［about 5g Chantilly cream,
　42% butterfat, for 1 cake, see page 62
　・for caramelizing
　　［granulated sugar, confectioners' sugar］
　1 raspberry for 1 cake
　one 1-cm cube mango, for 1 cake
　raftisnow］

マンゴーのジュレをつくる

1 トレイに直径4cm×深さ2cmの樹脂製円形型をのせ、室温におく。

2 マンゴーのジュレをつくり（→P37）、1にデポジッターで流し、角切りのマンゴーを等分に散らして急速冷凍庫で固める。

3 固まったら型からはずし、OPPシートを敷いたトレイに並べて冷凍庫に保管する［a］。

ビスキュイを準備する

4 ビスキュイ・ダマンドは直径4.7cmの抜き型で30枚ずつ抜いてトレイに並べておく。

パッションフルーツのシブーストクリームをつくる

5 OPPシートを密着させたトレイにセルクルを並べて室温におく（→P43 型用トレイの準備）。

6 グリゾール6〜11（→P190）を参照してつくる。パッションフルーツのピュレを溶かし温め、少量を砂糖と薄力粉をすり混ぜた卵黄に加え混ぜて漉し［b〜c］、沸かしたピュレの鍋にもどしてピュレベースのクレーム・パティシエールを炊く［d］。ゼラチンを加えて混ぜ溶かし、パッションフルーツのリキュールを加え混ぜる。40℃まで泡立てたイタリアンメレンゲを温かいうちに2回に分けて加え混ぜてつくる［e〜f］。

7 6のシブーストクリームを口径1.7cmの丸口金で5の型に8分めまで絞り［g］、スプーンの背で軽く叩いてすき間を除く。3のジュレを置いて押し込み、すき間を除く［h］。

8 さらにシブーストクリームをいっぱいに絞ってスプーンで均し［i］、4のビスキュイをアンビバージュAに浸して焼き目を下にしてのせ、まわしながら押さえる［j］。OPPシートとトレイをのせて押さえ（→P43 凍らせる前に）、急速冷凍庫で固める。

9 固まったらとり出し、トレイではさんでひっくり返してOPPシートをはずし、バーナーで温めて型からはずす。OPPシートを敷いたトレイに並べて冷凍庫に保管する。

タルトレット生地を準備する

10 パート・シュクレを口径6cmのミラソン型に敷き込んで冷蔵庫で休ませ（→P19 底がある小さな型）、30個とり出して天板に並べる。

11 クレーム・フランジパーヌを、口径1.3cmの丸口金で10に絞る。冷凍フランボワーズを2粒ずつ入れて軽く押さえる[k]。さらにクレーム・フランジパーヌを絞り、型ごと下に軽く打ちつけて表面を均す[l]。フランボワーズが冷凍なので、絞ったらすぐに下に打ちつけないとすぐに固まってすき間ができる。この状態で冷凍しておく。≡1

12 11をとり出し、168℃のオーヴンで合計約30分焼く。3分たったらパレットナイフで2～3ヵ所にピケしてオーヴンにもどし、4分たったら型を下に叩きつけてオーヴンにもどす。さらに7分ごとに2回とり出して焼き色を確認しては型の位置を置きかえ、2回めにオーヴンにもどす時に樹脂製マットをかぶせる。6分焼いて天板の向きをかえ、さらに3分やいて焼きムラがないように調整する[m]。≡2

13 焼けたら型からはずし、樹脂製マットに並べて冷ましておく。

14 13のフランジパーヌ部分にアンビバージュBをハケで2回、1個につき合計5～7gずつ塗る[n]。指で押して平らにし、クレーム・シャンティイを口径1.3cmの丸口金で薄く絞り、9をのせて接着する[o]。トレイに並べて10分ほど冷凍する。

仕上げる

15 14をとり出し、グラニュー糖で2回、粉糖で1回キャラメリゼする（→P196 オートンヌ25）。

16 フランボワーズは横3等分にスライスし、両端だけにラフティスノウをふる。フランボワーズとマンゴーを一緒にのせる。

≡1 クレーム・フランジパーヌにフランボワーズを埋め込むのは、のせて焼くと焦げるため。また、フランボワーズにはキルシュが合うので、生地にはキルシュのアンビバージュを塗っている。

≡2 型と生地の間に空気が入って生地が浮いてしまうと均一に焼けない。焼成3分後にピケするのは生地を浮かせないため。型をきずつけないように、パレットナイフでピケする。

アンブル・ノワ
Ambre noix

クルミのキャラメリゼの苦みが口中に広がり
柔らかくて甘いプラリネやチョコレートのクリームに香ばしい香りを添えている

アンブル・ノワ
Ambre noix

- Praline custard cream, Caramelized walnuts
- Sacher sponge cake
- Chocolate custard cream, Caramelized walnuts
- Walnut sponge cake

分量　7.5×3cm 45個分
＊40×30cm、高さ4.5cmカードル1台を用意する。

ビスキュイ・サシェ──42×32cm 1枚分
- ローマジパン──110g
- 粉糖──40g
  - 全卵──40g
  - 卵黄──70g
- ・メレンゲ
  - 卵白──110g
  - 微粒グラニュー糖──40g
- 薄力粉──35g
- カカオパウダー──35g
- 溶かしバター──35g

ビスキュイ・ノワ──42×32cm 1枚分
- クルミ──粗めの粉にして65g
- 粉糖──65g
- 卵黄──100g
- ・メレンゲ
  - 卵白──100g
  - 微粒グラニュー糖──65g
- 薄力粉──40g

アンビバージュ　以下を合わせる
- ボーメ30°のシロップ──135g
- コニャック──50g
- ラム酒──50g
- 水──80g

クレーム・パティシエール
- 牛乳──1200g
- ヴァニラスティック──1本分
- 卵黄──240g
- グラニュー糖──260g
- 薄力粉──60g
- コーンスターチ──60g

クレーム・プラリネ
- クレーム・パティシエール（常温）──左記から710g
- プラリネ──285g
- 板ゼラチン──15g
- コニャック──20g
- クレームフェテ（→P43）──710g
- クルミのヌガティーヌ──下記から約140g

クレーム・ショコラ
- ブラックチョコレート（カカオ分56%）──85g
- クレーム・パティシエール（冷蔵）──左記から850g
- バター（常温にもどす）──130g
- クルミのヌガティーヌ──下記から約140g

クルミのヌガティーヌ
- クルミ（半割）──180g
- グラニュー糖──140g
- 水飴──50g

グラッサージュ
- ナパージュ・ヌートル──280g
- コーヒーエキス──6g

飾り
- クルミ（半割）──1個/1個
- ラフティスノウ──適量

Ambre noix

Makes forty-five 7.5-cm×3-cm rectangle cakes
*40×30-cm, 4.5-cm height rectangular cake ring

Sacher sponge cake, for one 42×32-cm
- 110g raw marzipan
- 40g confectioners' sugar
  - 40g whole eggs
  - 70g egg yolks
- ・Meringue
  - 110g egg whites
  - 40g caster sugar
- 35g all-purpose flour
- 35g cocoa powder
- 35g melted unsalted butter

Walnut sponge cake, for one 42×32-cm
- 65g walnuts, coarsely ground
- 65g confectioners' sugar
- 100g egg yolks
- ・Meringue
  - 100g egg whites
  - 65g caster sugar
- 40g all-purpose flour

For the syrup
- 135g baume-30° syrup
- 50g cognac
- 50g rum
- 80g water

Custard cream
- 1200g whole milk
- 1 vanilla bean
- 240g egg yolks
- 260g granulated sugar
- 60g all-purpose flour
- 60g corn starch

Praline custard cream
- 710g custard cream, see above, at room temperature
- 285g praline paste
- 15g gelatin sheets, soaked in ice-water
- 20g cognac
- 710g whipped heavy cream, see page 44
- about 140g caramelized walnuts, see below

Chocolate custard cream
- 85g dark chocolate, 56% cacao
- 850g custard cream, see above, chilled
- 130g unsalted butter, at room temperature
- about 140g caramelized walnuts, see below

Caramelized walnuts
- 180g walnuts halves
- 140g granulated sugar
- 50g starch syrup

For the glaze
- 280g neutral glaze
- 6g coffee extract

For décor
- 1 walnut half for 1 cake
- raftisnow

a 	b 
c 	d 
e 	f 
g 	h 
i 	j 

ビスキュイ・サシェをつくる

1 60×40cmのオーヴンペーパーを端から42×32cmに折り目をつけ、60×40cm天板に貼りつける（→P120 フランボワジエ5）。

2 細かくしたローマジパンと粉糖をミキサーボウルに入れ、ビーターを装着して低速で攪拌する[a]。ある程度混ざったら卵を少しずつ入れていく[b〜c]。ダマにならないよう均一になったら次の卵を入れるようにする。途中でボウルについた生地をはらう。つやが出てビーターの跡が残るようになればボウルに移す[d]。

3 卵白と砂糖でメレンゲを泡立て（→P12 ビスキュイ・ダマンド3〜4）、ひとすくいを2に加える。ゴムベラで4〜5回だけ軽く混ぜ、薄力粉とカカオパウダーをよく混ぜ合わせたものをふるい入れながら切るように混ぜる。ざっと混ざれば溶かしバターを加えて[e]、さらに切るように混ぜる。

4 均一になればキメを整えた残りのメレンゲ少量を加えて同様に混ぜ、マーブル状に混ざったら残りを加えて同様に混ぜる[f〜g]。

5 1の天板に流してのばし、縁を指で1周させて基本どおりに焼く（同9〜10）。焼けたら天板からはずし、冷ましておく[h]。ペーパーをつけたまま生地端をカードルに合わせて落としておく。

ビスキュイ・ノワをつくる

6 クルミはヌガティーヌ分と合わせ、写真のように枯れているもの、変色している部分[i]（写真上はきれいなもの）を除いてきれいなものだけ選別する。このうち生地用のクルミをフードプロセッサーで粉砕して粗めの粉にし[j]、65gをとる。

7 1と同様に天板を準備し、ビスキュイ・ダマンド（→P12）を参照してアーモンドプードルを6のクルミプードルにかえてビスキュイ・ノワを焼く。焼成温度は205℃にして4分、手前と奥を入れかえてさらに4分弱焼く。焼けたら冷ましておく。5と同様にペーパーをつけたまま生地端は落としておく。

クルミのヌガティーヌをつくる

8 選別したクルミを170℃のオーヴンで10〜15分焼く。手で軽くこすり合わせてえぐみのある皮を落とす[k]。

9 砂糖と水飴を手鍋に入れて火にかけ、キャラメル状になったら温かい8を加えて木ベラで底をこそげるように混ぜながら加熱し、キャラメルをクルミにからめていく[l〜m]。

10 樹脂製マットに9を広げる。もう1枚マットをかぶせて天板ではさんで何度かひっくり返す。キャラメルがある程度固まってクルミ全体に均一にからまるまで同じ動作をくり返す[n]。

11 粗熱をとったヌガティーヌは、包丁で7〜8mm大に刻んで乾燥剤を入れた密閉容器に入れておく。室温で保存する。

クレーム・プラリネをつくる

12 OPPシートを密着させたトレイに40×30cmのカードルを置き、室温におく（→P43 型用トレイの準備）。

13 クレーム・パティシエールはつくっておく（→P25）。710gの常温のクレーム・パティシエールはミキサーの中高速で混ぜもどし、プラリネを加えてダマがなくなるまでよく混ぜ[o〜p]、ボウルに移す。

14 別のボウルにゼラチンとコニャックを入れて湯煎でゼラチンを溶かし、13を少量加えて泡立て器でよく混ぜ、13に少しずつ流しもどして混ぜる[q]。

15 クレームフェテに14の半量を加えて泡立て器でよく混ぜ、均一に混ざったら残りも加えて切るように混ぜ、最後にゴムベラで混ぜてボウル底と側面をはらう[r〜s]。

16 12のカードルに15を流してエル字パレットで均し、急速冷凍庫に少しだけ入れて表面を固める。11の刻んだクルミのヌガティーヌの半量を散らし、パレットで均す[t]。

17 ビスキュイ・サシェの焼き目側にアンビバージュをハケで塗り、焼き目側を下にして16にのせてパレットで均してクリームに密着させる[u]。上にさらにアンビバージュを塗ってパレットで押さえる[v]。冷凍庫に入れておく。≡1

クレーム・ショコラをつくる

18 ブラックチョコレートは50℃に溶かしておく。

19 冷蔵しておいたクレーム・パティシエール850gは13を参照してミキサーで混ぜもどし、バターを加えてさらに白っぽくなるまで混ぜる。

20 溶かしたチョコレートに19を少量加えてよく混ぜてから[w]19にもどし、高速で攪拌する。ボウルに移してさらにゴムベラでよく混ぜる[x]。

21 17をとり出して20を流し、パレットで均す[y]。16と同様にクルミの刻んだヌガティーヌの残りを散らし、パレットで押さえる。

22 17を参照し、ビスキュイ・ノワに残りのアンビバージュを塗って21に重ねて上面にも塗り、OPPシートを密着させてトレイで押さえる（→P43凍らせる前に）。冷凍庫に入れてしっかり固め、そのまま保管する。

仕上げる

23 22をとり出し、トレイではさんでひっくり返してOPPシートをはずす。グラッサージュの材料を合わせ、あまり混ぜないようにする。ケーキ表面にかけてパレットで均し、マーブル状になるようにする。キッチンペーパーで型をきれいにふいてふたたび冷凍庫に入れてグラッサージュを固める。

24 23をとり出し、型をバーナーで温めて型からはずす。温めた波刃包丁で端を落としてから、7.5×3cmにカットする（→P129トロピック19）。トレイに並べてカバーをかぶせ、冷凍庫に入れて保管する。

25 仕上げる時に24を冷蔵庫に移して半解凍する。ラフティスノウをふったクルミをのせる。

≡1 ペルティエではビスキュイ・サシェとフォンダマンド（アーモンド入りメレンゲ生地）をアンビバージュなしで使っていて甘さが強調されていたが、お菓子全体のバランスを考えて、プラリネ、チョコレート、クルミと合う2種類の酒入りシロップを塗っている。

COLUMN 10　酒でお菓子の持ち味と素材の香りを引き出す

僕の修業時代、フランスではかなりの量の砂糖を使っていました。「ペルチエ」で働いていた時にはこう教えられました。シェフいわく「酒は甘みを旨みにかえるために入れている」と。甘みに切れを加え、香りを引き出すからだと思います。

あれから30数年、時代はかわり、人々は砂糖の量を気にするようになりました。お菓子に使われる砂糖の量も以前とは違ってきています。現在のフランスではお菓子に酒をあまり使いません。しかし、フランスには素材に合うたくさんの酒があります。お菓子に酒を加えることで素材の味がより一層深く表現できると僕は思っているので、使うのをやめませんし、量を少なくすることもありません。

「イデミ スギノ」のお菓子には、酒は必要不可欠なのです。

イチジクのタルトレットというお菓子があります。イチジクは味が茫洋としていますが、砂糖をふったあとにキルシュをふりかけて少し時間をおくと、味の輪郭が出てきます。お酒を使う意味を実感していると、酒を使わないということは考えられません。

チェリーやパイナップルのケーキにはキルシュ、柑橘類にはオレンジリキュールやコニャック、レモンの場合はリモンチェッロなど。味を切りたい時にはシャープな味のものを使います。チョコレートにも素材感を表現するために使っています。

COLUMN 11　酸味の魔術——素材感を浮き立たせる

レモン汁はよく使います。フルーツの色どめ目的もあるのですが、その酸味が甘いものの味を引き締めて素材感を出すのには不可欠です。フルーツのムースでもかならずレモン汁を加えることで素材の持ち味を最大限に引き出し、フレッシュ感を表現できます。ジャムにもレモン汁、酸味は欠かせないことはいうまでもありません。

酸味といってもレモン汁によるものだけではありません。

たとえばマングー・キャシス（→P50）。そもそもマンゴー自体も食べておいしい甘いアップルマンゴーではなく、酸味と汁気が多いペリカンマンゴーを使っています。マンゴーのムースの中にはカシスのジュレとムースを入れ、カシスの酸味でマンゴーらしい味わいを表現しました。

モンテリマー（→P58）では、甘いアーモンドミルクのムースにアンズのジュレをはさみました。酒に漬けたドライアンズをフードプロセッサーで細かくしてつくりますが、アンズの強烈な酸味が、ミルキーな味わいにメリハリをつけておいしくなります。

バナッチオ（→P54）はバナナのムースをチョコレートムースの中に入れたものです。チョコレートムースに加え混ぜるバナナ自体も酸味のあるエクアドル産を用い、ソテーする時もレモン汁を加えます。またムースに使うバナナのピュレにも多めのレモン汁を加えています。

こうして酸味を加えることでより素材感を感じ、チョコレートムースも最後までおいしく食べることができます。

軽やかに、でも素材感はしっかりと味わってもらう。そんな僕のお菓子には、酒とともに酸味はとても重要です。

タンブラン
Tambourin

Butter cream
Almond sponge cake

分量　6×3.5cm 48個分
*40×30cm、高さ4.5cmカードル1台を用意する。

ビスキュイ・ダマンド　42×32cm 2枚分
- アーモンドプードル——165g
- 粉糖——165g
- 卵黄——145g
- 卵白——95g
- ・メレンゲ
  - 卵白——330g
  - 微粒グラニュー糖——200g
- 薄力粉——145g

アンビバージュ　以下を合わせる
- ボーメ30°のシロップ——190g
- キルシュ——135g
- 水——115g

クレーム・パティシエール　でき上がり約450g
- 牛乳——350g
- ヴァニラスティック——1/2本分
- 卵黄——70g
- グラニュー糖——80g
- 薄力粉——20g
- コーンスターチ——20g

ガルニチュール
- イチゴ（高さ3cm以下のもの）——約70個
- フィリピンマンゴー（1/24カット）——約70切れ（約3個分）
- キウイ（1/12カット）——約70切れ（約6個分）
- フランボワーズ——70粒
- ブルーベリー——70粒

バタークリーム
- ・アングレーズソース
  - 牛乳——140g
  - ヴァニラスティック——1/5本
  - 微粒グラニュー糖——120g
  - 卵黄——120g
- バター（常温にもどす）——480g
- クレーム・パティシエール（→上記）——基本分量
- キルシュ——80g
- ・イタリアンメレンゲ
  - 卵白——65g
  - グラニュー糖——130g
  - 水——35g

グラッサージュ　以下を合わせる
- ナパージュ・ヌートル——250g
- グロゼイユのピュレ
  （1cm角切りにして解凍）——漉して25g

Tambourin

Makes forty eighth 6×3.5-cm rectangle cakes
*40×30-cm, 4.5-cm height rectangular cake ring

2 sheets almond sponge cakes for 42×32-cm baking sheet pan
- 165g almond flour
- 165g confectioners' sugar
- 145g egg yolks
- 95g egg whites
- ・Meringue
  - 330g egg whites
  - 200g caster sugar
- 145g all-purpose flour

For the syrup
- 190g baume-30° syrup
- 135g kirsch
- 115g water

Custard cream (makes about 450g)
- 350g whole milk
- 1/2 vanilla bean
- 70g egg yolks
- 80g granulated sugar
- 20g all-purpose flour
- 20g corn starch

For the garnish
- about 70 strawberries, under 3-cm height
- 3 to 4 mangos-philippines, cut into 1/24 cubes, about 70 pieces
- 6 kiwifruits, cut into 1/12 cubes, about 70 pieces
- 70 raspberries
- 70 blueberries

Butter cream
- ・Anglaise sauce
  - 140g whole milk
  - 1/5 vanilla bean
  - 120g caster sugar
  - 120g egg yolks
- 480g unsalted butter, at room temperature
- 450g custard cream, see above
- 80g kirsch
- ・Italian meringue
  - 65g egg whites
  - 130g granulated sugar
  - 35g water

For the glaze
- 250g neutral glaze
- 25g frozen redcurrant purée, cut into 1-cm cubes, and defrost

「モデュイ」のスペシャリテ。独自にアレンジして軽やかにしたバタークリームにはキルシュを加え、吟味したフルーツの酸味、おいしさを浮き立たせた

生地を準備する

1 フランボワジエ5（→P120）と同様にオーヴンシートを準備し、42×32cmにビスキュイ・ダマンド2枚分をのばし、208℃で4分焼いてから天板の向きをかえて4分焼いて冷まし、40×30cmのカードルに合わせて切っておく。

クレーム・パティシエールをつくる

2 クレーム・パティシエールを炊いて急冷して粗熱をとり、冷蔵庫に入れておく（→P25）。

ガルニチュールを用意する

3 マンゴーは種にあたらないように種の上下を1/3くらいの厚さに横にスライスする [a]。ここでは種がついた部分は使わない。皮を下にして置き、ペティナイフをあてて皮を除き、半身を12等分にする [b～c]。1個につき24切れとる。≡1
4 キウイは頭のガク部分を除き、皮を除いてから縦半分にカットして中央の軸部分を切りとって除く [d]。さらに縦半分に切ってからそれぞれを3等分（半身を6等分）にする。1個につき12切れとる。
5 3と4をトレイに並べて冷蔵庫に入れておく。

バタークリームをつくる ≡2

6 アングレーズソースを炊き（→P26）、氷水をあてて混ぜながら35～36℃に温度を下げる。
7 クレーム・パティシエールはミキサーボウルに入れて中高速で混ぜてクリーム状にする。
8 常温に柔らかくもどしたバターを7に加えて少し混ぜ、なじんだら6のアングレーズソースを3回に分けて加えては同様に中高速で混ぜる [e～f]。
9 8をボウルに移し、キルシュを加えて泡立器で混ぜる [g]。
10 9に合わせてイタリアンメレンゲをつくってボウルに移して急冷し、9に加えて混ぜる（→P27 バタークリーム5～7）[h～i]。

組み立てる

11 トレイに40×30cmのカードルを置いておく。
12 アンビバージュは2等分する。1のビスキュイ1枚はペーパーをはがして裏返し、はがした面に1回めのアンビバージュの約半量をハケでしっかりと塗る。ひっくり返し、焼き目を上にして端を合わせて11の型に入れる。残りのアンビバージュを塗り、パレットで均して生地に吸わせる [j]。
13 10のバタークリームの1/4量くらいをゴムベラで数カ所に落とし、エル字パレットで均す。

14 13を横長に置き、ガルニチュールを並べる。まず高さを3cm以下にそろえたイチゴを横10個、縦7個くらいに並べる。キウイは横のラインでイチゴの間に入れていく[k]。マンゴーは縦のラインでイチゴの間に並べる[l]。フランボワーズとブルーベリーは横のラインのマンゴーの間に入れていく[m]。≡3

15 バタークリームを口径8.5mmの丸口金でまず型の周囲に絞り、次にフルーツの間に横に絞っていく[n]。エル字パレットで均してフルーツの間にすき間ができないようにし、フルーツの頭が見える場合は少しバタークリームを補って均す[o]。

16 残りの生地は焼き目側に2回めのアンビバージュを塗り[p]、焼き目側を下にして15にのせる。小さなトレイで押さえて平らに均し、さらに表面にアンビバージュの残りを塗り、トレイでしっかり押さえて平らにする[q]。パレットで均して生地にアンビバージュを吸わせる。

＊ここでは小さなトレイでまんべんなく押さえ、すき間をなくす。

17 バタークリームをさらに16にのせて薄く塗り広げ、18でコーティング用のバタークリームが塗れるように表面を平らにする[r]。

18 さらに残りのバタークリームを混ぜてキメを整えてから[s]のせて同様に塗り広げる。2回塗ると生地も完全に隠れてきれいに塗ることができる[t]。カバーをかぶせて冷蔵庫に半日入れて締める。≡4

19 18をとり出し、グラッサージュをかけて1～2mmに薄く均す。厚すぎると甘くなるので注意する。カバーをかぶせて冷蔵庫にひと晩入れる。

仕上げる

20 翌日19をとり出し、型をバーナーで軽く温めて型からはずす。温めた波刃包丁で端を落として整え、そのつどカットした方がフルーツの断面がきれいなので必要量をそのつど6×3.5cmにカットする（→P129 トロピック19）。

≡1 全体に甘くなりがちなので、メリハリをつけておいしく食べられるように酸味のあるフィリピンマンゴーを使用している。

≡2 修業先ではクレーム・パティシエールとバターでクリームをつくっていたが、軽くしたいと思い、アレンジした（→P186）。

≡3 フルーツは果肉が固めで酸味、香りがあるものを選ぶのがポイント。カットした時の断面にフルーツがきれいに出てくるように意識して並べるとよい。

≡4 混ぜるほどにキメが細かくなって重くなるのでケーキ表面に塗るクリームだけしっかりと混ぜたものを使う。表面のグラッサージュがきれいにのる。

アンフェール・デザンジュ
Enfer des Anges

Raw marzipan
Almond sponge cake (génoise)
Mixture (with raw marzipan) with candied orange peel

分量　直径14cm、深さ3.5cmマンケ型3台分

ジェノワーズ・ダマンド
- 全卵 —— 200g
- 微粒グラニュー糖 —— 120g
  - 薄力粉 —— 105g
  - アーモンドプードル —— 35g
- 溶かしバター —— 45g

アンビバージュ　以下を合わせる
- ボーメ30°のシロップ —— 80g
- グランマルニエ —— 55g
- 水 —— 50g

自家製ローマジパン —— でき上がり約545g
- アーモンドプードル（スペイン、マルコナ種）—— 250g
- 粉糖 —— 250g
- 卵白 —— 45g

アパレイユ
- 自家製ローマジパン（上記）—— 185g
- グランマルニエ —— 30g
- バター（常温にもどす）—— 90g
- オレンジの皮のコンフィのみじん切り（→P34 解凍する）—— 35g
- ・イタリアンメレンゲ　以下から45g使用
  - 卵白 —— 60g
  - グラニュー糖 —— 105g
  - 水 —— 25g

コーティング用ローマジパン
- 自家製ローマジパン（→上記）—— 350g
- 卵白 —— 60g

グラッサージュ
- アンズジャム —— 適量

Enfer des Anges

Makes three round cakes
*14-cm diameter×3.5-cm depth round cake pan "moule à manquer"

Almond sponge cake (method génoise)
- 200g whole eggs
- 120g caster sugar
  - 105g all-purpose flour
  - 35g almond flour
- 45g melted unsalted butter

For the syrup
- 80g baume-30° syrup
- 55g Grand Marnier
- 50g water

Homemade raw marzipan, makes about 545g
- 250g almond flour
- 250g confectioners' sugar
- 45g egg whites

For the mixture
- 185g homemade raw marzipan, see above
- 30g Grand Marnier
- 90g unsalted butter, at room temperature
- 35g candied orange peel, chopped finely, see page 34
- ・Italian meringue (use 45g)
  - 60g egg whites
  - 105g granulated sugar
  - 25g water

Raw marzipan, for finishing
- 350g homemade raw marzipan, see above
- 60g egg whites

For the glaze
apricot jam

素朴なアーモンド生地とアーモンドクリームの組合せに、オレンジがふっと香る
「ペルチエ」のスペシャリテに、少しだけ変化を加えた

ジェノワーズ・ダマンドをつくる

1 マンケ型にポマード状にしたバター（分量外）を薄く塗って冷蔵庫に入れる。バターが型にしっかりついて固まったら強力粉（分量外）を軽くふってつける[a]。
2 全卵をミキサーボウルに入れてホイッパーでほぐしてから砂糖を加える。ミキサーにかけ、中高速（キッチンエイドの8速）で2分泡立て、中速（同4速）で1分半～2分まわしてキメを整える[b]。ボウルに移す。
3 合わせた粉類を2にふるい入れ[c]、ボウルをまわしながらゴムベラで切るように混ぜていく。
4 均一になれば3を少量溶かしバターに加えてよく混ぜ、3にもどし入れながら同様に混ぜる[d]。
5 均一になれば1の型に160gずつ流して型を下に軽く落として均す[e]。
6 180℃で15分、向きをかえて170℃で8～10分焼き、型からはずして樹脂製マットに並べ、冷ましておく[f]。

自家製ローマジパンをつくる

7 自家製ローマジパンはあらかじめつくっておく。アーモンドプードルと粉糖をふるい合わせ、ビーターを装着した低速のミキサーで卵白を加えながら攪拌する。均一になればまとめてビニール袋に入れ、冷蔵庫でひと晩おく。

アパレイユをつくる

8 6を3枚ずつにスライスしておく。バールに沿って生地を水平に回転させながら切るとよい[g]。
9 アパレイユをつくる。7を185gとって細かく砕いてからミキサーボウルに入れ、グランマルニエを加えてビーターを装着したミキサーの低速で攪拌する[h]。ペースト状になればバターを加え[i]、クリーム状にする。
10 ボウルの側面をはらってきれいにし、解凍したオレンジの皮のコンフィのみじん切りを加え[j]、ビーターをホイッパーにかえて攪拌する。ボウルに移す。≡1

≡1　もとのレシピにはコワントローが使われていたが、やや甘い。風味を高めるためにアパレイユにオレンジの皮のコンフィを加えた。

11 同時進行で人肌より少し高い温度まで泡立てて冷ましたイタリアンメレンゲ（→ P44 ピュレのムース 4〜6）を 10 に加えて、最初は泡立器で、最後はゴムベラにかえてさっくりと混ぜる [k]。重くなるので混ぜすぎないこと。

12 8の一番下の生地は焼き目側にアンビバージュをハケで塗ってそれぞれカルトンにのせ、上面にもアンビバージュを塗る [l]。11のアパレイユを口径1cmの丸口金で生地に周囲を残して渦巻き状に絞り、同様にアンビバージュを塗った中央の生地を重ねて [m] 上面にも同様にアンビバージュを塗る。

13 同様にアパレイユを絞って断面にアンビバージュを塗った上の生地を重ねて軽く押さえ、上部にもアンビバージュを塗り、カルトンごと手に持って側面にも塗る [n]。重ねたところが動かなくなるまで冷蔵庫に入れておく。

コーティング用ローマジパンをつくる

14 自家製ローマジパンと卵白をミキサーボウルに入れ、ビーターを装着した低速のミキサーでペースト状に混ぜる [o]。塗りやすいように卵白で柔らかくする。

15 13をとり出し、全体に14のペーストをパレットで薄く塗り [p]、カバーをして冷蔵庫に入れてひと晩おく。

16 15がさわってもくっつかなくなったら [q] 220〜230℃のオーヴンで2分、白くなるまで焼く [r]。冷蔵庫に入れて冷やしてからバーナーで焼き色をつける [s]。

17 アンズジャムを沸騰させて16全体にハケで塗る [t]。

プランセス・ルージュ
Princesse rouge

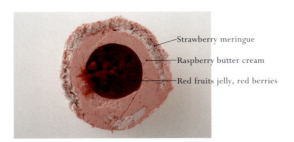

- Strawberry meringue
- Raspberry butter cream
- Red fruits jelly, red berries

分量　直径6cm 12個分
＊口径6cm樹脂製半球型、
　口径3cm樹脂製半球型を用意する。

イチゴのメレンゲ生地
- ココナッツファイン（軽くロースト）── 40g
- グラニュー糖── 50g
- コーンスターチ── 15g
- フリーズドライのイチゴパウダー── 15g
- ・メレンゲ
  - 卵白── 110g
  - 微粒グラニュー糖── 110g
  - 赤の色素── 5滴

フリュイ・ルージュのジュレ
- 板ゼラチン── 4g
- フランボワーズのオー・ド・ヴィ── 5g
- フランボワーズのピュレ（冷凍のまま1cm角切り）── 50g
- グロゼイユのピュレ（冷凍のまま1cm角切り）── 50g
- レモン汁── 5g
- 微粒グラニュー糖── 15g

ガルニチュール
- 冷凍グロゼイユ（ホール）── 24粒
- 冷凍フランボワーズのブロークン── 適量

フランボワーズ風味のバタークリーム
- バター（常温にもどす）── 380g
- 粉糖── 60g
- フランボワーズのピュレ（1cm角切りにして解凍）── 100g
- キルシュ── 60g

Princess of red fruits

Makes twelve ball-shaped cakes
＊6-cm diameter hemisphere silicon mold tray,
3-cm diameter hemisphere silicon mold tray

Strawberry meringue
- 40g coconut fine shred, lightly toasted
- 50g granulated sugar
- 15g corn starch
- 15g freeze-dried strawberry powder
- ・Meringue
  - 110g egg whites
  - 110g caster sugar
  - 5 drops red food coloring

Red fruits jelly
- 4g gelatin sheets, soaked in ice-water
- 5g raspberry eau-de-vie (raspberry brandy)
- 50g frozen unsweetened raspberry purée, cut into 1-cm cubes
- 50g frozen redcurrant purée, cut into 1-cm cubes
- 5g fresh lemon juice
- 15g caster sugar

For the garnish
- 2 frozen redcurrants for 1 cake
- broken frozen raspberries

Raspberry butter cream
- 380g unsalted butter, at room temperature
- 60g confectioners' sugar
- 100g frozen unsweetened raspberry purée, cut into 1-cm cubes, and defrost
- 60g kirsch

フレッシュな赤いフルーツのジュレの酸味が
イチゴ風味のココナッツメレンゲの甘さをすがすがしいおいしさにかえる

a

b

フリュイ・ルージュのジュレをつくる
1 トレイに直径3cmの樹脂製半球型を置き、室温におく。
2 溶かしたピュレにレモン汁と砂糖を加え混ぜ、酒で溶かしたゼラチンと合わせて[a]、フリュイ・ルージュのジュレをつくる（→P37ジュレ）。
3 1をとり出して2をデポジッターで24個分流して均し、ガルニチュールの冷凍のグロゼイユのホールを1粒ずつ入れて沈め、フランボワーズのブロークンをティースプーンで1杯入れて押さえる[b〜c]。急速冷凍庫で固める。
4 固まったら3をとり出し、OPPシートを敷いたトレイに置き、カバーをかぶせて冷凍庫に入れておく。

c

d

イチゴのメレンゲ生地をつくる
5 トレイに直径6cmの樹脂製半球型を置き、室温におく
6 粉類[d]はフリーズドライのイチゴパウダー以外を合わせてふるう。イチゴパウダーだけは湿気やすいので直前に合わせる[e]。
7 パータ・ダコワーズ・ノワゼット3〜5（→P23）を参照して、メレンゲを泡立てる。色素は最初の砂糖の直後に加える[f〜g]。
8 同6〜7を参照してメレンゲをボウルに移し、粉類を少しずつふり入れながら切るように混ぜていく[h〜i]。
9 5の型に8を口径8mmの丸口金で渦巻き状に絞っていく[j]。型ごと下に軽く打ちつけて均し、スプーンの背で穴を大きくして均一の厚さにしてから、生地端をきれいにする[k]。厚みがなさすぎると仕上げ時に割れるので、5mmほどの厚さはキープする。

e

f

g

h

i

j

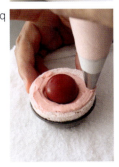 

10 80℃のオーヴンで3時間半焼く。1時間半ごとに2回、型の向きを差しかえてムラなく焼く。焼けたら粗熱をとって乾燥剤を入れた缶に入れて密閉し、保管する[l]。
＊生地は24個よりも多めにできるので、仕上げ用に余分に焼いておく。

仕上げる

11 フリュイ・ルージュのジュレは仕上げの1時間前にとり出し、表面だけ少し溶けてきたら半球を2つずつ合わせて球にし、OPPシートを敷いたトレイに並べて冷蔵庫に入れて解凍する。使用前にキッチンペーパーで汁気をふきとる。

12 直前にミラソン型などの小さな型に10の生地をのせておく。残りの生地の一部は裏漉し器で漉し、粉にしておく。

13 フランボワーズ風味のバタークリームをつくる。バターを中高速のミキサーで白っぽくなるまで攪拌し、さらに粉糖を加えて泡立てる[m]。

14 13に解凍したフランボワーズのピュレを少しずつ加えながら攪拌していく[n〜o]。分離しやすいのでピュレは少しずつ加える。最後にキルシュを2回に分けて加えては攪拌する。

15 12の型を乾いたタオルの上に並べて動かないようにする。14のクリームを口径7mmの丸口金ですべての生地に中心部から生地縁に向かって絞る[p]。半量に11のジュレをのせて押さえる。ジュレ周囲にバタークリームを1周絞ってクリームを絞った残りの生地をのせて押さえる[q〜r]。

16 15ではみ出たバタークリームをパレットで除き、12の粉にした生地をつける[s〜t]。

COLUMN 12　修業時代のお菓子をふいに思い出して…。

　フランスに修業に行った当時、日本にはフランスのお菓子屋さんを紹介する情報誌もまだなく、街を歩いていてたまたま見つけたのが「ペルチエ」で、間口の小さい店でした。ウインドウに並んでいるお菓子を見て僕は目が釘づけになりました。そして美しかった。

　さっそく店に入って買ったお菓子がタルトレット・オランジュでした。しっかり焼かれたシュクレ生地の中にオレンジクリームが入っていて表面をキャラメリゼしてあるだけのタルトレットでしたが、口に入れるとあまりのおいしさに絶句してしまうほどでした。僕はこんなお菓子がつくりたいと思い、すぐに店にもどって働かせてほしいとお願いしました。それからというもの何度もお店にお願いに行き、手紙も書き、ペルチエで働けるようになるまでに3年の月日を要しました。

　日本に帰ってからもずっと「ペルチエ」と同じタルトレット・オランジュ（→P222）をつくっていました。ある時もっとオレンジ感が出せないかと思い、オレンジのジュレをオレンジクリームの真ん中に入れ、表面にもクリームを塗ってキャラメリゼしました。それからというもの、ジュレをタルトレットにも入れるようになりました。タルトレット・パッションもあり、そこにもパッションフルーツのジュレを入れています。

　「ペルチエ」の人気商品に球状のプランセス（→左下写真）というお菓子がありました。大きなアントルメには中央に水色のリボンを結んでいました。焼いたメレンゲ生地の中央に、折ったヌガティーヌとバタークリームを交互に入れたものです。メレンゲは表面にうっすら焼き色がつくまで焼き、生地が湿気ないようにクリームはイタリアンメレンゲとバターを合わせたものでした。アントルメは直径15cmほどととても大きく、甘いメレンゲとバタークリームで僕には少し重いなと感じ、本書では中央に赤いベリーの酸味があるジュレをやはり球状にして入れてメリハリをつけ、プランセス・ルージュ（→P216）としてアレンジしています。

　ムラング・グロゼイユ（→P225）はアルザスで出会ったお菓子をふいに思い出してつくったものです。そのお菓子は、円形のフイユタージュ生地を焼いたものにクレーム・ディプロマットを絞ってグロゼイユをのせ、メレンゲを平らに均して焼いたものでした。甘いメレンゲのカリッとした食感で、中に入ったグロゼイユの酸味を感じ、とてもおいしくて、いつかプティ・ガトーに仕立てたいと思っていました。それでできたのがムラング・グロゼイユです。グロゼイユを混ぜたイタリアンメレンゲを使い、ポロネーズをイメージしてケーキにしました。

　そんなふうにフランスで過ごしていた若い時に見て食べたものは、いまでも思い出されます。

タルトレット・オランジュ
Tartlette orange

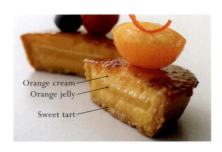

Orange cream
Orange jelly
Sweet tart

分量　口径6cm×深さ1.5cmミラソン型20個分
＊口径5.5cmの樹脂製マフィン型、
　使用型よりひとまわり大きな抜き型、
　口径6cm程度の製菓用アルミ箔パーチ20個を用意する。

パート・シュクレ（→P15）
　──敷き込みずみ20個（約550g）

オレンジのジュレ
- 板ゼラチン──3g
- マンダリン・ナポレオン──3g
- オレンジの搾り汁──50g
- オレンジのコンサントレ──50g
- 微粒グラニュー糖──5g

クレーム・オランジュ
- 微粒グラニュー糖──80g
- 薄力粉──20g
- 全卵──60g
- 卵黄──160g
- オレンジのコンサントレ──150g
- 溶かしバター──110g
- マンダリン・ナポレオン──20g

キャラメリゼ用
グラニュー糖──適量

飾り
- ナパージュ・ヌートル──適量
- キンカンのコンポート（半割→P36）──1切れ／1個
- オレンジピールのシロップ煮
  （→P38 ライムピールのシロップ煮）──1本／1個
- フランボワーズ、ブルーベリー──各1粒／1

Orange tartlet

Makes twenty tartlets
*6-cm diameter×1.5-cm depth millasson mold,
5.5-cm diameter muffin silicon mold tray,
about 10-cm diameter round pastry cutter

about 550g sweet tart dough for twenty millasson molds, see page15

Orange jelly
- 3g gelatin sheets, soaked in ice-water
- 3g Mandarine Napoléon (orange liqueur)
- 50g squeezed orange juice
- 50g orange concentrated preparation
- 5g caster sugar

Orange cream
- 80g caster sugar
- 20g all-purpose flour
- 60g whole eggs
- 160g egg yolks
- 150g orange concentrated preparation
- 110g melted unsalted butter
- 20g Mandarine Napoléon (orange liqueur)

for caramelizing
granulated sugar

For décor
- neutral glaze
- 1 kumquat compote half, for 1 cake, see psge36
- 1 candied orange peel for 1 cake,
  see page 38"candied lime peel"
- each one raspberry and blueberry for 1 cake

「ペルチエ」のお菓子。サクッとした生地、コクのあるオレンジクリーム、キャラメリゼの苦み、酸味のある薄いジュレ。絶妙なバランスでオレンジの風味を味わう

オレンジのジュレをつくる

1 口径5.5cmの樹脂製マフィン型をトレイにのせて室温におく。
2 オレンジの搾り汁とコンサントレを使ってオレンジのジュレをつくる（→P37 ジュレ）。
3 1をとり出して2をデポジッターで等分に流し、急速冷凍庫で固める。
4 固まったら3をとり出し[a]、蓋つきプラスチック容器に入れて冷凍庫に入れて保管する。

クレーム・オランジュをつくる

5 砂糖と薄力粉をボウルに入れて泡立器でよく混ぜ、全卵と卵黄を加えながら混ぜていく[b]。別のボウルに漉す。
6 5にオレンジのコンサントレを加え混ぜる[c]。次に溶かしバターを加え混ぜる[d]。
7 湯煎にかけて10分ほど混ぜながらとろみをつける。卵が凝固してダマができやすいので、最初によく混ぜることが肝心。粉っぽくないか途中で確認する。つやが出てきたらOK[e]。

8 7を氷水にあて、混ぜながら粗熱をとる[f]。マンダリン・ナポレオンを加え混ぜる。密閉容器に入れて、冷蔵庫でひと晩休ませる（→P160 プロヴァンサル7の≡1）。

生地を準備する

9 空焼きしたものを20個準備する（→P157 リュバーブのタルトレット2〜4）。

仕上げる

10 8のクレーム・オランジュを冷蔵庫から出し、9の生地に口径1.3cmの丸口金で半分の高さくらいまで絞り入れ、4のオレンジのジュレをのせて押さえる[g〜h]。
11 さらにクレーム・オランジュを上から絞り[i]、パレットで均す。トレイに並べて冷凍庫に20〜30分入れておく。
12 ボウルに砂糖を入れて11をひっくり返して表面に砂糖をつけ、さらに表面に均一に砂糖をふる[j〜k]。バーナーでキャラメリゼし[l]、タルトレット生地のまわりについた余分な砂糖をハケではらう。冷蔵庫に入れて冷ます。

13 12をとり出し、断面に薄くナパージュ・ヌートルを塗ったキンカンのコンポートをのせ、オレンジピールのシロップ煮と残りのフルーツを飾る。

ムラング・グロゼイユ
Meringue groseille

酸っぱいグロゼイユが時々顔を出して甘いメレンゲを引き締め、おいしくする
香ばしいフィユタージュ生地、なめらかなクリームとアーモンド生地のコクが味を深める

ムラング・グロゼイユ
Meringue groseille

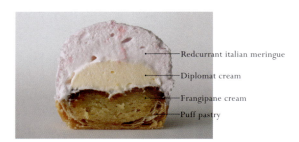

分量　口径6cm×深さ1.5cmミラソン型12個分

パート・フイユテ（→P16）── 200g
クレーム・フランジパーヌ（→P26）── 20g／1個

クレーム・ディプロマット
　［クレーム・パティシエール（→P25）── 350g
　　クレーム・シャンティイ ── 175g
　　キルシュ ── 35g

アンビバージュ　以下を合わせる
　［ボーメ30°のシロップ ── 40g
　　キルシュ ── 30g
　　水 ── 20g

グロゼイユ風味のイタリアンメレンゲ
　［冷凍のグロゼイユ（ホール）── 65g
　　・イタリアンメレンゲ
　　　［卵白 ── 60g
　　　　グラニュー糖 ── 120g
　　　　水 ── 25g

粉糖 ── 適量

Redcurrant meringue

Makes twelve cakes
*6-cm diameter ×1.5-cm depth millasson mold

about 200g puff pastry dough
for twelve millasson molds, see page16
20g frangipane cream for 1 cake, see page26

Diplomat cream
 [350g custard cream, see page25
   175g Chantilly cream, 42% butterfat, see page 62
   35g kirsch

For the syrup
 [40g baume-30° syrup
   30g kirsch
   20g water

Redcurrant italian meringue
 [65g frozen redcurrants
   · Italian meringue
    [60g egg whites
      120g granulated sugar
      25g water

confectioners' sugar

a  b

c  d

e  f

g  h

i  j

クレーム・ディプロマットをつくる

1 OPPシートを密着させたトレイ（→P43型用トレイの準備）を冷蔵庫に入れておく。

2 クレーム・パティシエールをボウルに入れ、泡立器でクリーム状に混ぜもどす。

3 クレーム・シャンティイはあらかじめ泡立てて冷蔵庫で休ませておき、キルシュを加えてしっかり混ぜて立て直す。2に1/3量を加えて切るようによく混ぜ、さらに残りを加えて同様に軽く混ぜる。

4 1のトレイに3を口径1.3cmの口金で直径4cmに36個丸く絞る。急速冷凍庫で固め、シートからはずし、プラスチック容器に入れて冷凍庫に保管する[a]。

生地を準備する

5 パート・フイユテはミラソン型に敷き込み（→P19底がある小さな型）、クレーム・フランジパーヌを口径1.3cmの丸口金で約20gずつ渦巻き状に絞って、あらかじめ冷凍庫に入れておく。12個を使う。

6 5を168℃のオーヴンで合計約35分焼く。9分おきに2度とり出して型の位置を置きかえ、2度めに樹脂製マットをかぶせてオーヴンにもどす。8分、4分ごとにとり出して天板の向きをかえてオーヴンにもどし、最後は焼き色がきれいにつくまで4～5分焼く。焼けたら型からはずし、樹脂加工の天板に並べて冷ます。

仕上げる

7 6にアンビバージュをハケで2回たっぷり塗る[b]。生地周辺を押さえて平らにする[c]。フランジパーヌ生地が外側に出ないための作業。

8 グロゼイユ風味のイタリアンメレンゲをつくる。冷凍グロゼイユはあらかじめボウルに入れて冷蔵庫に移して解凍しておく。

9 イタリアンメレンゲをつくり（→P44ピュレのムース4）、人肌より少し低い温度になるまで泡立てる。少量を8に加えてゴムベラで混ぜ合わせ、混ざったら残りのメレンゲを加えて切るように軽く混ぜる[d～e]。

10 7の生地に9のメレンゲを少し塗り、4のクレーム・ディプロマットをのせて押さえる[f]。9を口径2cmの丸口金で周囲から渦巻き状に絞る[g]。

11 表面をパレットで均し、粉糖をプドレットで全体にふって[h～i]樹脂製マットに並べる。もう一度茶漉しで粉糖をふり[j]、200℃のオーヴンで1分半焼いて表面を乾かす。

COLUMN 13　クリスマスケーキで飛躍する

　毎年クリスマス用のケーキを新たにつくってきました。25年くらいやってきて50品あまり（2017年現在）。新しい挑戦の場、それがクリスマスケーキの開発です。ベースとなるのはこれまでつくってきた自分のお菓子たちです。

　僕が35年つくり続けているエベレストというチーズケーキがあります。神戸にいる頃、ある雑誌のレシピ取材でそのお菓子をアレンジしたリビエラ（→P62）というチーズケーキをつくりました。エベレストはフロマージュ・ブランだけでつくったチーズムースのケーキですが、リビエラはマスカルポーネチーズとフロマージュ・ブランを混ぜてムースをつくり、真ん中にリモンチェッロでマリネしたドライアンズを入れ、底のビスキュイにはリモンチェッロをアンビベしています。底にはキャラメリゼしたシュクレ生地を敷き、まわりにはクレーム・シャンティイを塗り、上にはイタリアンメレンゲを絞って中にルバーブのコンポートを入れました。

　ある時フランスでガラパーティがあり、マンゴーのコルネの中にマスカルポーネチーズとバジルを入れたアミューズを食べました。その瞬間、ネオ（→P234）の構想が浮かび、2008年にクリスマスケーキにつくり上げました。リビエラをベースにしたケーキでした。

　ネオはマスカルポーネとフロマージュ・ブランのチーズのムースで、真ん中にはマンゴーのムースとジュレを入れ、まわりにはバジル風味のビスキュイを使っています。表面にはバジルのナパージュを塗りました。

　そしてこの時初めて、バジルのビスキュイも誕生しました。ここからハーブソースを使った生地が広がっていきます。

　このようにして、クリスマスケーキをきっかけに新しいお菓子が創りだされていきます。

　副産物といいますか、この機会に新しい生地やクリーム、発想が生まれ、プティ・ガトーにももちろんフィードバックしていき、僕のケーキづくりが飛躍してきました。

3

アントルメ

アントルメ

パヴァーヌ
Pavane

Strawberry mousse
Strawberry and redcurrant jelly
Caribbean cocktail mousse
Lime sponge cake

分量　直径14cm×高さ4.5cmのセルクル5台分
＊直径12cm×高さ2cmのセルクル5台、
　直径12cmの抜き型を用意する。

ライム風味のビスキュイ
- ビスキュイ・ダマンド（→P12）
　　── 60×40cm天板1枚分
- ライムの表皮のすりおろし ── 5g
- 黄色の色素 ── 1.5滴
- 緑の色素 ── 2.5滴

アンビバージュ　以下を合わせる
- ボーメ30°のシロップ ── 45g
- キルシュ ── 30g
- 水 ── 25g

コクテルカライブ オ ロムのムース（センター）
- コクテルカライブ オ ロムのピュレ
　（→P78。冷凍のまま1cm角切り）── 115g
- ココナッツピュレ
　（冷凍のまま1cm角切り）── 115g
- ライムの搾り汁 ── 20g
- 板ゼラチン ── 6g
- キルシュ ── 25g
- ライムの表皮のすりおろし ── 1g
- ・イタリアンメレンゲ　以下から50g使用
  - 卵白 ── 60g
  - グラニュー糖 ── 105g
  - 水 ── 25g
- クレームフェテ（→P43）── 80g

イチゴとグロゼイユのジュレ（センター）
- 板ゼラチン ── 8g
- キルシュ ── 10g
- イチゴのピュレ
　（センガセンガナ、無糖。冷凍のまま1cm角切り）── 155g
- グロゼイユのピュレ
　（冷凍のまま1cm角切り）── 155g
- レモン汁 ── 15g
- 微粒グラニュー糖 ── 45g

イチゴのムース
- イチゴのピュレ（センガセンガナ、無糖。
　冷凍のまま1cm角切り）── 395g
- 板ゼラチン ── 12g
- キルシュ ── 40g
- ・イタリアンメレンゲ
  - 卵白 ── 55g
  - グラニュー糖 ── 80g
  - 水 ── 20g
- クレームフェテ ── 395g

グラッサージュ　以下を合わせる
- ナパージュ・ヌートル ── 135g
- グロゼイユのピュレ（1cm角切りにして解凍）
　── 漉して15g

飾り
- グロゼイユのジャム（→P37 ジャム）── 80g
- イチゴ ── 3個+半割1個分／1台
- フランボワーズ ── 5粒／1台
- ラフティスノウ ── 適量
- ライムピールのシロップ煮（→P38）── 適量

Pavane

Makes five round whole cakes
*five 14-cm diameter×4.5-cm height round cake rings,
five 12-cm diameter×2-cm height round cake rings,
12-cm diameter round pastry cutter

Lime sponge cake
- 1 sheet almond sponge cake for 60×40-cm baking sheet pan, see page 12
- 5g grated lime zest
- 1.5 drops of yellow food coloring
- 2.5 drops of green food coloring

For the syrup
- 45g baume-30° syrup
- 30g kirsch
- 25g water

Caribbean cocktail mousse
- 115g frozen "Caribbean cocktail" purée, cut into 1-cm cubes
- 115g frozen coconut purée, cut into 1-cm cubes
- 20g squeezed lime juice
- 6g gelatin sheets, soaked in ice-water
- 25g kirsch
- 1g grated lime zest
- · Italian meringue (use 50g)
  - 60g egg whites
  - 105g granulated sugar
  - 25g water
- 80g whipped heavy cream, see page 44

Strawberry and redcurrant jelly
- 8g gelatin sheets, soaked in ice-water
- 10g kirsch
- 155g frozen strawberry 100% "Senga Sengana" purée, cut into 1-cm cubes
- 155g frozen redcurrant purée, cut into 1cm cubes
- 15g fresh lemon juice
- 45g caster sugar

Strawberry mousse
- 395g frozen strawberry 100% "Senga Sengana" purée, cut into 1-cm cubes
- 12g gelatin sheets, soaked in ice-water
- 40g kirsch
- · Italian meringue
  - 55g egg whites
  - 80g granulated sugar
  - 20g water
- 395g whipped heavy cream

For the glaze
- 135g neutral glaze
- 15g frozen redcurrant purée, cut into 1cm cubes, defrost and strain

For décor
- 80g redcurrant jam, see page 37
- 3 strawberries and 2 halves for 1 cake
- 5 raspberries for 1 cake
- raftisnow for dusting
- candied lime peel, see page 38

ライムの香りの余韻があとを引くように残り
甘美なイチゴのムースとトロピカルフルーツのムースを複雑な味わいに表現する

センターをつくる

1. OPPシートを密着させたトレイに直径12cmのセルクルを並べ、冷蔵庫に入れておく（→P43 型用トレイの準備）。
2. クープ・ド・ソレイユの7〜9（→P80）を参照し、レモン汁をライムの搾り汁にかえてコクテルカライブ オ ロムのムースをつくる。ライムの表皮のすりおろしは最後に加え混ぜる。
3. 1のセルクルをとり出し、2のムースをレードルで75gずつ流し入れ、柄を曲げたスプーンの背で軽く叩いてすき間を除いて平らにする。急速冷凍庫で固める。
4. ジュレ（→P37）を参照してイチゴとグロゼイユのジュレをつくる。イチゴとグロゼイユのピュレはそれぞれ溶かして合わせ、レモン汁と砂糖を加え混ぜて使う。
5. 3をとり出して4を75gずつデポジッターで流し、同様に固めてセンターをつくる（→P37）。
6. 固まれば5を型からはずし、トレイに並べて冷凍庫に入れておく [a]。

生地を準備する

7. ライムの表皮はおろして5gをとる。
8. ビスキュイ・ダマンド（→P12）を参照して生地をつくって焼く。おろした7のライムの表皮と色素は同2で加え混ぜる。焼成は天板の向きをかえてからは様子を見て色を残すように調整する [b]。冷ましておく。
9. OPPシートを密着させたトレイに直径14cmのセルクルを並べる。8の生地は3×48cmの帯状にカットし、5本とる。残りの生地は直径12cmの抜き型で底用に5枚抜いて、トレイに並べておく。
10. 準備したセルクルに9の帯状の生地を焼き目側を内側にして入れる。生地の端は少し重なる。重なった部分の半分をペティナイフでカットして除き [c]、生地端を両側に向かって押し広げるようにして端と端を合わせる [d]。≡1
11. 9の底生地はそれぞれアンビバージュに浸し、焼き目側を上にして型に入れる。底生地と側面の生地にすき間ができないようにする [e]。

≡1 生地を型ぴったりの長さにカットして型に入れると凍らせた時、ムースと一緒に生地も縮んですき間ができる。アントルメの場合はより目立つ。あえて長めにカットしてタイトに入れるときれいに仕上がる。

イチゴのムースをつくる

12 ピュレのムース(→P44)を参照してイチゴのムースをつくる[f~h]。ただし、レモン汁は使わず、溶かしたピュレとゼラチンを合わせたものはやや低めの18〜19℃に冷やし、3回に分けてイタリアンメレンゲとクレームフェテと合わせたものに混ぜる。

13 11の型に12のムースをレードルで側面の生地の半分の高さくらいまで入れる。テーブルスプーンの背で軽く叩いてすき間を除き、平らにする[i]。

14 6のセンターをとり出し、13の中央にムース側を下にしてのせる。すべてのせたらセンターを押し、すき間ができないようにする[j]。

＊センターは作業をする直前に冷凍庫からとり出す。

15 さらにムースを14に流し、テーブルスプーンの背で叩いてすき間を除いて平らにする[k~l]。パレットで表面を何回か均し[m]、縁のはみ出たムースを除いてきれいにする。カバーをかぶせて急速冷凍庫で固める。

仕上げる

16 使用型と近いサイズのプラスチックシート(プラスチック容器の蓋などを利用)をくりぬいて円形模様の型をつくる。とりはずせるように持ち手もつくる。

17 15をとり出し、16の型をあててグロゼイユのジャムを口径4mmの丸口金で穴をあけた部分に絞り、パレットで均す[n~o]。

18 模様の型をはずして[p]冷凍庫でしっかり固める。グラッサージュをかけてパレットで均し[q]、まわりをきれいにしてから冷凍庫に入れる。

19 18をとり出してバーナーで温めて型からはずす。冷凍庫で保管する。

20 19を半解凍する。フランボワーズには飾る前にラフティスノウを茶漉しで軽くふり、フルーツとライムピールのシロップ煮とともに飾る。ホールのイチゴとフランボワーズにグロゼイユのジャムを絞る。

ネオ
Néo

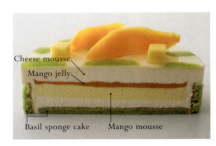

Cheese mousse
Mango jelly
Basil sponge cake
Mango mousse

分量　直径14cm×高さ4.5cmのセルクル5台分
＊直径12cm×高さ2cmのセルクル5台、
　直径12cmの抜き型を用意する。

バジル風味のビスキュイ
- ビスキュイ・ダマンド（→P12）
　── 60×40cm天板1枚分
- ・バジルのハーブソース　以下から30g使用
  - バジルの葉 ── 40g
  - レモン汁 ── 7g
  - EXVオリーヴオイル ── 70g

マンゴーのムース（センター）
- マンゴーのピュレ（冷凍のまま1cm角切り）── 100g
- レモン汁 ── 10g
- 板ゼラチン ── 4g
- キルシュ ── 5g
- ・イタリアンメレンゲ　以下から80g使用
  - 卵白 ── 60g
  - グラニュー糖 ── 105g
  - 水 ── 25g
- クレームフェテ（→P43）── 105g

マンゴーのジュレ（センター）
- 板ゼラチン ── 5g
- キルシュ ── 10g
- マンゴーのピュレ（冷凍のまま1cm角切り）── 205g
- レモン汁 ── 10g
- 微粒グラニュー糖 ── 12g

ムース・フロマージュ
- マスカルポーネチーズ ── 115g
- フロマージュ・ブラン ── 340g
- ・パータ・ボンブ
  - 卵黄 ── 85g
  - グラニュー糖 ── 130g
  - 水 ── 35g
- 板ゼラチン ── 13g
- キルシュ ── 20g
- レモン汁（常温）── 45g
- クレームフェテ ── 490g

模様描き用ナパージュ・バジル　以下から100g使用
- ナパージュ・ヌートル ── 450g
- ・バジルのハーブソース
  - バジルの葉 ── 45g
  - レモン汁 ── 25g
  - EXVオリーヴオイル ── 45g

グラッサージュ
- ナパージュ・ヌートル ── 200g

飾り
- ドライマンゴー ── 適量
- マンゴー ── 1cm角10切れ／1台

Néo

Makes five round whole cakes
＊five 14-cm diameter×4.5-cm
height round cake rings,
five 12-cm diameter×2-cm height round cake rings,
12-cm diameter round pastry cutter

Basil sponge cake
- 1 sheet almond sponge cake for 60×40-cm baking sheet pan, see page 12
- ・Basil sauce (use 30g)
  - 40g basil leaves
  - 7g fresh lemon juice
  - 70g EXV olive oil

Mango mousse
- 100g frozen mango purée, cut into 1-cm cubes
- 10g fresh lemon juice
- 4g gelatin sheets, soaked in ice-water
- 5g kirsch
- ・Italian meringue (use 80g)
  - 60g egg whites
  - 105g granulated sugar
  - 25g water
- 105g whipped heavy cream, see page 44

Mango jelly
- 5g gelatin sheets, soaked in ice-water
- 10g kirsch
- 205g frozen mango purée, cut into 1-cm cubes
- 10g fresh lemon juice
- 12g caster sugar

Cheese mousse
- 115g mascarpone
- 340g fresh cheese (fromage blanc)
- ・Iced bombe mixture
  - 85g egg yolks
  - 130g granulated sugar
  - 35g water
- 13g gelatin sheets, soaked in ice-water
- 20g kirsch
- 45g fresh lemon juice, at room temperature
- 490g whipped heavy cream

Basil glaze for decorating piping (use 100g)
- 450g neutral glaze
- ・Basil sauce
  - 45g basil leaves
  - 25g fresh lemon juice
  - 45g EXV olive oil

For the glaze
200g neutral glaze

For décor
- dried mangos
- 10 pieces 1-cm cubes fresh mango for 1 cake

生地のバジルとジュレのマンゴーの香りが、チーズムースを華やかな印象にする
バジルとマンゴーとチーズの「新しい出会い」を表現

センターをつくる

1 OPPシートを密着させたトレイに直径12cmのセルクルのトレイを並べ、室温におく(→P43 型用トレイの準備)。
2 ピュレのムース(→P44)を参照してマンゴーのムースをつくる。
3 1のセルクルに、2のムースをレードルで60gずつ流し入れ、柄を曲げたスプーンの背で軽く叩いてすき間を除いて均す。急速冷凍庫で固める。
4 ジュレ(→P37)を参照してマンゴーのジュレをつくる。
5 3をとり出して4を45gずつデポジッターで流し、同様に急速冷凍庫で固めてセンターをつくる(→P37)。
6 固まれば型からはずし、トレイに並べて冷凍庫に入れる[a]。

生地を準備する

7 ハーブ入りビスキュイ(→P13)を参照してバジル風味のビスキュイをつくって焼く[b〜e]。焼けたら冷ましておく。≡1
8 7の生地は3×48cmの帯状にカットして5本とる。残りの生地は直径12cmの抜き型で底用に5枚抜いて、トレイに並べておく。
9 OPPシートを密着させたトレイに直径14cmのセルクルを並べる。8の帯状の生地と底用の生地をパヴァーヌ10〜11(→P232)を参照して型にセットする[f]。ただし、生地にアンビバージュはしない。≡2

≡1 バジルの生地はバジルのハーブソースを漉さずに使うので、口に残ってより高い香りを感じる。
≡2 バジルはアルコールにつけると香りが消されてしまうのでアンビバージュしない。

ムース・フロマージュをつくる

10 リビエラの3～8（→P64）を参照してムース・フロマージュをつくる[g～h]。

11 9の型に10のムースを口径1.3cmの丸口金で側面の生地の半分の高さくらいまで絞る[i]。テーブルスプーンの背で軽く叩いてすき間を除いて均す。

12 6のセンターをジュレ側を上にして入れ、押してすき間を除く[j]。ムースを型いっぱいに絞って同様にテーブルスプーンの背で叩いてすき間を除き、パレットで表面を何回か均し、縁のはみ出しを除いてきれいにする[k～l]。カバーをかぶせて急速冷凍庫で固める。

仕上げる

13 ナパージュ・バジルをつくる。ハーブ入りビスキュイの1～2（→P13）を参照してバジルのハーブソースをつくり、ボウルに漉す。ナパージュ・ヌートルを加えて混ぜる。このうち100gを使う。

＊漉すと仕上がりが滑らかになる。

14 使用型と近いサイズのプラスチックシート（プラスチック容器の蓋などを利用）をくりぬいて楕円形模様の型をつくる。持ち手もつける。

15 12をとり出し、14の型をあててナパージュ・バジルを口径4mmの丸口金で穴をあけた部分に絞り、パレットで均す。型をはずし、冷凍庫に入れてしっかり固める。

16 15をとり出し、ナパージュ・ヌートルをかけてパレットで均し、まわりをきれいにしてから冷凍庫に入れてナパージュを固める。バーナーで温めて型からはずし、冷凍庫で保管する。

17 16を半解凍する。ドライマンゴーと角切りのマンゴーを彩りよく飾る。

ロアジス
L'oasis

Litchi mousse, wild strawberries
Blood peach jelly
Grapefruit mousse with grapefruit pulpe
Mint sponge cake

分量　直径14cm×高さ4.5cmのセルクル5台分
＊直径12cm×高さ2cmのセルクル5台、
　直径12cmの抜き型を用意する。

ミント風味のビスキュイ
- ビスキュイ・ダマンド（→P12）
　　── 60×40cm天板1枚分
- ・ミントのハーブソース　以下から30g使用
  - ミントの葉── 15g
  - レモン汁── 2.5g
  - EXV オリーヴオイル── 25g

アンビバージュ　以下を合わせる
- ボーメ30°のシロップ── 30g
- グレープフルーツリキュール── 50g
- ジェット27（ミントリキュール）── 20g

ライチのムース（センター）
- ライチのピュレ
　（冷凍のまま1cm角切り）── 230g
- レモン汁── 25g
- 板ゼラチン── 5g
- ライチのリキュール── 15g
- ・イタリアンメレンゲ　以下から55g使用
  - 卵白── 60g
  - グラニュー糖── 105g
  - 水── 25g
- クレームフェテ（→P43）── 80g

ガルニチュール
冷凍フレーズ・デボワ（ホール）── 8粒／1台

ペッシュヴィーニュのジュレ（センター）
- 板ゼラチン── 6g
- モモのリキュール── 5g
- ペッシュヴィーニュのピュレ
　（冷凍のまま1cm角切り）── 250g
- レモン汁── 10g
- 微粒グラニュー糖── 15g

グレープフルーツのムース
- グレープフルーツ（ルビー）の果肉── 100g
- グレープフルーツ（ルビー）の搾り汁── 670g
- 微粒グラニュー糖── 10g
- レモン汁── 35g
- 板ゼラチン── 20g
- グレープフルーツリキュール── 35g
- ・イタリアンメレンゲ
  - 卵白── 65g
  - グラニュー糖── 90g
  - 水── 25g
- クレームフェテ── 245g

グラッサージュ　以下を合わせる
- ナパージュ・ヌートル── 150g
- グレープフルーツリキュール── 15g

飾り
- グレープフルーツ── 1房分／1台
- イチゴ（半割）── 7切れ／1台
- ナパージュ・ヌートル── 適量
- ミントの葉── 適量

Oasis

Makes five round whole cakes
＊five 14-cm diameter×4.5-cm
height round cake rings,
five 12-cm diameter×2-cm height round cake rings,
12-cm diameter round pastry cutter

Mint sponge cake
- 1 sheet almond sponge cake for 60×40-cm baking sheet pan, see page 12
- ・Mint sauce (use 30g)
  - 15g mint leaves
  - 2.5g fresh lemon juice
  - 25g EXV olive oil

For the syrup
- 30g baume-30° syrup
- 50g grapefruit liqueur
- 20g Gez27 (mint liqueur)

Litchi mousse
- 230g frozen litchi purée, cut into 1-cm cubes
- 25g fresh lemon juice
- 5g gelatin sheets, soaked in ice-water
- 15g litchi liqueur
- ・Italian meringue (use 55g)
  - 60g egg whites
  - 105g granulated sugar
  - 25g water
- 80g whipped heavy cream, see page 44

For the garnish
8 frozen wild strawberries for 1 cake

Blood peach jelly
- 6g gelatin sheets, soaked in ice-water
- 5g peach liqueur
- 250g frozen blood peach purée, cut into 1-cm cubes
- 10g fresh lemon juice
- 15g caster sugar

Grapefruit mousse
- 100g fresh ruby red grapefruit pulp
- 670g squeezed ruby red grapefruit juice
- 10g caster sugar
- 35g fresh lemon juice
- 20g gelatin sheets, soaked in ice-water
- 35g grapefruit liqueur
- ・Italian meringue
  - 65g egg whites
  - 90g granulated sugar
  - 25g water
- 245g whipped heavy cream

For the glaze
- 150g neutral glaze
- 15g grapefruit liqueur

For décor
- 1 section of grapefruit for 1 cake
- 7 strawberries halves for 1 cake
- neutral glaze
- mint leaves

赤いモモのジュレの酸味がライチのムースのエキゾチックな香りを引き立てる
ミントの生地はスッとさわやかで、グレープフルーツの粒つぶが渇きを癒してくれる

センターをつくる

1 OPPシートを密着させたトレイに直径12cmのセルクルを並べ、冷蔵庫に入れておく（→P43 型用トレイの準備）。

2 ピュレのムース（→P44）を参照してライチのムースをつくる。ただし、ピュレとゼラチンを合わせたものは低めの13℃に冷やしてからイタリアンメレンゲとクレームフェテに2回に分けて混ぜる。

3 1のセルクルに2のムースをレードルで75gずつ流し入れる。冷凍のフレーズ・デボワは少しつぶす感覚で下のトレイに押しつけて沈める。柄を曲げたスプーンの背で軽く叩いてすき間を除いて平らにし、急速冷凍庫で固める。

4 ジュレ（→P37）を参照してペッシュヴィーニュのジュレをつくる。モモのリキュールは全量を板ゼラチンと合わせる。

5 3をとり出し、4を55gずつデポジッターで流し、同様に固めてセンターをつくる（→P37）。

6 固まれば型からはずし、OPPシートを敷いたトレイに並べて冷凍庫に入れる［a］。

生地を準備する

7 ハーブ入りビスキュイ（→P13）を参照してミント風味のビスキュイをつくって天板にのばし、208℃のオーヴンで4分、向きをかえて3分半焼く。焼けたら冷ましておく。

8 7の生地は3×48cmの帯状にカットし、5本とる。残りの生地は直径12cmの抜き型で底用に5枚抜いて、トレイに並べておく。

9 OPPシートを密着させたトレイに直径14cmのセルクルを並べる。8の帯状の生地をパヴァーヌ10（→P232）を参照して型に入れる。

グレープフルーツのムースをつくる

10 ジェオメトリー10〜15（→P76）を参照して、最後にひと粒ずつにした果肉を加えてグレープフルーツのムースをつくる［b〜e］。

11 6のセンターはムース側を下にして9のトレイに並べ直す。9の型は生地が上にくるようにひっくり返してセンターにのせる［f］。センターが型の中央にくるようにする。

12 10のムースを口径1cmの丸口金で11に型の半分くらいまで絞る。センターの周囲に入れるようにして絞る［g］。

13 柄を直角に曲げたスプーンの背で表面を叩いてムースを周囲に落とし込むようにする［h］。

14 さらに果肉が均一に入るように混ぜながらレードルでムースを9分めまで入れ、スプーンの背で叩いてすき間を除く[i〜j]。
15 8の底用の生地をアンビバージュに浸して焼き目側を下にして14の中央にのせて押さえる[k]。
16 OPPシートとトレイをのせて押さえ（→P43 凍らせる前に）、急速冷凍庫で固める。

仕上げる
17 16をとり出し、トレイではさんでひっくり返してOPPシートをはずす。型のまわりの余分なムースをパレットで除く。
18 17にグラッサージュをかけてパレットで均し、いったん冷凍庫で固める。とり出してバーナーで温めて型からはずす。冷凍庫で保管する。
19 18を半解凍しておく。グレープフルーツの実は房からはずし、ひと房を3等分してセットしておく。イチゴの断面にはナパージュ・ヌートルをパレットで塗る。
20 グレープフルーツと半割のイチゴ、ミントを飾る。

1 センターに入れる冷凍フレーズ・デボワは下のトレイに押しつけることで、ひっくり返した時に彩りある飾りになる。

レーヴル
Lèvres

Strawberry mousse
Blood orange jelly
Morello cherry mousse, griotte cherries in kirsch
Strawberry sponge cake

分量　直径14cm×高さ4.5cmのセルクル5台分
＊直径12cm×高さ2cmのセルクル5台、
　直径12cmの抜き型を用意する。

イチゴ風味のビスキュイ
- ビスキュイ・ダマンド（→P12）
  ── 60×40cm天板1枚分
  ＊ただし、薄力粉は10g多い95gにする。
- イチゴのピュレ
  （センガセンガナ、無糖。1cm角切りにして解凍）
  ── 60g
- フリーズドライのイチゴピース ── 20g

アンビバージュ　以下を合わせる
- ボーメ30°のシロップ ── 45g
- フランボワーズのオー・ド・ヴィ ── 30g
- 水 ── 25g

グリオットのムース（センター）
- グリオットのピュレ
  （冷凍のまま1cm角切り） ── 110g
- レモン汁 ── 5g
- 板ゼラチン ── 5g
- キルシュ ── 6g
- ・イタリアンメレンゲ　以下から60g使用
  - 卵白 ── 60g
  - グラニュー糖 ── 105g
  - 水 ── 25g
- クレームフェテ（→P43） ── 110g

ガルニチュール
- グリオット（キルシュ漬け） ── 15粒／1台

オレンジサンギーヌ（ブラッドオレンジ）のジュレ（センター）
- 板ゼラチン ── 6g
- マンダリン・ナポレオン ── 10g
- オレンジサンギーヌのピュレ
  （冷凍のまま1cm角切り） ── 160g
- オレンジサンギーヌのコンサントレ ── 160g
- レモン汁 ── 14g
- 微粒グラニュー糖 ── 20g

イチゴのムース
- イチゴのピュレ（センガセンガナ、無糖。
  冷凍のまま1cm角切り） ── 435g
- 板ゼラチン ── 13g
- キルシュ ── 45g
- ・イタリアンメレンゲ
  - 卵白 ── 60g
  - グラニュー糖 ── 90g
  - 水 ── 25g
- クレームフェテ ── 435g

レモンタイムのグラスロワイヤルがけ
- レモンタイム ── 10本
- ・グラスロワイヤル
  - 粉糖 ── 55g
  - 卵白 ── 10g
  - レモン汁 ── 7g

模様描き用　以下を合わせる
- フランボワーズのピュレ
  （1cm角切りにして解凍） ── 40g
- 微粒グラニュー糖 ── 4g
- レモン汁 ── 2g

グラッサージュ　以下を合わせる
- ナパージュ・ヌートル ── 150g
- イチゴのピュレ（センガセンガナ、無糖。
  1cm角切りにして解凍） ── 15g

飾り
- フランボワーズ ── 5粒／1台
- イチゴ（半割） ── 10切れ／1台
- ナパージュ・ヌートル ── 適量
- レモンタイムのグラスロワイヤルがけ
  （上記） ── 2本／1台

Lips

Makes five round whole cakes
＊five 14-cm diameter×4.5-cm height round cake rings,
five 12-cm diameter×2-cm height round cake rings,
12-cm diameter round pastry cutter

Strawberry sponge cake
- 1 sheet almond sponge cake
  for 60×40-cm baking sheet pan, see page 12
  ＊But, add all-purpose flour 10g plus
  the original recipe, amounts to 95g
- 60g frozen strawberry 100% "Senga Sengana" purée,
  cut into 1-cm cubes, and defrost
- 20g broken freeze-dried strawberries

For the syrup
- 45g baume-30° syrup
- 30g raspberry eau-de-vie (raspberry brandy)
- 25g water

Morello cherry mousse
- 110g frozen morello cherry purée, cut into 1-cm cubes
- 5g fresh lemon juice
- 5g gelatin sheets, soaked in ice-water
- 6g kirsch
- · Italian meringue (use 60g)
  - 60g egg whites
  - 105g granulated sugar
  - 25g water
- 110g whipped heavy cream, see page 44

For the garnish
15 griotte cherries in kirsch for 1 cake

Blood orange jelly
- 6g gelatin sheets, soaked in ice-water
- 10g Mandarine Napoléon (orange liqueur)
- 160g frozen blood orange purée, cut into 1-cm cubes
- 160g blood orange concentrated preparation
- 14g fresh lemon juice
- 20g caster sugar

Strawberry mousse
- 435g frozen strawberry 100% "Senga Sengana" purée,
  cut into 1-cm cubes
- 13g gelatin sheets, soaked in ice-water
- 45g kirsch
- · Italian meringue
  - 60g egg whites
  - 90g granulated sugar
  - 25g water
- 435g whipped heavy cream

Lemon thyme with royal icing
- 10 lemon thyme
- · Royal icing
  - 55g confectioners' sugar
  - 10g egg white
  - 7g fresh lemon juice

For decorating piping
- 40g frozen raspberry purée, cut into 1-cm cubes, and defrost
- 4g caster sugar
- 2g fresh lemon juice

For the glaze
- 150g neutral glaze
- 15g frozen strawberry 100% "Senga Sengana" purée,
  cut into 1-cm cubes, and defrost

For décor
- 5 raspberries and 10 strawberries halves for 1 cake
  neutral glaze
- 2 lemon thyme with royal icing for 1 cake, see above

ブラッドオレンジのジュレの酸味とグリオットのムースが味の奥行きをつくり
イチゴの深い味わいを創出。レモンタイムの香りがさわやかさを添える

センターをつくる

1 OPPシートを密着させたトレイに直径12cmのセルクルを並べ、冷蔵庫に入れておく（→P43型用トレイの準備）。

2 ピュレのムース（→P44）を参照し、同8で加えるグリオットのピュレは18℃にしてグリオットのムースをつくる。

3 1のセルクルをとり出し、2のムースをレードルで50gずつ流し入れる。柄を曲げたスプーンの背で軽く叩いてすき間を除いて均す。キッチンペーパーの上で汁気を切ったキルシュ漬けのグリオットをバランスよく置いて押さえる。急速冷凍庫で固める。

4 ジュレ（→P37）を参照してオレンジサンギーヌのジュレをつくる。コンサントレはオレンジサンギーヌのピュレと合わせて一緒に使う。

5 3をとり出して4を70gずつデポジッターで流し、同様に固めてセンターをつくる（→P37）。

6 固まれば型からはずし、OPPシートを敷いたトレイに並べて冷凍庫に入れておく[a]。

生地を準備する

7 ピュレ入りビスキュイ（→P13）を参照してイチゴのピュレを加えてイチゴ風味のビスキュイをつくる[b~c]。ただし、色素は使わない。

8 天板にオーヴンペーパーを貼りつけ（→P12 ビスキュイ・ダマンド・準備）、少し砕いたフリーズドライのイチゴピースを散らす。帯状にする部分には多めに散らす。散らしたイチゴが動かないように7の生地を天板の中央に流してからのばし[d]、同様に焼く。焼成は天板の向きを入れかえたら少し早めにオーヴンから出す。焼けたら冷ましておく[e]。

9 8の生地は3×48cmの帯状にカットし、5本とる。残りの生地は直径12cmの抜き型で底用に5枚抜いて、トレイに並べておく。

10 OPPシートを密着させたトレイに直径14cmセルクルを並べる。9の帯状の生地と底用の生地をパヴァーヌの10~11（→P232）を参照して型に入れる。

イチゴのムースをつくる

11 ピュレのムース（→P44）を参照してイチゴのムースをつくる[f]。ただし、溶かしたピュレとゼラチンを合わせたものは低めの18~19℃にしてイタリアンメレンゲとクレームフェテと合わせたものに混ぜる。

12 11のムースを10の型にレードルで側面の生地の半分の高さくらいまで入れ、テーブルスプーンの背で軽く叩いてすき間を除いて平らにする[g~h]。

13 6のセンターをとり出し、12の中央にジュレ側を上にしてのせる[i]。すべてのせたらセンターを押し、すき間ができないようにする。

＊センターは作業をする直前に冷凍庫からとり出す。

14 さらにムースを口径1.3cmの丸口金で13に絞り、テーブルスプーンの背で叩いてすき間を除く[j〜k]。パレットで表面を何回か均し[l]、縁のはみ出たムースを除いてきれいにする。カバーをかぶせて急速冷凍庫で固める。

レモンタイムのグラスロワイヤルがけをつくる

15 レモンタイムのグラスロワイヤルがけは2〜3日前につくっておく。レモンタイム以外の材料をボウルに入れてハンドミキサーで泡立てる。レモンタイム全体にグラスロワイヤルを指でつけていき、樹脂製マット上に並べて常温に2〜3日おいて乾かす。

仕上げる

16 14をとり出し、模様描き用の材料を合わせ、直径1cmくらいの筆につけて何箇所か表面に押しつけて離す。これで唇形の模様になる。ムースが凍っているのですぐに固まる。

17 16にグラッサージュをかけてパレットで均し、まわりをきれいにしてから冷凍庫に入れて固める。とり出してバーナーでまわりを温めてセルクルからはずす。冷凍庫に入れて保管する。

18 17を半解凍しておく。イチゴの断面にはナパージュ・ヌートルをパレットで塗る。フルーツとレモンタイムのグラスロワイヤルがけを飾る。

| COLUMN 14 | 生地に果汁を入れてみたいと思った |

　僕のお菓子にはスパイス、ハーブ、そして果汁などを入れたビスキュイを使っているものがあります。ハーブはオリーヴオイルとレモン汁を合わせてミルにかけたものを加え混ぜます。ピュレはイチゴ、ブルーベリー、フランボワーズ、パッションフルーツなどです。

　そのお菓子に合ったビスキュイをと考えていき、自然にピュレやハーブを入れるようになりました。ただし、すぐにうまくいくわけではありませんでした。

　最初にビスキュイにピュレを入れたのはアントルメのレーブル（→P242）でした。イチゴのムースに合わせてイチゴ味のビスキュイができないだろうかと考え、ピュレとフリーズドライのイチゴを加えてみました。基本通りに焼くと焦げやすいこともわかりました。

　いろいろ工夫し、ピュレを加える場合は、水分が多い分だけ少し小麦粉を増やし、焼成時間も微妙に調整することにしました。

　初めはうまくいかなくても、何度も試作しているうちに答えは出てきます。不可能だと決めつけず、チャレンジすること、失敗から学ぶことはたくさんあります。それがまた自分のお菓子の世界を広げてくれます。

フィグフィグ
Figue Figue

Almond sponge cake with mix spices
Fig mousse
Fig and redcurrant jelly
Pear mousse

分量　直径14cm×高さ4.5cmのセルクル5台分
＊直径12cm×高さ2cmのセルクル5台、
　直径12cmの抜き型を用意する。

パン・デピス風味のビスキュイ
[ビスキュイ・ダマンド（→P12）
　　── 60×40cm天板1枚分
　パン・デピス（ミックススパイス）── 4g]

アンビバージュ　以下を合わせる
[ボーメ30°のシロップ── 40g
　キルシュ── 30g
　水── 25g]

洋ナシのムース（センター）
[洋ナシのピュレ（冷凍のまま1cm角切り）── 215g
　微粒グラニュー糖── 5g
　レモン汁── 10g
　板ゼラチン── 6g
　洋ナシのオー・ド・ヴィ── 30g
　・イタリアンメレンゲ　以下から50g使用
　　[卵白── 60g
　　　グラニュー糖── 105g
　　　水── 25g]
　クレームフェテ（→P43）── 75g]

イチジクとグロゼイユのジュレ（センター）
[板ゼラチン── 7g
　キルシュ── 20g
　ドライイチジクの赤ワイン煮の実（→P39）── 75g
　グロゼイユのピュレ（冷凍のまま1cm角切り）
　　── 100g
　イチジクのピュレ（冷凍のまま1cm角切り）── 125g
　レモン汁── 15g
　微粒グラニュー糖── 45g]

イチジクのムース
[ドライイチジクの赤ワイン煮の実
　　── 195g
　イチジクのピュレ（冷凍のまま1cm角切り）
　　── 465g
　レモン汁── 75g
　板ゼラチン── 18g
　キルシュ── 40g
　・イタリアンメレンゲ
　　[卵白── 60g
　　　グラニュー糖── 105g
　　　水── 25g]
　クレームフェテ── 230g]

イチジクの乾燥焼き（飾り用）
[冷凍黒イチジク（ホール）── 5個
　粉糖── 適量]

グラッサージュ　以下を合わせる
[ナパージュ・ヌートル── 135g
　グロゼイユのピュレ（1cm角切りにして解凍）
　　── 漉して15g]

飾り
[グロゼイユのジャム（→P37 ジャム）
　　── 100g
　イチジクの乾燥焼き（→上記）
　　── 4切れ／1台
　イチゴ（半割）── 7切れ／1台]

fig and fig

Makes five round whole cakes
*five 14-cm diameter×4.5-cm height round cake rings,
five 12-cm diameter×2-cm height round cake rings,
12-cm diameter round pastry cutter

Almond sponge cake with mix spices
[1 sheet almond sponge cake for 60×40-cm
　baking sheet pan, see page 12
　4g mix spices for "pain d' épice"]

For the syrup
[40g baume-30° syrup
　30g kirsch
　25g water]

Pear mousse
[215g frozen pear purée, cut into 1-cm cubes
　5g caster sugar
　10g fresh lemon juice
　6g gelatin sheets, soaked in ice-water
　30g pear eau-de-vie (pear brandy)
　・Italian meringue (use 50g)
　　[60g egg whites
　　　105g granulated sugar
　　　25g water]
　75g whipped heavy cream, see page 44]

Fig and redcurrant jelly
[7g gelatin sheets, soaked in ice-water
　20g kirsch
　75g red wine poached dried figs, see page 39
　100g frozen redcurrant purée, cut into1-cm cubes
　125g frozen fig purée, cut into 1-cm cubes
　15g fresh lemon juice
　45g caster sugar]

Fig mousse
[195g red wine poached dried figs
　465g frozen fig purée, cut into 1-cm cubes
　75g fresh lemon juice
　18g gelatin sheets, soaked in ice-water
　40g kirsch
　・Italian meringue
　　[60g egg whites
　　　105g granulated sugar
　　　25g water]
　230g whipped heavy cream]

Semi-dried fig for décor
[5 frozen black figs (whole)
　confectioners' sugar]

For the glaze
[135g neutral glaze
　15g frozen redcurrant purée,
　cut into1-cm cubes, defrost and strain]

For décor
[100g redcurrant jelly, see page 37
　4 pieces semi-dreid fig for 1 cake, see above
　7 strawberries halves for 1 cake]

スパイシーな香りに包まれたプチプチしたドライイチジクの赤ワイン煮を
相性がいい洋ナシのムースとパン・デピス風味の生地がバランスよく包み込む

センターをつくる

1 OPPシートを密着させたトレイに直径12cmのセルクルを並べ、冷蔵庫に入れておく(→P43 型用トレイの準備)。

2 ピュレのムース(→P44)を参照して洋ナシのムースをつくる。ただし、砂糖は溶かした洋ナシのピュレに加え混ぜて使う。

3 1の12cmのセルクルをとり出し、2のムースをレードルで75gずつ流し入れる。柄を曲げたスプーンの背で軽く叩いてすき間を除いて均し、急速冷凍庫で固める。

4 ジュレ(→P37)を参照してイチジクとグロゼイユのジュレをつくる。ドライイチジクの赤ワイン煮はフードプロセッサーでペースト状にし、溶かした2種類のピュレとレモン汁と砂糖を混ぜたものに合わせて使う。

5 3をとり出し、4を口径7mmの丸口金で75gずつ表面に絞り、同様に柄の曲がったスプーンで軽く叩いて均してから固め、センターをつくる(→P37)。

6 固まれば型からはずし、OPPシートを敷いたトレイに並べて冷凍庫に入れておく[a]。

生地を準備する

7 ビスキュイ・ダマンド(→P12)を参照し、パン・デピスのスパイスを一緒にふるい合わせた粉類を使ってパン・デピス風味のビスキュイを焼く。ただし、焼成温度は206℃で4分焼いて天板の向きを入れかえたあと、3分半、焼き色があまりつかない程度に焼く。焼けたら冷ましておく。

8 7の生地は3×48cmの帯状にカットし、5本とる。残りの生地は直径12cmの抜き型で底用に5枚抜いて、トレイに並べておく。

9 OPPシートを密着させたトレイに直径14cmセルクルを並べる。8の帯状の生地と底用の生地を、パヴァーヌの10〜11(→P232)を参照して型に入れる。

イチジクのムースをつくる

10 ドライイチジクの赤ワイン煮は実をフードプロセッサーにかけてペースト状にしてボウルに入れる[b〜c]。

11 イチジクのピュレを解凍してレモン汁を加え混ぜ、10に加えてよく混ぜる[d〜e]。≡1

12 ピュレのムース2〜10(→P44)を参照して、11を解凍したピュレにかえてイチジクのムースをつくる[f〜h]。

≡1 イチジクのピュレは酵素が強くてこれだけだと固まらないので、ドライのイチジクの赤ワイン煮を合わせてムースにした。

13 12のムースを9の型に口径1.7cmの丸口金で側面の生地の半分くらいの高さまで絞り入れる［i］。テーブルスプーンの背で軽く叩いてすき間を除き、平らにする。

14 6のセンターをとり出し、13の中央にジュレ側を上にしてのせる。すべてのせたらセンターを押し、すき間ができないようにする［j］。
＊センターは作業をする直前に冷凍庫からとり出す。

15 さらにムースを絞り、同様にテーブルスプーンの背で叩いてすき間を除く［k］。パレットで表面を何回か均し［l］、縁のはみ出たムースを除いてきれいにする。カバーをかぶせて急速冷凍で固める。

イチジクの乾燥焼きをつくる

16 飾り用にイチジクの乾燥焼きをつくっておく。冷凍黒イチジクは縦4等分にし、粉糖を入れたボウルに1切れずつ入れて粉糖をまぶしてはそのつどとり出す。粉糖がなじんだらふたたび同様にまぶして粉糖を2度づけする。これを樹脂製マットに並べ、ダンパーをあけた100℃のオーヴンで20分ほど乾燥焼きにする。冷ましておく。

仕上げる

17 花の模様がある市販のビニールシートを花模様中心に使用型よりも大きめにカットし、模様部分をカッターでくりぬいて花模様の型をつくっておく［m］。

18 15をとり出し、花模様の型をあてて口径4mmの丸口金でグロゼイユのジャムを穴をあけた部分に絞り、パレットで均す（→P233 パヴァーヌ n～o）。型をはずし、いったん冷凍庫に入れてジュレを固める。

19 18をとり出し、グラッサージュをかけて［n］パレットで均し、まわりをきれいにしてから冷凍庫に入れる。固まればとり出してバーナーで温めて型からはずす。

20 19を半解凍しておく。16とナパージュ・ヌートル（分量外）を断面に塗ったイチゴを飾る。

ヴィオレット
Violette

- Blueberry mousse
- Violet jelly
- Pear mousse
- Blueberry sponge cake

分量　縦(型の中心)15cm×横15cm、
　　　高さ4cmのハート形セルクル3台分
＊縦(型の中心)11cm×横12cm、
　　高さ4cmのハート形セルクル3台を用意する。

ブルーベリー風味のビスキュイ
- ビスキュイ・ダマンド(→P12)
  ―― 60×40cm天板1枚分
  ＊ただし、薄力粉は10g多い95gにする。
- ブルーベリーのピュレ(1cm角切りにして解凍)
  ―― 60g
- 赤の色素 ―― 5滴

アンビバージュ　以下を合わせる
- ボーメ30°のシロップ ―― 30g
- キルシュ ―― 25g
- 水 ―― 20g

洋ナシのムース(センター)
- 洋ナシのピュレ(冷凍のまま1cm角切り) ―― 125g
- レモン汁 ―― 5g
- 微粒グラニュー糖 ―― 2g
- 板ゼラチン ―― 3g
- 洋ナシのオー・ド・ヴィ ―― 15g
- ・イタリアンメレンゲ ―― 以下から30g使用
  - 卵白 ―― 60g
  - グラニュー糖 ―― 105g
  - 水 ―― 25g
- クレームフェテ(→P43) ―― 45g

ヴィオレットのジュレ(センター)
- 板ゼラチン ―― 4g
- キルシュ ―― 10g
- 洋ナシのピュレ(冷凍のまま1cm角切り) ―― 80g
- ブルーベリーのピュレ(冷凍のまま1cm角切り) ―― 80g
- レモン汁 ―― 10g
- スミレの花の蒸留水 ―― 0.9g
- 微粒グラニュー糖 ―― 25g

ブルーベリーのムース
- ブルーベリーのピュレ
  (冷凍のまま1cm角切り) ―― 245g
- レモン汁 ―― 15g
- 板ゼラチン ―― 8g
- キルシュ ―― 25g
- ・イタリアンメレンゲ　以下から100g使用
  - 卵白 ―― 60g
  - グラニュー糖 ―― 105g
  - 水 ―― 25g
- クレームフェテ ―― 245g

グラッサージュ　以下を合わせる
- ナパージュ・ヌートル ―― 100g
- ブルーベリーのピュレ(1cm角切りにして解凍)
  ―― 漉して5g
- スミレの花の蒸留水 ―― 1滴

飾り
- 洋ナシのコンポート(→P39)
  ―― 1/8カット分／1台
- イチゴ(半割) ―― 2切れ／1台
- フランボワーズ ―― 3粒／1台
- ブルーベリー ―― 3粒／1台
- グロゼイユ ―― 3粒／1台

Violet

Makes three heart-shaped whole cakes
*three 15-cm×15-cm×4-cm height and
three 11-cm×12-cm×4-cm height heart-shaped rings

Blueberry sponge cake
- 1 sheet almond sponge cake for 60×40-cm baking sheet pan, see page 12
  *But, add all-purpose flour 10g plus the original recipe, amounts to 95g
- 60g frozen blueberry purée, cut into 1-cm cubes, and defrost
- 5 drops of red food coloring

For the syrup
- 30g baume-30° syrup
- 25g kirsch
- 20g water

Pear mousse
- 125g frozen pear purée, cut into 1-cm cubes
- 5g fresh lemon juice
- 2g caster sugar
- 3g gelatin sheet, soaked in ice-water
- 15g pear eau-de-vie (pear brandy)
- ・Italian meringue (use 30g)
  - 60g egg whites
  - 105g granulated sugar
  - 25g water
- 45g whipped heavy cream, see page 44

Violet jelly
- 4g gelatin sheets, soaked in ice-water
- 10g kirsch
- 80g frozen pear purée, cut into 1-cm cubes
- 80g frozen blueberry purée, cut into 1-cm cubes
- 10g fresh lemon juice
- 0.9g violet water (aromatic natural water)
- 25g caster sugar

Blueberry mousse
- 245g frozen blueberry purée, cut into 1-cm cubes
- 15g fresh lemon juice
- 8 gelatin sheets, soaked in ice-water
- 25g kirsch
- ・Italian meringue (use 100g)
  - 60g egg whites
  - 105g granulated sugar
  - 25g water
- 245g whipped heavy cream

For the glaze
- 100g neutral glaze
- 5g frozen blueberry purée, cut into 1-cm cubes, defrost and strain
- 1 drops of violet water

For décor
- 1/8 cut of red wine poached pear for 1 cake, see page 39
- 2 strawberries halves for 1 cake
- 3 raspberries for 1 cake
- 3 blueberries for 1 cake
- 3 redcurrants for 1 cake

スミレの花の香りが漂うブルーベリーのムース
ブルーベリーのピュレを混ぜた生地とスミレの香りが立つジュレでみずみずしく

a

b

c
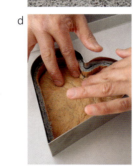
d

e

f

g

h

i

j

センターをつくる

1 OPPシートを密着させたトレイに12cmのハート形のセルクルを並べ、冷蔵庫に入れておく（→P43型用トレイの準備）。

2 ピュレのムース（→P44）を参照して洋ナシのムースをつくる。ただし、砂糖は溶かした洋ナシのピュレに加えて使う。

3 1のセルクルを出し、それぞれの型に2のムースを口径1.3cmの丸口金で60gずつ絞り入れる。トレイごと軽く下に叩きつけて表面を平らにし、急速冷凍庫で固める。

4 ジュレ（→P37）を参照してヴィオレットのジュレをつくる。キルシュは全量をゼラチンと合わせる。洋ナシとブルーベリーのピュレはそれぞれ溶かして合わせ、レモン汁、スミレの花の蒸留水、砂糖を加え混ぜて使う。

5 3をとり出して4をデポジッターで60gずつ流し入れ、同様に固めてセンターをつくる（→P37）。

6 固まれば型からはずし、OPPシートを敷いたトレイに並べて冷凍庫に入れる[a]。

生地を準備する

7 ピュレ入りビスキュイ（→P13）を参照し、ブルーベリー風味のビスキュイを焼く[b]。焼けたら冷ましておく。

8 7の生地は2.5×53cmの帯状にカットし、3本とる。残りの生地は15cmのハート形セルクルをあてて側面の生地とすき間ができないようにひとまわり小さくペティナイフでカットし、底用に3枚とる。トレイに並べておく。

9 OPPシートを密着させたトレイに15cmのハート形セルクルを並べる。8の帯状の生地と底用の生地はパヴァーヌ10～11（→P232）を参照して型に入れる（崩れやすい生地なのでアンビバージュはハケで塗る）[c～d]。帯状の生地は、ハート形の窪んだ箇所に生地中央をあてて入れるようにする。アンビバージュをハケで生地全体に塗る[e]。

ブルーベリーのムースをつくる

10 ピュレのムース（→P44）を参照してブルーベリーのムースをつくる[f～h]。

11 10のムースを9の型に口径1.3cmの丸口金で側面の生地の半分くらいの高さまで絞り入れる[i]。テーブルスプーンの背で軽く叩いてすき間をなくす。

12 6のセンターをとり出し、11の中央にジュレ側を上にしてのせる。すべてのせたらセンターを押し、すき間ができないようにする[j]。

＊センターは作業をする直前に冷凍庫からとり出す。

13 さらにムースをいっぱいに絞り、テーブルスプーンの背で叩いてすき間をなくす[k]。パレットで表面を何回か均し[l]、縁のはみ出たムースを除いてきれいにする。カバーをかぶせて急速冷凍庫で固める。

仕上げる

14 洋ナシのコンポートは5日以上前につくって冷蔵庫に入れておき (→P39)、仕上げ当日、半割の洋ナシを縦4等分(ホールの縦1/8カット分)にしてからそれぞれを3等分にカットする。洋ナシは縦1/8カット分を1台に使う。

15 13をとり出してグラッサージュをかけてパレットで均し、まわりをきれいにしてから冷凍庫に入れて固める。固まればバーナーで温めてセルクルからはずし、冷凍庫で保管する。

16 15は半解凍しておく。14のコンポートとフルーツを飾る。

ミカリプソ
Mikalypso

Dried fruits
Chocolate mousse
Passion fruit-caramel sauce jelly
Cheese mousse
Passion fruit-chocolate sponge cake

分量　長径16cm×短径12.5cm、
高さ4.5cmのオヴァール形セルクル5台分
＊長径14cm×短径10.5cm、
　高さ2cmのオヴァール形セルクル5台を用意する。

パッションフルーツ風味のビスキュイ・ショコラ
- ビスキュイ・ショコラB（→P14）
  ── 60×40cm天板1枚分
- パッションフルーツのピュレ（1cm角切りにして解凍）
  ── 35g
- ドライアンズ ── 15g

アンビバージュ　直前に合わせる
- パッションフルーツのピュレ（1cm角切りにして解凍）
  ── 100g
- ボーメ30°のシロップ ── 20g
- パッションフルーツのリキュール ── 60g
- 水 ── 20g

ムース・フロマージュ（センター）
- マスカルポーネチーズ ── 40g
- フロマージュ・ブラン ── 120g
- ・パータ・ボンブ
  - 卵黄 ── 30g
  - グラニュー糖 ── 45g
  - 水 ── 10g
- 板ゼラチン ── 13g
- キルシュ ── 10g
- レモン汁（常温）── 15g
- クレームフェテ（→P43）── 175g

パッションフルーツのソース・キャラメルのジュレ（センター）
- 水飴 ── 35g
- グラニュー糖 ── 130g
- 生クリーム（乳脂肪分38％）── 125g
- パッションフルーツのピュレ（1cm角切りにして解凍）
  ── 125g
- 板ゼラチン ── 5g

ガルニチュール
- ドライアンズ（5mm角）── 7.5g／1台
- マンゴー（5mm角）── 7.5g／1台

ムース・ショコラ
- ・パータ・ボンブ
  - 生クリーム（乳脂肪分38％）── 70g
  - グラニュー糖 ── 60g
  - 卵黄 ── 165g
- ブラックチョコレート（カカオ分68％）
  ── 260g
- クレームフェテ ── 550g

クレーム・シャンティイ
- 生クリーム（乳脂肪分42％）── 80g
- 微粒グラニュー糖 ── 5g

グラッサージュ　以下を合わせる
- ナパージュ・ヌートル ── 130g
- パッションフルーツのピュレ
  （1cm角切りにして解凍）── 15g

飾り
- ドライアンズ（5mm角）── 適量
- マンゴー（5mm角）── 適量
- ドライクランベリー ── 5粒／1台
- ピスタチオ ── 適量

Mikalypso

Makes five oval whole cakes
*five 16-cm×12.5-cm×4.5-cm height and five 14-cm×10.5-cm×2-cm height oval cake rings

Passion fruit-chocolate sponge cake
- 1 sheet chocolate sponge cake B for 60×40-cm baking sheet pan, see page 14
- 35g frozen passion fruit purée, cut into 1-cm cubes, and defrost
- 15g dried apricots

For the syrup
- 100g frozen passion fruit purée, cut into 1-cm cubes, and defrost
- 20g baume-30° syrup
- 60g passion fruit liqueur
- 20g water

Cheese mousse
- 40g mascarpone
- 120g fresh cheese (fromage blanc)
- Iced bombe mixture
  - 30g egg yolks
  - 45g granulated sugar
  - 10g water
- 13g gelatin sheets, soaked in ice-water
- 10g kirsch
- 15g fresh lemon juice, at room temperature
- 175g whipped heavy cream, see page 44

Caramel and passion fruit sauce jelly
- 35g starch syrup
- 130g granulated sugar
- 125g fresh heavy cream, 38% butterfat
- 125g frozen passion fruit purée, cut into 1-cm cubes, and defrost
- 5g gelatin sheets, soaked in ice-water

For garnish
- 7.5g dried apricots, cut into 5-mm cubes for 1 cake
- 7.5g mango, cut into 5-mm cubes for 1 cake

Chocolate mousse
- Iced bombe mixture
  - 70g fresh heavy cream, 38% butterfat
  - 60g granulated sugar
  - 165g egg yolks
- 260g dark chocolate, 68% cacao
- 550g whipped heavy cream

Chantilly cream
- 80g fresh heavy cream, 42% butterfat
- 5g caster sugar

For the glaze
- 130g neutral glaze
- 15g frozen passion fruit purée, cut into 1-cm cubes, and defrost

For décor
- dried apricots, cut into 5-mm cubes
- mango, cut into 5-mm cubes
- 5 dried cranberries for 1 cake
- pistachios

チーズムース、酸味のあるキャラメルソースを閉じ込めたチョコレートムース
カリブ海の島々を表現したドライフルーツが新しい味わいを与える

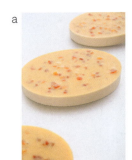
a

b

c

d

e

f

g

h

センターをつくる

1 OPPシートを密着させたトレイに長径14cmのオヴァール形のセルクルを並べ、室温におく（→P43 型用トレイの準備）。

2 リビエラ3〜8（→P64）を参照してムース・フロマージュをつくる。

3 1のセルクルをとり出し、2のムースをレードルで80gずつ流し入れる。柄を曲げたスプーンの背で軽く叩いてすき間を除いて均らし、急速冷凍庫で固める。

4 タルトレット・キャラメル・パッション3〜4（→P151）を参照してパッションフルーツのソース・キャラメルをつくる。

5 4に板ゼラチンを加えて混ぜ溶かす。氷水にあてて混ぜながら23℃に冷やす。

6 3をとり出し、ガルニチュールを並べてから5をデポジッターで60gずつ流し入れ、同様に固めてセンターをつくる（→P37）。

7 固まれば型からはずし、OPPシートを敷いたトレイに並べて冷凍庫に入れる［a］。

生地を準備する

8 Bの配合でビスキュイ・ショコラを参照し（→P14）、パッションフルーツ風味のビスキュイ・ショコラを焼く。パッションフルーツのピュレとドライアンズは一緒にミルでペースト状にし、アーモンドプードル、粉糖、卵黄、卵白をリボン状に落ちる程度に泡立てたところ（同1）に加えてつくる。焼けたら冷ましておく。

9 8の生地は3×49cmの帯状にカットし、5本とる。残りの生地はセンターで使った長径14cmのオヴァール形のセルクルで抜き、底用に5枚とる。トレイに並べておく。

10 OPPシートを密着させたトレイに長径16cmのオヴァール形セルクルを並べる。9の帯状の生地と底用の生地をパヴァーヌ10〜11（→P232）を参照して型に入れる。ただし、帯状の生地もアンビバージュをハケで塗ってから型に入れる。型に入れてからさらにアンビバージュを塗る［b］。≡1

≡1 この生地はたっぷりアンビベした方がおいしいので、型に入れる前とあともアンビバージュを塗る。

ムース・ショコラをつくる

11 ムース・ショコラ(→P46)を参照してつくる[c]。

12 11のムースをレードルで1杯ほど10の型に入れ、テーブルスプーンの背で均して[d]少し叩いてすき間を除く。

13 7のセンターをとり出し、12の中央にキャラメルソースのジュレ側を上にしてのせる。すべてのせたらセンターを押し、すき間ができないようにする[e]。

＊センターは作業をする直前に冷凍庫からとり出す。

14 さらにムースをいっぱいに入れ、スプーンの背で叩いて同様にすき間ができないようにする[f]。パレットで表面を何回か均し、縁のはみ出たムースを除いてきれいにする。カバーをかぶせて急速冷凍庫で固める。

15 生クリームと砂糖でクレーム・シャンティイを柔らかめに泡立て、14にパレットで薄く塗り広げる[g]。縁のはみ出た部分をきれいに除き[h]、15～30分急速冷凍庫で固める。

仕上げる

16 グラッサージュをかけてパレットで均す[i]。すぐに飾りのナッツやフルーツをピンセットで彩りよく飾って軽く押さえる[j～k]。冷凍庫に入れて表面をしっかり固める。

17 16をとり出し、バーナーで温めてセルクルからはずして冷凍庫で保管する。解凍して提供する。

プレジール
Plaisir

- Milk chocolate mousse
- Chocolate almond sponge cake
- Dark chocolate mousse
- Praliné and chocolate feuilletine, Hazelnut daquoise

分量　長径16cm×短径12.5cm、
高さ4.5cmのオヴァール形セルクル5台分

ビスキュイ・ショコラA（→P14）
　　──60×40cm天板1/2枚分

アンビバージュ　以下を合わせる
- ボーメ30°のシロップ──65g
- グレープフルーツのリキュール──45g
- 水──40g

パータ・ダコワーズ・ノワゼット
- ヘーゼルナッツプードル──80g
  *皮つきホールをつくる直前に粗めに挽く。
- 薄力粉──10g
- 粉糖──60g
- ・メレンゲ
- 卵白──90g
- 微粒グラニュー糖──60g

プラリネとチョコレートのフイユティーヌ
- フイユティーヌ──75g
- ミルクチョコレート（カカオ分41%）──40g
- プラリネ──120g

ムース・ショコラ・オ・レ
- ・パータ・ボンブ
  - 生クリーム（乳脂肪分38%）──70g
  - グラニュー糖──25g
  - 卵黄──50g
- ミルクチョコレート（カカオ分41%）──160g
- クレームフェテ（→P43）──310g

ムース・ショコラ・ノワール
- ・パータ・ボンブ
  - 生クリーム（乳脂肪分38%）──50g
  - グラニュー糖──45g
  - 卵黄──95g
- ブラックチョコレート（カカオ分66%）──170g
- クレームフェテ──350g
- グレープフルーツの皮のコンフィ（→P35）──90g

模様書き用チョコレート
- ブラックチョコレート（カカオ分56%）──30g
- ピーナッツオイル──10g

グラッサージュ　以下を合わせる
- ナパージュ・ヌートル──150g
- グレープフルーツのリキュール──15g

飾り
- ブラック・ショコラ・ノワール
  （楕円形、ブラックペッパーつき→P42）
  ──2枚／1台
- ブラック・ショコラ・オ・レ
  （楕円形、ブラックペッパーつき→P42）
  ──2枚／1台
- グレープフルーツの皮のコンフィ
  ──適量

Pleasure

Makes five oval whole cakes
*16-cm length×12.5-cm width
×4.5-cm height oval cake rings

1/2 sheet chocolate almond sponge cake A
for 60×40-cm baking sheet pan, see page 14

For the syrup
- 65g baume-30° syrup
- 45g grapefruit liqueur
- 40g water

Hazelnut daquoise
- 80g fresh coarsely ground shelled hazelnuts
  *grind hazelnuts in food grinder just before using
- 10g all-purpose flour
- 60g confectioners' sugar
- ・Meringue
- 90g egg whites
- 60g caster sugar

Praliné and chocolate feuilletine
- 75g feuilletine (flaked crispy crepe)
- 40g milk chocolate, 41% cacao
- 120g praliné paste

Milk chocolate mousse
- ・Iced bombe mixture
  - 70g fresh heavy cream, 38% butterfat
  - 25g granulated sugar
  - 50g egg yolks
- 160g milk chocolate, 41% cacao
- 310g whipped heavy cream, see page 44

Dark chocolate mousse
- ・Iced bombe mixture
  - 50g fresh heavy cream, 38% butterfat
  - 45g granulated sugar
  - 95g egg yolks
- 170g dark chocolate, 66% cacao
- 350g whipped heavy cream
- 90g candied grapefruit peel, see page 35

Glaze for decoration (hand) writing
- 30g dark chocolate, 56% cacao
- 10g peanut oil

For the glaze
- 150g neutral glaze
- 15g grapefruit liqueur

For décor
- 2 dark chocolate decorations oval plate with black pepper for 1 cake, see page 42
- 2 milk chocolate decorations oval plate with black pepper for 1 cake, see page 42
- candied grapefruit peel

苦みばしったグレープフルーツの香り、フイユティーヌのサクサクした食感が
2種類のチョコレートムースを融合し、まろやかに口に広がる

生地を準備する

1 ビスキュイ・ショコラをAの配合でつくって焼く（→P14）。冷ましておく。組み立て前に使用型のオヴァール形セルクルで5枚抜いておく。
2 メレンゲを泡立て、ふるった粉類と合わせて、アーモンドプードルなしでパータ・ダコワーズ・ノワゼットをつくる（→P23・1～7）。
3 粉糖（分量外）をつけた使用型のセルクルで樹脂製マットに跡をつけ、2の生地を口径1cmの丸口金で渦巻き状に薄めに5枚絞る［a］。
4 あとでフイユティーヌがきれいにのるように小さなパレットで少しだけ均し、170℃で17分焼く［b～c］。粗熱をとる。
5 4に使用型のセルクルをあて、型の周囲にはみ出た生地をペティナイフで削ってセルクルにおさまるようにする［d］。

プラリネとチョコレートのフイユティーヌをつくる

6 ミルクチョコレートは湯煎で溶かし、45℃にしておく。
7 フイユティーヌはチャックつきポリ袋に入れ、麺棒を転がして2～4mmくらいの大きさに細かくしてからボウルに入れる［e～f］。
8 ミルクチョコレートとプラリネを合わせて混ぜ、7を半量ずつふり入れてはゴムベラでつぶさないように混ぜる［g］。
9 5のダッコワーズ生地に8を1台につき45gずつパレットで塗って均等に均す［h］。冷蔵庫に入れておく。

模様描き用チョコレートをつくる

10 OPPシートに使用型のセルクルをのせ、マジックペンで型の輪郭線を5台分書き、裏返してトレイに密着させる。
11 模様描き用チョコレートをつくる。ブラックチョコレートは溶かし、ピーナッツオイルと合わせて28～30℃にする。筆につけて10の輪郭線の内側から外側に向かって、また外から内へと模様を描く［i］。冷蔵庫に入れて固める。

ムース・ショコラ・オ・レをつくる

12 ムース・ショコラ（→P46）を参照してムース・ショコラ・オ・レをつくる。
13 11のトレイを出して、使用セルクルを線描きしたところに合わせてのせる。
14 12のムースを口径1.3cmの丸口金で13の型に100gずつ絞り入れ、テーブルスプーンの背で軽く叩いてすき間を除く［j～k］。表面が少し固まるまで冷蔵庫に入れる。

15 1のビスキュイをとり出してアンビバージュに浸し、焼き目側を下にしてずれないようにていねいに14にのせて軽く押さえる[l~m]。冷蔵庫に入れておく。

ムース・ショコラ・ノワールをつくる

16 ガルニチュールのグレープフルーツの皮のコンフィは冷蔵庫で解凍しておく。フードプロセッサーで粗めのペースト状にし、ボウルに入れる。チョコレートと混ぜるので、40℃のエチューブ(オーヴン下の保温庫)に入れておく。

17 ムース・ショコラ・ノワールをつくる(詳細は→P46)。生クリームと砂糖でつくったシロップを卵黄に加えて濾し、湯煎で加熱してパータ・ボンブをつくり、溶かしたチョコレートに合わせて軽く混ぜる[n]。

18 17にクレームフェテひとすくいを加えてよく混ぜる[o~p]。

19 18の半量を残りのクレームフェテのボウルに加えてよく混ぜる[q]。

20 19のうち少量を18の残りにもどしてよく混ぜる[r]。これを、一部はグレープフルーツの皮のコンフィに加え、19にそれぞれ加えていく。

21 20のうち少量は16のグレーツフルーツの皮のコンフィに加えてゴムベラでよく混ぜる[s]。

22 20の残りは19に入れて切るように混ぜる[t]。

23 ゴムベラに持ちかえ、最後にコンフィを混ぜた21を22に加えて混ぜ、ムースを仕上げる[u]。

24 15の型に23のムースを口径1.9cmの丸口金で型の9分めまで絞り、テーブルスプーンの背で叩いてすき間を除き、平らにする[v]。

25 9のフイユティーヌを塗ったダコワーズ生地をフイユティーヌ側を下にして24にそっとのせ、押さえる[w]。OPPシートをのせてトレイで押さえ(→P43凍らせる前に)、急速冷凍庫で固める。

仕上げる

26 25をとり出してトレイではさんでひっくり返し、OPPシートをはずす。

27 グラッサージュをかけてパレットで均し、まわりをきれいにしてから冷凍庫に入れる。固まればとり出してバーナーで温めてセルクルからはずし、冷凍庫に入れて保管する。

28 27は半解凍しておく。グレープフルーツの皮のコンフィは細長い三角形に切り、ブラック・ショコラと一緒に飾る。

エモーション
Emotion

- Milk chocolate mousse
- Exotic jelly
- Banana mousse
- Chocolate sponge cake
- Hazelnut - chocolate sponge cake

分量　直径14cm×高さ4.5cmのセルクル5台分
*直径12cm×高さ2cmのセルクル5台、
　直径12cmの抜き型を用意する。

ビスキュイ・ショコラ、
ヘーゼルナッツつきビスキュイ・ショコラ
- ビスキュイ・ショコラB（→P14）
  — 60×40cm天板1枚分
- 16割ヘーゼルナッツ — 20g
- *170℃で10分ローストしておく。

アンビバージュ　以下を合わせる
- ボーメ30°のシロップ — 40g
- コニャック — 25g
- 水 — 30g

バナナのムース（センター）
- バナナのピュレ（冷凍のまま1cm角切り） — 145g
- レモン汁 — 25g
- 板ゼラチン — 3g
- コニャック — 5g
- ・イタリアンメレンゲ — 以下から50g使用
  - 卵白 — 60g
  - グラニュー糖 — 105g
  - 水 — 25g
- クレームフェテ（→P43） — 100g

ジュレ・エキゾチック（センター）
- 板ゼラチン — 5g
- パッションフルーツのリキュール — 10g
- マンゴーのピュレ（冷凍のまま1cm角切り） — 130g
- パッションフルーツのピュレ（冷凍のまま1cm角切り）
  — 130g
- レモン汁 — 15g
- 微粒グラニュー糖 — 25g
- ショウガのすりおろし — 5g

ムース・ショコラ・オ・レ
- ・パータ・ボンブ
  - 生クリーム（乳脂肪分38％） — 90g
  - グラニュー糖 — 80g
  - 卵黄 — 180g
- ショウガのすりおろし — 40g
- ミルクチョコレート（カカオ分41％） — 345g
- クレームフェテ — 690g

模様描き用
- ナパージュ・ヌートル — 20g
- マンゴーのピュレ（1cm角切りにして解凍）
  — 20g
- ブラックチョコレート（カカオ分56％）
  — 30g
- ピーナッツオイル — 10g
- ミルクチョコレート（カカオ分41％）
  — 30g
- ピーナッツオイル — 5g

グラッサージュ　以下を合わせる
- ナパージュ・ヌートル — 140g
- コニャック — 10g

飾り
- プラック・ショコラ・ノワール
  （渦巻き状、16割アーモンドつき→P42）
  — 4枚／1台
- プラック・ショコラ・オ・レ（渦巻き状）
  — 3枚／1台
- ショウガの砂糖漬け — 1枚／1台

Emotion

Makes five round whole cakes
*five 14-cm diameter×4.5-cm height round cake rings,
five 12-cm diameter×2-cm height round cake rings,
12-cm diameter round pastry cutter

Chocolate sponge cake and
Hazelnut-chocolate sponge cake, half and half
- 1 sheet almond sponge cake
  for 60×40-cm baking sheet pan, see page 14
  20g diced hazelnuts, 3-4mm size
- *toast in the oven 170℃ for 10 minutes

For the syrup
- 40g baume-30° syrup
- 25g cognac
- 30g water

Banana mousse
- 145g frozen banana purée, cut into 1-cm cubes
- 25g fresh lemon juice
- 3g gelatin sheet, soaked in ice-water
- 5g cognac
- ・Italian meringue (use 50g)
  - 60g egg whites
  - 105g granulated sugar
  - 25g water
- 100g whipped heavy cream, see page 44

Exotic jelly
- 5g gelatin sheets, soaked in ice-water
- 10g passion fruit liqueur
- 130g frozen mango purée, cut into 1-cm cubes
- 130g frozen passion fruit purée, cut into 1-cm cubes
- 15g fresh lemon juice
- 25g caster sugar
- 5g grated fresh ginger

Milk chocolate mousse
- ・Iced bombe mixture
  - 90g fresh heavy cream, 38% butterfat
  - 80g granulated sugar
  - 180g egg yolks
- 40g grated fresh ginger
- 345g milk chocolate, 41% cacao
- 690g whipped heavy cream

Glaze for decoration (hand) writing
- 20g neutral glaze
- 20g frozen mango purée,
  cut into 1-cm cubes, and defrost
- 30g dark chocolate, 56% cacao
- 10g peanut oil
- 30g milk chocolate, 41% cacao
- 5g peanut oil

For the glaze
- 140g neutral glaze
- 10g cognac

For décor
- 4 dark chocolate decorations swirl plate
  with almonds for 1 cake, see page 42
- 3 milk chocolate decorations swirl plate, see page 42
- 1 crystallized ginger for 1 cake

パッションフルーツの酸味とショウガのピリッとした辛さが余韻として残り
エキゾチックなミルクチョコレートのムースが最後までおいしく味わえる

センターをつくる

1 OPPシートを密着させたトレイに直径12cmのセルクルを並べ、冷蔵庫に入れておく（→P43 型用トレイの準備）。

2 ピュレのムース（→P44）を参照してバナナのムースをつくる。ただし、バナナのピュレはレモン汁をからめて解凍して使う。

3 1のセルクルを出し、型に2のムースをレードルで60gずつ流し入れる。柄の曲がったスプーンで軽く叩いてすき間をなくして平らにし、急速冷凍庫で固める。

4 ジュレ・エキゾティックのジュレをつくる（→P37 ジュレ）。マンゴーとパッションフルーツのピュレは合わせて溶かしてレモン汁と砂糖を加え混ぜて使い、ショウガのすりおろしはゼラチンと合わせた最後に混ぜてつくる。

5 3をとり出して4をデポジッターで60gずつ流し、同様に固めてセンターをつくる（→P37）。

6 固まれば型からはずし、OPPシートを敷いたトレイに並べて冷凍庫に入れておく。

生地を準備する

7 ビスキュイ・ショコラをBの配合でつくって樹脂製マットを敷いた天板にのばす（→P14）。天板の縦半分にはローストした16割ヘーゼルナッツを散らし、同様に焼く。

8 7の生地はヘーゼルナッツをふった部分を3×48cmの帯状にカットし、5本とる。ヘーゼルナッツをふっていない部分は直径12cmの抜き型で底用に5枚抜いて、トレイに並べておく。

9 OPPシートを密着させたトレイに直径14cmのセルクルを並べる。8の帯状の生地と底用の生地を、パヴァーヌの10～11（→P232）を参照して型に入れる。ただし、帯状の生地はヘーゼルナッツをふった面を外側にして型に入れる。

ムース・ショコラ・オ・レをつくる

10 ムース・ショコラ（→P46）を参照してムース・ショコラ・オ・レをつくる。ただしパータ・ボンブをつくる際、湯煎で加熱してもったりしてきたところで（同3）ショウガのすりおろしを加え混ぜ、さらにとろみがついたらミキサーにかけてつくる[a～c]。

11 9の型を出して10のムースを口径1.3cmの丸口金で側面の生地の半分くらいの高さまで絞り入れる[d]。テーブルスプーンの背で軽く叩いてすき間をなくす。

12 6のセンターをとり出し、11の中央にジュレ側を上にしてのせ、上から押さえてすき間をなくす[e～f]。

＊センターは作業をする直前に冷凍庫からとり出す。

13 さらにムースをいっぱいに絞り、テーブルスプーンの背で軽く叩いてすき間をなくす[g~h]。パレットで表面を何回か均し[i]、縁のはみ出たムースを除いてきれいにする。カバーをかぶせて急速冷凍庫で固める。

仕上げる

14 模様描き用のナパージュとチョコレートをつくる。ナパージュは溶かしたピュレと合わせ、2種類のチョコレートはそれぞれ溶かして分量のピーナッツオイルと合わせて28～30℃にし、それぞれ容器に入れておく[j]。とり出した13の表面にそれぞれの筆で3色の模様を描く[k]。冷凍庫に入れて表面を固める。

15 グラッサージュをかけてパレットで均し、まわりをきれいにしてから冷凍庫に入れる。固まればバーナーで温めてセルクルからはずし、冷凍庫で保管する。

16 15を半解凍しておく。ショウガの砂糖漬けとプラック・ショコラを飾る。

イリェウス
Ilhéus

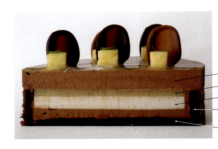

- Chocolate mousse
- Caribbean jelly
- Caribbean cocktail mousse
- Coconut-chocolate sponge cake
- Chocolate sponge cake

分量　長径16cm×短径12.5cm、
高さ4.5cmのオヴァール形セルクル3台分
＊長径14cm×短径10.5cm、
　高さ2cmのオヴァール形セルクル3台を用意する。

ビスキュイ・ショコラ、
ココナッツつきビスキュイ・ショコラ
- ビスキュイ・ショコラB（→P14）
  ―― 60×40cm天板2/3枚分
- ココナッツファイン ―― 適量

アンビバージュ　以下を合わせる
- ボーメ30°のシロップ ―― 100g
- タンカレーNo.10（ジン）―― 55g

コクテルカライブ オ ロムのムース（センター）
- コクテルカライブ オ ロムのピュレ
  （→P78。冷凍のまま1cm角切り）―― 110g
- ココナッツピュレ（冷凍のまま1cm角切り）―― 55g
- レモン汁 ―― 10g
- 板ゼラチン ―― 5g
- キルシュ ―― 20g
- ・イタリアンメレンゲ　以下から35g使用
  - 卵白 ―― 60g
  - グラニュー糖 ―― 105g
  - 水 ―― 25g
- クレームフェテ（→P43）―― 60g

ジュレ・カライブ（センター）
- 板ゼラチン ―― 4.5g
- キルシュ ―― 8g
- コクテルカライブ オ ロムのピュレ
  （冷凍のまま1cm角切り）―― 170g
- レモン汁 ―― 10g
- ライムの搾り汁 ―― 25g
- 微粒グラニュー糖 ―― 20g
- ライムの表皮のすりおろし ―― 0.8g

ムース・ショコラ
- ・パータ・ボンブ
  - 生クリーム（乳脂肪分38%）―― 55g
  - グラニュー糖 ―― 45g
  - 卵黄 ―― 110g
- ブラックチョコレート（カカオ分62%）―― 210g
- クレームフェテ ―― 440g

グラッサージュ
- ナパージュ・ヌートル ―― 80g
- コクテルカライブ オ ロムのピュレ
  （1cm角切りにして解凍）―― 25g
- ライムの表皮のすりおろし ―― 0.5g

模様描き用ナパージュ　以下を合わせる
- ナパージュ・ヌートル ―― 10g
- ココナッツピュレ（1cm角切りにして解凍）―― 15g

飾り
- ブラック・ショコラ・ノワール（羽根状→P42）
  ―― 4枚／1台
- ブラック・ショコラ・オ・レ（羽根状→P42）
  ―― 3枚／1台
- ライムピールのシロップ煮（→P38）―― 適量
- パイナップル（1.2cm角）―― 7個／1台

Ilhéus

Makes three oval whole cakes
*three 16-cm×12.5-cm×4.5-cm height and three 14-cm×10.5-cm×2-cm height oval cake rings

Chocolate sponge cake and
Coconut-chocolate sponge cake, half and half
- 2/3 sheet chocolate sponge cake B
  for 60×40-cm baking sheet pan, see page 14
- coconut fine shred for dusting

For the syrup
- 100g baume-30° syrup
- 55g Tanqueray No.10 (British gin)

Caribbean cocktail mousse
- 110g frozen "Caribbean cocktail" purée, cut into 1-cm cubes
- 55g frozen coconut purée, cut into 1-cm cubes
- 10g fresh lemon juice
- 5g gelatin sheets, soaked in ice-water
- 20g kirsch
- Italian meringue (use 35g)
  - 60g egg whites
  - 105g granulated sugar
  - 25g water
- 60g whipped heavy cream, see page 44

Caribbean jelly
- 4.5g gelatin sheets, soaked in ice-water
- 8g kirsch
- 170g frozen "Caribbean cocktail" purée, cut into 1-cm cubes
- 10g fresh lemon juice
- 25g fresh lime juice
- 20g caster sugar
- 0.8g grated lime zest

Chocolate mousse
- ・Iced bombe mixture
  - 55g fresh heavy cream, 38% butterfat
  - 45g granulated sugar
  - 110g egg yolks
- 210g dark chocolate, 62% cacao
- 440g whipped heavy cream

For the glaze
- 80g neutral glaze
- 25g frozen "Caribbean cocktail" purée, cut into 1-cm cubes, and defrost
- 0.5g grated lime zest

Glaze for decoration (hand) writing
- 10g neutral glaze
- 15g frozen coconut purée, cut into 1-cm cubes, and defrost

For décor
- 4 dark chocolate decorations wing-shaped plate for 1 cake, see page 42
- 3 milk chocolate decorations wing-shaped plate for 1 cake, see page 42
- candied lime peel, see page 38
- 7 pieces 1.2-cm cubes pineapples for 1cake

イリェウスはブラジルのカカオの産地。南米をイメージしたトロピカルなムース ライムの香りがチョコレート風味の間に立ちのぼる

a

b

c

d

e

f

g

h

センターをつくる

1 OPPシートを密着させたトレイに長径14cmのオヴァール形のセルクルを並べ、冷蔵庫に入れておく（→P43 型用トレイの準備）。

2 ピュレのムース（→P44）を参照してコクテルカライブ オ ロムのムースをつくる。コクテルカライブ オ ロムのピュレとココナッツピュレはそれぞれ解凍して合わせ、レモン汁を加えて使う。

3 1のセルクルをとり出し、2のムースを口径1.3cmの丸口金で75gずつ絞り入れる。柄を曲げたスプーンの背で軽く叩いてすき間を除き、急速冷凍庫で固める。

4 ジュレ・カライブをつくる（→P37 ジュレ）。コクテルカライブ オ ロムのピュレ[a]は解凍してレモン汁と砂糖を加え、キルシュは全量をゼラチンに加え混ぜ、最後にライムの表皮のすりおろしを加え混ぜてつくる[b〜c]。

5 3をとり出して4をデポジッターで60gずつ流し[d]、同様に固めてセンターをつくる（→P37）。

6 固まれば型からはずし、OPPシートを敷いたトレイに並べて冷凍庫に入れる[e]。

生地を準備する

7 ビスキュイ・ショコラをBの配合でつくる（→P14）。生地ができたら樹脂製マットを敷いた天板にのばし、縦半分にココナッツファインを多めに散らし、同様に焼く。

8 7の生地のココナッツをふった部分を3×48cmの帯状にカットし、5本とる。ココナッツをふっていない部分はセンターに使った長径14cmのオヴァール形セルクルで底用に3枚抜いて、トレイに並べておく。

9 OPPシートを密着させたトレイに長径16cmのオヴァール形セルクルを並べる。8の帯状の生地と底用の生地を、パヴァーヌの10〜11（→P232）を参照して型に入れる[f〜g]。ただし、帯状の生地はココナッツをふった面を外側にして型に入れ、側面の生地にアンビバージュをハケで塗る[h]。

ムース・ショコラをつくる

10 ムース・ショコラ(→P46)を参照してつくる[i〜k]。

11 9の型を出して10のムースをレードルで1杯ほど入れ、テーブルスプーンの背で叩いてすき間をなくす[l〜m]。

12 6のセンターをとり出し、11の中央にジュレ側を上にしてのせ、押さえてすき間を除く[n]。
  ＊センターは作業をする直前に冷凍庫からとり出す。

13 さらにムースをレードルで入れ[o]、テーブルスプーンの背で叩いてすき間を除く。パレットで表面を何回か均し[p]、縁にはみ出たムースを除いてきれいにする。カバーをかぶせて急速冷凍庫で固める。

仕上げる

14 グラッサージュを用意する。ナパージュ・ヌートルと解凍したコクテルカライブ オ ロムのピュレを合わせ、ライムのすりおろしを混ぜる。

15 13をとり出し、14のグラッサージュをかけてパレットで均し、まわりをきれいにする。

16 模様描き用のナパージュを筆につけて白く模様を描く。すぐに固まる。冷凍庫に入れて固め、バーナーで温めてセルクルからはずし、冷凍庫で保管する。

17 16は半解凍しておく。パイナップルは1.2cm角に切っておく。パイナップルを並べて上にライムピールのシロップ煮をのせ、プラック・ショコラを飾る。

| COLUMN 15 | 同じ生地でも厚さ、形状がかわると味が違ってくる——焼き菓子のバリエーション |

　フランスで僕が修業した店でつくっていた焼き菓子は、ケーク・オ・フリユイ、ウイーク・エンド・シトロン、マドレーヌ、フィナンシェくらいで、あまり種類は多くありませんでした。マカロンは5種類くらい。ほかにヴィエノワズリーのクグロフ、クロワッサン、ブリオッシュなどでした。

　日本にもどってからある時、フィナンシェ生地にダコワーズ生地を重ねて焼くとどうなるだろうか、とふと思い立っていろいろ試作していきました。気づいたのは、同じ生地であっても厚さや形状がかわると味や食感が違ってくるということでした。このことを利用すれば、いくらでも焼き菓子の世界が広がると思いはじめ、少しずつ焼き菓子のアイテムを増やしていきました。

　マドレーヌはショウガやクリを使ったもの(プラジュニース→P312、マドレーヌ・アルデショワ→P314)、フィナンシェはチョコレート味、コーヒー味(以上→P276)、レモン、オレンジ、エピスをはじめ各種あります。生地を2層にしたものはフィナンシェ生地とダコワーズ生地を使ったノワゼッティン(→P284)が最初で、2層の生地の中にパート・ド・フリユイを入れて焼いたプランタニエール(→P286)、真ん中にジャムを入れて焼いたエピスリー(→P289)などに進化していきました。

　焼き菓子も生菓子のようにフレッシュ感のあるものをと考えてつくっていて、僕の店ではなるべく毎日焼きたてを提供するように努めています。最近では長期保存が可能なお菓子もありますが、僕は新鮮な焼き上がりのおいしさにこだわりたいと思っています。あたり前のことですが、これを続けることが特別なおいしさにつながります。

4

焼き菓子とタルト

フィナンシェ

ダコワーズ生地

2層の生地

ケーク生地

そのほか

タルト

焼き菓子

フィナンシェ・ミエル
Financier miel

分量　長径7cm×短径4.5cm、
深さ1.5cmオヴァール型48個分

粉糖——375g
アーモンドプードル——375g
コーンスターチ——60g
卵白（常温にもどす）——360g
ハチミツ——75g

焦がしバター
バター——225g

Honey financier

Makes forty-eight financiers
*7-cm×4.5-cm×1.5-cm depth oval dariol mold

375g confectioners' sugar
375g almond flour
60g corn starch
360g egg whites, at room temperature
75g honey

For brown butter (heat until brown)
225g unsalted butter

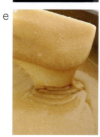

1 型にはポマード状にしたバター（分量外）を薄く塗って冷蔵庫に入れておく。
2 粉糖、アーモンドプードル、コーンスターチを合わせてボウルにふるい入れておく。
3 2に常温にもどした卵白とハチミツを順に加えてはゴムベラでさっくりと混ぜる。ざっと混ざればゴムベラの面ですりつぶすようにしてなめらかになるまでよく混ぜる[a〜b]。
＊冬などでハチミツが固まっていたら湯煎にかけて温めてから使う。
4 2と同時進行で焦がしバターをつくる。手鍋にバターを入れて中火〜強火にかけて溶かし、泡立器で絶えず混ぜながら加熱する[c]。≡1
5 薄茶色になってきたら火をとめ[d]、焦がしすぎないように鍋底を水にあてて混ぜる。
6 3の生地に5の焦がしバターを2〜3回に分けて加えては混ぜる。最初は少量を加え混ぜ、なじんだら次を加えるようにする。≡2
7 きれいに混ざれば[e]室温で2時間おく。2時間後はきめが細かくなっている[f]。
8 天板にのせた1の型に7を口径1.3cmの丸口金で絞る[g]。空気が入るので[h]2個ずつ型を持って下に軽く叩きつけて泡を除く。
9 156℃のオーヴンで15分半焼く。8分、4分ごとにとり出しては型の位置をかえてオーヴンにもどし、最後に3分半ほど焼いて焼き色を確認して焼きムラがないように焼き上げる。焼けたら型からはずして樹脂製マット上に逆さに並べて冷ます。

≡1 焦がしバターは絶えず混ぜながら加熱するのでキメが細かくなり、漉さなくてよい。
≡2 熱い焦がしバターを加えると卵白が煮上がってしまうので、注意して最初は少量を加え混ぜる。

しっとりした食感にハチミツと焦がしバターが香る

フィナンシェ・ショコラ
Financier chocolat

フィナンシェ・キャフェ
Financier café

フィナンシェ・ピスターシュ
Financier pistache

フィナンシェのバリエーションは広がる
甘酸っぱいショコラ、苦みばしったコーヒー風味。そしてコクのあるピスタチオ

フィナンシェのバリエーション

フィナンシェ・ショコラ
Financier chocolat

分量　長径7cm×短径4.5cm、
深さ1.5cmオヴァール型40個分

粉糖—— 300g
アーモンドプードル—— 300g
コーンスターチ—— 50g
カカオプードル—— 30g
卵白(常温にもどす)—— 300g
ハチミツ—— 60g

焦がしバター
バター—— 180g

ガルニチュール
グリオットのキルシュ漬け—— 3個／1個

フランボワーズ・ペパン(→P37 ジャム)—— 約100g

Chocolate financier

Makes forty financiers
*7-cm×4.5-cm×1.5-cm depth oval dariol mold

300g confectioners' sugar
300g almond flour
50g corn starch
30g cocoa powder
300g egg whites, at room temperature
60g honey

For brown butter (heat until brown)
180g unsalted butter

For the garnish
3 griottes (griotte cherries in kirsch) for 1 cake

about 100g raspberry jam, see page 37

a

b

c

1　型はポマード状のバター(分量外)を少し厚めに塗って冷蔵庫に入れておく。
2　フィナンシェ・ミエル2～7(→P274)を参照して生地をつくる。同2では粉類と一緒にカカオプードルもふるい合わせておき、同3で卵白とハチミツを加え混ぜてつくる。
3　2を型に絞り(同8)、冷凍庫に入れて生地を固める。固まったのを確認してグリオットを穴があいている側を上に向けて3個ずつ並べる[a～b]。
＊冷凍庫で生地を固め、グリオッティーヌが沈まないようにする。
4　156℃のオーヴンで16分ほど焼く。8分、4分ごとにとり出しては型の位置をかえてオーヴンにもどし、最後に4分ほど焼いて焼き色を確認して焼きムラがないように焼き上げる。
5　焼けたら型からはずして樹脂製マット上に並べ、熱いうちにフランボワーズ・ペパンを口径4mmの丸口金でグリオットの中に絞る[c]。

フィナンシェ・キャフェ
Financier café

分量　長径8.5cm×短径4cm、
深さ1.5cm樹脂製フィナンシェ型30個分

粉糖──245g
アーモンドプードル──245g
コーンスターチ──40g
インスタントコーヒー──20g
卵白（常温にもどす）──235g
ハチミツ──50g

焦がしバター
バター──190g

プラリネ・キャフェ（→P32）の糖衣──適量

Coffee financier

Makes thirty financiers
＊8.5-cm×4-cm×1.5-cm depth silicon mold tray

245g confectioners' sugar
245g almond flour
40g corn starch
20g instant coffee
235g egg whites, at room temperature
50g honey

For brown butter (heat until brown)
190g unsalted butter

icing for coffee praline, see page 32

1　樹脂製フィナンシェ型はポマード状のバター（分量外）を塗って冷蔵庫に入れておく。
2　フィナンシェ・ミエル2〜7（→P274）を参照して生地をつくる。ただし、同2では粉類と一緒にインスタントコーヒーもふるい合わせ、卵白とハチミツを加え混ぜてつくる。
3　2を型に絞り、叩きつけて泡を除く（同8）。プラリネ・キャフェの糖衣（P32。プラリネ・キャフェをつくった時に残ったコーヒー風味の糖衣をフードプロセッサーで細かくしたもの）を上に散らす。
4　156℃のオーヴンで21〜22分半焼く。8分、8分、3分ごとにとり出しては型の位置をかえてオーヴンにもどし、最後に2分半ほど焼いて焼き色を確認して焼きムラがないように焼き上げる。焼けたら型からはずして樹脂製マットに並べて冷ます。

フィナンシェ・ピスターシュ
Financier pistache

分量　長さ8cm×幅4.5cmのシェル型36個分

粉糖──260g
アーモンドプードル──185g
コーンスターチ──40g
卵白（常温にもどす）──250g
ハチミツ──55g
ピスタチオペースト──55g
刻んだピスタチオ──45g

焦がしバター
バター──200g

16割アーモンド（ロースト）──適量

Pistachio financier

Makes thirty-six financiers
＊8-cm×4.5-cm madeleine pan

260g confectioners' sugar
185g almond flour
40g corn starch
250g egg whites, at room temperature
55g honey
55g pistachio paste
45g chopped pistachios

For brown butter (heat until brown)
200g unsalted butter

diced almonds, 3-4mm size, toasted

1　ポマード状のバター（分量外）を塗った型にはローストした16割アーモンドをふって貼りつけ、冷蔵庫に入れておく。
2　フィナンシェ・ミエル2〜7（→P274）を参照して生地をつくる。ただし、ピスタチオペーストに同3でつくった生地の一部を加え混ぜてダマがなくなったら生地にもどし混ぜ、混ざったら刻んだピスタチオも加えて混ぜてから、焦がしバターと合わせてつくる。
3　2の生地を1の型に絞り、叩きつけて泡を除く（同8）。
4　152℃のオーヴンで17〜18分半焼く。10分たったらとり出して型の位置をかえてオーヴンにもどし、7分半ほど焼いて焼き色を確認して焼きムラがないように焼き上げる。焼けたら型からはずして樹脂製マットに並べて冷ます。

ヴィーニュ
Vigne

ブドウ畑をイメージさせるトッピングと、レーズンの味の広がり
強めにきかせた酒がなじんで香りを高める

ヴィーニュ
Vigne

分量　24×4.5cm、高さ5cmケーキ型4台分

パータ・ケーク
- バター（常温にもどす）── 185g
- 粉糖 ── 280g
- 全卵 ── 320g
- アーモンドプードル ── 185g
- 薄力粉 ── 130g
- ベーキングパウダー ── 3g

マール漬けレーズン（生地用）
＊以下のドライフルーツの分量表記は漬けたあとの重量を示す。
- レーズン ── 120g
- マスカットレーズン ── 120g
- ゴールデンサルタナレーズン ── 120g
- マール・ダルザス・ゲヴュルツトラミネール（蒸留酒）
　── レーズンの重量の2割

12割アーモンド ── 適量

アンビバージュ
マール・ダルザス・ゲヴュルツトラミネール ── 80g

飾り
- アンズジャム ── 200g
- マール漬けレーズン（上記と同様に漬けたもの）── 40g／1台

Vigne (vine)

Makes four 24-cm×4.5-cm, 5-cm height pound cakes

Pound cake dough
- 185g unsalted butter, at room temperature
- 280g confectioners' sugar
- 320g whole eggs
- 185g almond flour
- 130g all-purpose flour
- 3g baking powder

Raisin in pomace brandy for dough
- 120g raisin
- 120g muscat raisin
- 120g golden sultana raisin
- Marc d'Alsace Gewurtztraminer (pomace brandy), 20% for the total weight of raisin

diced almonds, 4-6mm size

For the syrup
80g Marc d'Alsace Gewurtztraminer (pomace brandy)

For décor
- 200g apricot jam
- 40g raisin in pomace brandy for 1 cake, see above

a  b

c  d

e  f

1 3種類のレーズンは、飾り用とともにそれぞれを重量の1割のマール・ダルザス・ゲヴュルツトラミネールと一緒にビンに入れて漬け込み、翌日さらに1割のマールを加えて、計1週間室温におく[a]。≡1
2 ケーキ型にはポマード状のバター（分量外）を塗ってカットしたオーヴンシートを横長の面全体に貼りつけ、さらにバターを塗って12割アーモンドをふる。冷蔵庫に入れておく。
3 パータ・ケーク（→ P24）をつくり、ボウルに移す。1の生地用レーズンをとり出して加えて混ぜる[b]。
4 2の型に3を口金なしの絞り袋で約360gずつ絞り入れ[c]、下に叩きつけて均す。12割アーモンドをふり、天板に並べる[d]。
  ＊生地が柔らかい場合は冷蔵庫に少し入れて締めてから絞る。
5 170℃のオーヴンで32分焼く。8分たったら中央に切り目を入れて型の位置を差しかえてオーヴンにもどし、7分たったら同じところにナイフを入れて型の位置をかえて焼く。10分たったら型の位置をかえ、樹脂製マットをかぶせてオーヴンにもどす。さらに5分焼いて天板の向きをかえ、2分焼いて焼き色を確認してムラなく焼けるように調整する。焼けたら型からはずし、冷ましておく[e]。
6 5の底以外にマール・ダルザス・ゲヴュルツトラミネールを20gずつハケで塗り[f]、20～30分おいて乾かす。
7 飾り用のマール漬けレーズンはキッチンペーパーに上げて汁気を切っておく。
8 アンズジャムを沸騰させて火をとめ、6を逆さにして上面にジャムを2度づけする（→ P294 ミモザ9）。
9 7のレーズンを覆うようにのせ、レーズンが落ちないように手で押さえる。

≡1　3種類のレーズンは味と食感と色合いを考えて組み合わせた。

プログレ
Progrès

分量　18個分
＊長径6㎝×短径4㎝楕円形36個どりシャブロン型を用意する

パータ・ダコワーズ・ノワゼット
- ・粉類
  - ヘーゼルナッツプードル —— 25g
    ＊皮つきホールをつくる直前に粗めの粉にする。
  - アーモンドプードル —— 40g
  - 薄力粉 —— 10g
  - 粉糖 —— 40g
- ・メレンゲ
  - 卵白 —— 120g
  - 微粒グラニュー糖 —— 55g
- 粉糖 —— 適量

マロンクリーム
- パート・ド・マロン —— 60g
- バター(常温にもどす) —— 70g
- ラム酒 —— 30g

ガルニチュール
- マロン・デブリ(5㎜角にカット) —— 90g
- ラム酒 —— 約20g

Progress

Makes eighteen oval cakes
*6-cm×4-cm oval potioning frame-36 wells

Hazelnut dacquoise
- 25g fresh coarsely ground shelled hazelnuts
  *grind hazelnuts in food grinder just before using
- 40g almond flour
- 10g all-purpose flour
- 40g confectioners' sugar
- ・Meringue
  - 120g egg whites
  - 55g caster sugar
- confectioners' sugar for dusting

Chestnut cream
- 60g chestnut paste
- 70g unsalted butter, at room temperature
- 30g rum

For the garnish
- 90g broken marron glacés, cut into 5-mm cubes
- about 20g rum

a

b

c

d

e

f

1　パータ・ダコワーズ・ノワゼット(→P22)参照し、メレンゲを泡立てて粉類を加えて生地をつくる。

2　水にくぐらせておいたシャブロン型を天板にのせた樹脂製マットに置き、1を口径1.3㎝の丸口金で型に絞り入れ[a]、36枚分とる。

3　三角パレットで均す。同じ方向だけだとすき間ができるので、縦横に向きをかえて2回均す[b]。型をはずす。

4　3に粉糖を2回軽くふり、168℃のオーヴンで20分焼く[c~d]。粗熱がとれたらマットからはずす。

5　マロンクリームは量が少ないのでハンドミキサーでつくる。パート・ド・マロンは手でもんで柔らかくし、常温のバターと合わせてボウルに入れ、ハンドミキサーの低速で攪拌してクリーム状にする。重くなるのでしっかりと泡立てて気泡を入れ、ラム酒を2回に分けて加え混ぜる[e](量を多くつくる場合は→P179 マカロン・ポワール・マロン7~9の要領で)。

6　4の生地の半量に5のクリームを口径5㎜の丸口金で周囲を8㎜ほどあけて渦巻き状に絞り、さらに外側に1周絞る。残りの上の生地にも少し小さめに渦巻き状に絞る。

7　ガルニチュールのマロン・デブリはラム酒を加えて混ぜほぐす。6の下の生地中央にスプーンで1杯ずつ盛り[f]、残りの生地をのせてはさむ。

歯ざわりのいい生地に、クリームのラム酒で浮き立たせたクリの風味が
ほんのりと浮き上がり、口の中で一緒に広がる

ノワゼッティン
Noisettine

分量　長径7cm×短径4.5cm、
深さ1.5cmオヴァール型48個分

パータ・フィナンシェ・ノワゼット
- 粉糖——335g
- アーモンドプードル——165g
- ヘーゼルナッツプードル——165g
  *皮つきホールをつくる直前に粗めの粉にする。
- コーンスターチ——55g
- 卵白（常温にもどす）——325g
- ハチミツ——65g
- ・焦がしバター
  - バター——225g

パータ・ダコワーズ・ノワゼット
- ヘーゼルナッツプードル（→左記）——30g
- アーモンドプードル——60g
- 薄力粉——10g
- 粉糖——50g
- ・メレンゲ
  - 卵白——145g
  - 微粒グラニュー糖——65g
- ヘーゼルナッツ（1/4カット）——3切れ／1個
- 16割ヘーゼルナッツ——適量
- 粉糖——適量

Noisettine

Makes forty-eigth oval cakes
*7-cm×4.5-cm×1.5-cm depth oval dariol mold

Hazelnut financier dough
- 335g confectioners' sugar
- 165g almond flour
- 165g fresh coarsely ground shelled hazelnuts
- *grind hazelnuts in food grinder just before using
- 55g corn starch
- 325g egg whites, at room temperature
- 65g honey
- ・For brown butter (heat until brown)
  - 225g unsalted butter

Hazelnut dacquoise
- 30g fresh ground hazelnuts, see above
- 60g almond flour
- 10g all-purpose flour
- 50g confectioners' sugar
- ・Meringue
  - 145g egg whites
  - 65g caster sugar
- 3 pieces hazelnuts quartered for 1 cake
- diced hazelnuts, 3-4mm size
- confectioners' sugar for dusting

a

b

c

d

e

1　型にはポマード状のバター（分量外）をやや厚めに塗っておく。フィナンシェ・ミエル2〜7（→P274）を参照し、同2でヘーゼルナッツプードルも加えてパータ・フィナンシェ・ノワゼットをつくる。型に絞り、急速冷凍庫に入れて生地を完全に固める。

2　パータ・ダコワーズ・ノワゼットをつくり（→P22）、口径1.3cmの丸口金で1にいっぱいに絞って[a]、パレットで均す。空洞ができないように四方に均す[b]。

3　2の中心部にヘーゼルナッツを4等分したものを3切れずつのせ、パレットでずれないように押さえる[c]。表面に16割ヘーゼルナッツをまんべんなくふり[d]、型についた余分なナッツをはらう。冷凍庫に10〜15分入れて固める。

4　3に粉糖を2度ふってから[e]天板に並べる。

5　4を160℃のオーブンで18分焼く。8分、5分ごとにとり出しては型の位置を置きかえてオーブンにもどし、最後に5分焼いて焼き色を見ながら調整してムラなく焼く。

上はヘーゼルナッツの軽やかなダコワーズ生地
下はしっとりしたフィナンシェ生地。2層の生地でヘーゼルナッツの魅力を表現

プランタニエール
Printanier

分量　長径21.5cm×短径5.5cm、
高さ3.5cmオヴァール形セルクル3台分

パータ・フィナンシェ・フレーズ
- 粉糖 —— 110g
- アーモンドプードル —— 110g
- コーンスターチ —— 18g
- 卵白（常温にもどす）—— 105g
- ハチミツ —— 20g
- ・焦がしバター
  - バター —— 70g
- フリーズドライのイチゴピース —— 25g
- パート・ド・フリュイ（グロゼイユ→P40）
  —— 1/2 カット 15切れ

パータ・ダコワーズ・ココ・フレーズ
- ココナッツファイン —— 45g
- アーモンドプードル —— 50g
- 粉糖 —— 70g
- フリーズドライのイチゴパウダー —— 10g
- ・メレンゲ
  - 卵白 —— 105g
  - 微粒グラニュー糖 —— 65g
- ココナッツロング —— 適量
- 粉糖 —— 適量

飾り
- ラフティスノウ —— 適量
- グロゼイユのジャム（→P37 ジャム）—— 適量
- パート・ド・フリュイ（グロゼイユ）
  —— 1/4 カット 6切れ
- ドライクランベリー、フリーズドライのイチゴピース
  —— 各適量

Printanier（Springlike）

Makes three oblong oval cakes
*21.5-cm×5.5-cm, 3.5-cm height oblong oval cakes ring

Strawberry financier dough
- 110g confectioners' sugar
- 110g almond flour
- 18g corn starch
- 105g egg whites, at room temperature
- 20g honey
- · For brown butter (heat until brown)
  - 70g unsalted butter
- 25g broken freeze-dried strawberries
- 15 pieces redcurrant jelly candies halves, see page 40

Strawberry and coconut dacquoise
- 45g coconut fine shred
- 50g almond flour
- 70g confectioners' sugar
- 10g freeze-dried strawberry powder
- · Meringue
  - 105g egg whites
  - 65g caster sugar
- long shreded coconut
- confectioners' sugar for dusting

For décor
- raftisnow
- redcurrant jam, see page 37
- 6 pieces redcurrant jelly candies quartered
- dried cranberries, broken freeze-dried strawberries

甘い香りの粒つぶイチゴのフィナンシェとサクッとしたココナッツメレンゲを重ねた
中に入れたパート・ド・フリュイがフレッシュ感を与え、春の予感が

 a
 b
 c
 d
 e
 f
 g
 h
 i

1 型にはポマード状のバター(分量外)をやや厚めに塗り、冷蔵庫に入れておく。
2 パータ・フィナンシェ・フレーズをつくる。フィナンシェ・ミエル 2〜7（→P274）と同様に生地をつくる。
3 フリーズドライのイチゴピースを細かく砕いて 2 に加えて混ぜ[a]、口径 1.7cmの丸口金で樹脂製マットに並べた 1 の型に約 145g ずつ絞って均す[b]。表面が固まるまで急速冷凍庫に入れる。
  ＊イチゴは絞る直前に混ぜる。
4 半分にカットしたグロゼイユのパート・ド・フリュイを 5 切れずつ、固まった 3 に並べ[c]、冷凍庫に入れておく。
5 パータ・ダコワーズ・ノワゼット 2〜7（→P23）を参照してパータ・ダコワーズ・ココ・フレーズをつくる。メレンゲは固めに泡立て、粉類にはココナッツファインとフリーズドライのイチゴパウダーを加えて[d]生地をつくる[e]。
6 4 をとり出し、5 の生地を口径 1.3cmの丸口金でパート・ド・フリュイのまわり、間を埋めるように約 90g ずつ絞り[f]、天板ごと下に叩きつけて平らにする。残りの生地はサントノレ口金で写真のように上に絞る[g]。ココナッツロングを散らして冷凍庫に 15 分入れる。
7 粉糖を 2 度ふってから[h] 156℃のオーヴンで 32 分焼く。10 分、5 分ごとにとり出しては天板の向き、オーヴンでの位置を入れかえ、2 度めには樹脂製マットをかぶせてオーヴンにもどす。さらに 10 分、5 分ごとに同様に天板の向きを差しかえてはもどし、最後に 2 分焼いて焼き色を見ながら調整しムラなく焼く。
8 型からはずし[i]、マットに並べて冷ます。
9 8 にラフティスノウをふり、グロゼイユのジャムを口径 4mmの丸口金でカーブを描きながら奥から手前まで絞る。4 等分にカットしたグロゼイユのパート・ド・フリュイ、ドライクランベリー、フリーズドライのイチゴを飾って仕上げる。

エピスリー
Epicerie

スパイシーでしっとりしたフィナンシェと酸味のあるカシスのダコワーズを
間にはさんだジャムが結びつける。フルーティでエキゾチックな味わい

エピスリー
Epicerie

- Blackcurrant dacquoise
- Fig and blackcurrant jam
- Financier with mix spices

分量　口径14cm、深さ3.5cmマンケ型2台分

パータ・フィナンシェ・パン・デピス
- 粉糖 —— 90g
- アーモンドプードル —— 90g
- コーンスターチ —— 15g
- パン・デピス(ミックススパイス) —— 2.7g
- 卵白(常温にもどす) —— 85g
- ハチミツ —— 20g
- ・焦がしバター
- バター —— 55g

イチジクとカシスのジャム(飾り用含む)
- ドライイチジクの赤ワイン煮(→P39) —— 40g
- カシスのジャム(→P37ジャム) —— 40g

パータ・ダコワーズ・カシス
- アーモンドプードル —— 125g
- 粉糖 —— 90g
- ・メレンゲ
- 卵白 —— 140g
- 微粒グラニュー糖 —— 80g
- カシスのピュレ(1cm角切りにして解凍) —— 45g
- 12割アーモンド —— 適量
- 粉糖 —— 適量

飾り
- ラフティスノウ —— 適量
- イチジクとカシスのジャム(→上記) —— 適量
- ドライクランベリー、ドライイチゴ、ドライブルーベリー
  —— 各適量

Epicerie

Makes two round cakes
*14-cm diameter×3.5-cm depth round cake pan "moule à manquer"

Financier with mix spices dough
- 90g confectioners' sugar
- 90g almond flour
- 15g corn starch
- 2.7g mix spices for "pain d'épice"
- 85g egg whites, at room temperature
- 20g honey
- ・For brown butter (heat until brown)
- 55g unsalted butter

Fig and blackcurrant jam, plus more for decoration
- 40g red wine poached dried figs, see page 39
- 40g blackcurrant jam, see page 37

Blackcurrant dacquoise
- 125g almond flour
- 90g confectioners' sugar
- ・Meringues
- 140g egg whites
- 80g caster sugar
- 45g frozen blackcurrant purée, cut into 1-cm cubes, and defrost
- diced almonds, 4-6mm size
- confectioners' sugar

For décor
- raftisnow
- fig and blackcurrant jam, see above
- dried cranberries, dried strawberries, dried blueberries

1 マンケ型にポマード状のバター（分量外）をやや厚めに塗っておく。底がくっつきやすいので型底サイズに合わせてカットしたロール紙を中央を丸く切り抜いて底に貼りつけ、紙の上にも同様にバターを塗り [a]、冷蔵庫に入れておく。≡1

2 パータ・フィナンシェ・パン・デピスをつくる。パン・デピスを加えた粉類を使い、フィナンシェ・ミエル 2〜7（→P274）と同じ要領で生地をつくって 1 の型に等分に絞り、表面がしっかり固まるまで冷凍庫に入れる。

3 イチジクとカシスのジャムをつくる。ドライイチジクの赤ワイン煮をフードプロセッサーで細かく挽いたものとカシスのジャムを混ぜる。幅 1.1cm の両目口金で 2 の中央と周囲に 1 周、1 台につき 30g ずつ絞り [b]、冷凍庫に入れておく。

4 パータ・ダコワーズ・ノワゼット 2〜7（→P23）を参照してパータ・ダコワーズ・カシスをつくる。解凍したカシスのピュレは同 6 でメレンゲと合わせる。ピュレにメレンゲの一部を加え混ぜて混ざりやすくしてから残りのメレンゲを加え混ぜ [c〜d]、粉類をふるい入れてつくる [e]。

5 3 に 4 の生地を口径 1.3cm の丸口金で渦巻き状に約 50g ずつ絞り [f]、下に叩きつけて平らにする。残りの生地は口径 1.4cm のサントノレ口金で写真のようにカーブを描きながら絞り、12 割アーモンドを散らして [g] 冷凍庫に 15 分入れる。

6 5 をとり出して、粉糖を 2 度ふって型の縁についた粉糖を除く。

7 6 を天板に並べ、166℃のオーヴンで 42 分焼く。10 分、5 分ごとにとり出しては型の位置を置きかえてオーヴンにもどす。2 度めには型を下に叩きつけて空洞による浮きを押さえ、くっつかないように両側に高さのある型を置いて樹脂製マットをかぶせてからもどす。5 分たったら天板を下にもう 1 枚重ねてオーヴンにもどし、10 分、6 分ごとにとり出しては天板の向きをかえて焼き、最後に 6 分焼いて焼き色を見ながら調整してムラなく焼く [h〜i]。

8 焼けたら型からはずし、下に敷いたペーパーを除く。樹脂製マットに並べて冷ます。ドーナツ状にカットした紙を敷くことで型からはずしやすくもなる。

9 8 にラフティスノウをふり、コルネに入れた 3 のジャムを何カ所かに絞る [j]。3 種類のドライフルーツを飾る。

≡1 焼成時に型底と生地の間の空気が膨張して生地を押し上げるが、型底に敷くペーパーに穴をあけることで空気が抜け、底が平らに焼き上がる。

ミモザ
Mimosa

分量　14×4.5cm、高さ5cmケーク型12台分

パータ・ケーク・パンプルムース（グレープフルーツ風味）
- バター（常温にもどす）——300g
- 粉糖——450g
- 全卵——520g
- アーモンドプードル——300g
- 薄力粉——215g
- ベーキングパウダー——5g
- グレープフルーツの皮のコンフィのみじん切り（→P35）——175g

12割アーモンド——適量

アンビバージュ
グレープフルーツのリキュール——30g／1台

飾り
- ・グレープフルーツの皮のコンフィの乾燥焼き
  - グレープフルーツの皮のコンフィのみじん切り——70g
- アンズジャム——400g
- 16割アーモンド（ロースト）——40g
- 16割ピスタチオ——30g

Mimosa

Makes twelve 14-cm×4.5-cm, 5-cm hight pound cakes

Grapefruit pound cake dough
- 300g unsalted butter, at room temperature
- 450g confectioners' sugar
- 520g whole eggs
- 300g almond flour
- 215g all-purpose flour
- 5g backing powder
- 175g candied grapefruit peel, finely chopped , see page 35

diced almonds, 4-6mm size

For the syrup
30g grapefruit liqueur for 1 cake

For décor
- ・baked grapefruit peel
  - 70g candied grapefruit peel, finely chopped
- 400g apricot jam
- 40g diced almonds, 3-4mm size, toasted
- 30g diced pistachios, 3-4mm size

口に入れた瞬間、すがすがしい苦みをともなったグレープフルーツの香りが広がり
食べ終わるまで香りの余韻が続くのに驚く

1 飾り用のグレープフルーツの皮のコンフィの乾燥焼きをつくっておく。グレープフルーツの皮のコンフィをフードプロセッサーで挽いたものを樹脂製マットに広げ、100℃のオーヴンでダンパーをあけて50～60分乾燥焼きする。10分おきにゴムベラでこまめに混ぜながら焼く。仕上がりは40gくらいになる[a]。冷ましておく。

2 ポマード状のバター(分量外)を塗ったケーク型にカットしたオーヴンシートを横長の面全体に貼りつけ、さらにバターを塗って12割アーモンドをふって冷蔵庫に入れておく。

3 パータ・ケークをつくり、ボウルに移す(→P24)。

4 グレープフルーツの皮のコンフィのみじん切りを解凍してボウルに入れ、3の一部を加えてゴムベラでよく混ぜてから3のボウルにもどして混ぜる[b～c]。

5 2の型に4を口径1.7㎝の丸口金で約160gずつ絞り、下に軽く叩きつけて平らにする[d]。12割アーモンドをふる。

6 5を天板に並べて約31分焼く。168℃のオーヴンに入れ、8分たったら中央に切り目を入れて型の位置を入れかえてオーヴンにもどし[e]、3分たったら同じところにナイフを入れて166℃に下げたオーヴンに入れる。10分、5分ごとに型の位置を入れかえ、2度めの時に樹脂製マットをかぶせてオーヴンにもどす。さらに5分焼いて焼き色を確認し、ムラなく焼けるように調整する[f]。

7 型の短い方の面と生地の間にパレットを差し入れ、型からとり出す[g]。風にあてて完全に冷ます。

8 グレープフルーツのリキュールに全体を浸して30gずつアンビバージュする[h]。

9 アンズジャムを鍋に入れて沸騰させて火をとめる。8を逆さにして上面だけを浸してすぐに引き上げる。これをもう1度くり返す[i]。

10 1のグレープフルーツの皮のコンフィの乾燥焼きとローストした16割アーモンド、16割ピスタチオをよく混ぜてバットに広げ、9を逆さにして押さえ、ゴムベラで押しつけて上面につけて仕上げる[j]。

オランジェット
Orangette

オレンジピールの華やかな香りをショコラの苦みが引き立てる
焼きたてはオレンジの「余韻」を、何日かおけば全体に広がったオレンジの香りを楽しめる

オランジェット
Orangette

分量　24×4.5cm、高さ5cmケーク型3台分

パータ・ケーク・オランジュ
- バター（常温にもどす）── 105g
- 粉糖 ── 160g
- 全卵 ── 180g
- アーモンドプードル ── 105g
- 薄力粉 ── 75g
- ベーキングパウダー ── 1.5g
- オレンジの皮コンフィのみじん切り（→P34）── 60g

12割アーモンド ── 適量

パータ・ダコワーズ・ショコラ
- アーモンドプードル ── 170g
- カカオプードル ── 20g
- ・メレンゲ
  - 卵白 ── 170g
  - 微粒グラニュー糖 ── 170g

アンビバージュ
マンダリン・ナポレオン ── 40g／1台

飾り
- ラフティスノウ ── 適量
- アンズジャム ── 100g
- ドライパイナップル、ドライアンズ ── 各適量
- ドライマンゴー、ドライクランベリー ── 各適量
- マスカットレーズン、ドライブルーベリー ── 各適量

Orangette

Makes three 24-cm×4.5-cm, 5-cm height pound cakes

Orange pound cake dough
- 105g unsalted butter, at room temperature
- 160g confectioners' sugar
- 180g whole eggs
- 105g almond flour
- 75g all-purpose flour
- 1.5g baking powder
- 60g candied orange peel, finely chopped, see page 34

diced almonds, 4-6mm size

Chocolate dacquoise
- 170g almond flour
- 20g cocoa powder
- ・Meringue
  - 170g egg whites
  - 170g caster sugar

For the syrup
40g Mandarine Napoléon (orange liqueur) for 1 cake

For décor
- raftisnow
- 100g apricot jam
- dried pineapple, dried apricot
- dried mango, dried cranberry
- muscat raisin, dried blueberry

a 	b 
c 	d 
e 	f 
g 	h 
i 	j 

1 ポマード状のバター（分量外）を塗ったケーク型にカットしたオーヴンシートを横長の面全体に貼りつけ、さらにバターを塗って12割アーモンドをふって冷蔵庫に入れておく。

2 パータ・ケークをつくり、ボウルに入れる（→P24）。ミモザ4（→P294）を参照して、解凍したオレンジの皮のコンフィのみじん切りを加え混ぜ、パータ・ケーク・オランジュをつくる。この状態で冷蔵庫にひと晩おく。使用時に、絞れる固さになるまで常温においてもどす。≡1

3 翌日、パータ・ダコワーズ・ノワゼット2〜7（→P23）を参照してパータ・ダコワーズ・ショコラをつくる。卵白と砂糖で角がゆっくりと曲がる程度の柔らかめのメレンゲを泡立て[a]、同7でアーモンドプードルとカカオプードルを合わせてふり入れてつくる。

4 3の生地を口金なしの絞り袋で1の型に約160gずつ絞る。

5 型ごと下に軽く叩きつけて均してから、パレットで中心から型縁に向かって生地をのばし、最後に生地表面を均す[b]。

6 5に常温にもどした2を口径1.3cmの丸口金で205〜215gずつ、あまり力を入れずにふわっと絞る[c]。プラスチックカードで軽く叩いてすき間を除き、全体を平らに均して中央を少しへこませる[d〜e]。≡2

7 型の縁についた生地を除き[f]、生地を浮きやすくする。天板にのせて165℃のオーヴンで約57分焼く。5分焼いたらとり出して型を下に軽く叩きつけ、型の位置を入れかえてオーヴンにもどす。さらに5分焼いて型の位置をかえてもどす。10分たったら[g]下にもう1枚天板を敷き、型の両側にもう1個ずつ型を置いて樹脂製マットと天板をかぶせて押さえ[h]、さらに焼く。10分、10分、6分、6分ごとにとり出して型の位置と天板の向きを差しかえてはオーヴンにもどす。最後に5分焼いて焼きムラがないように調整する[i]。

8 型からはずしてひっくり返し、別の樹脂製マットに並べて冷ます。

9 8をアンビバージュに浸して40gずつ吸わせ、樹脂加工の天板に並べ、仕上げにふる砂糖が溶けないように表面を乾かす。

10 幅1cmのプラスチックの板を9の上面中央にあててラフティスノウをふる[j]。側面についたものはハケではらって除く。

11 アンズジャムを手鍋に入れて煮立て、ピンセットを使ってドライフルーツにからめて10にのせて飾る。

≡1 外側がメレンゲ生地で、中に入るケーク生地が仕込みたてだと全体に生地が浮きすぎてきれいに焼けない。

≡2 焼くと生地は中央に寄って盛り上がってくるので、中央を少しへこませる。

トロピック
Tropique

分量　24×4.5cm、高さ5cmケーク型6台分

パータ・ケーク・ココ
- バター（常温にもどす）——100g
- 粉糖——155g
- 全卵——180g
- ココナッツのピュレ（1cm角切りにして解凍）——20g
- アーモンドプードル——40g
- ココナッツファイン——105g
- 薄力粉——75g
- ベーキングパウダー——1.6g

パータ・ケーク・パッション
- バター（常温にもどす）——230g
- 粉糖——355g
- 全卵——410g
- アーモンドプードル——230g
- 薄力粉——200g
- ベーキングパウダー——4.8g
  - ドライアンズ——75g
  - パッションフルーツのピュレ（1cm角切りにして解凍）——240g

12割アーモンド——適量

アンビバージュ
- パッションフルーツのリキュール——60g／1台

グラッサージュ
- アンズジャム——500g
- パッションフルーツのピュレ（冷凍のまま1cm角切り）——50g

飾り
- パート・ド・フリュイ（パッションフルーツ→P40）——1/2カット24切れ
- ドライマンゴー——18切れ

Tropic

Makes six 24-cm×4.5-cm, 5-cm height pound cakes

Coconut pound cake dough
- 100g unsalted butter, at room temperature
- 155g confectioners' sugar
- 180g whole eggs
- 20g frozen coconut purée, cut into 1-cm cubes, and defrost
- 40g almond flour
- 105g coconut fine shred
- 75g all-purpose flour
- 1.6g baking powder

Passion fruit pound cake dough
- 230g unsalted butter, at room temperature
- 355g confectioners' sugar
- 410g whole eggs
- 230g almond flour
- 200g all-purpose flour
- 4.8g baking powder
  - 75g dried apricot
  - 240g frozen passion fruit purée, cut into 1-cm cubes, and defrost

diced almonds, 4-6mm size

For the syrup
60g passion fruit liqueur for 1 cake

For the glaze
- 500g apricot jam
- 50g frozen passion fruit purée, cut into 1-cm cubes

For décor
- 24 pieces passion-fruit jelly candies halves, see page 40
- 18 dried mangos

パッションフルーツの果汁をたっぷり含んだ甘酸っぱい生地と
ココナッツの食感が、南の国の太陽を感じさせる

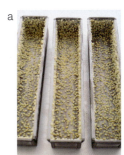
a

b

c

d

e

f

g

h

i

j

1 ポマード状のバター（分量外）を塗ったケーク型にカットしたオーヴンシートを横長の面全体に貼りつけ、さらにバターを塗って12割アーモンドをふって冷蔵庫に入れておく［a］。

2 パータ・ケーク（→P24）を参照し、材料順にフードプロセッサーで攪拌してパータ・ケーク・ココをつくる。解凍したココナッツピュレは全卵の次に加え混ぜ［b］、ココナッツファインはアーモンドプードルのあとに加え混ぜて生地をつくる。

3 1の型に2の生地を口径1.3cmの丸口金で約105gずつ絞り入れる。冷蔵庫に入れて固める。柔らかい生地なので固める。

4 パータ・ケーク・パッションをつくる。ドライアンズを5mm幅に細長くカットし、解凍したピュレの1/3量を加えてフードプロセッサーにかける。混ざれば残りのピュレを加えて同様に攪拌してボウルに移す［c～d］。

5 基本通りにパータ・ケークをつくり（→P24）、アーモンドプードルを加え混ぜて生地をつないだあとに4を半量ずつ加えては攪拌し［e］、最後に薄力粉とベーキングパウダーを加えてショートスイッチで生地を仕上げてボウルに移す。

6 3をとり出し、5を口径1.3cmの丸口金で約270gずつ絞り入れ、下に叩きつけて均す。12割アーモンドをふり、型ごと上下に少し動かして余分なアーモンドを除く［f］。

7 6を天板にのせて約51分焼く。168℃のオーヴンに入れ、8分焼いたら中央に切り目を入れて型の位置をかえてオーヴンにもどし、3分たったら同じところにナイフを入れて166℃に下げたオーヴンに入れる。7分焼いたらオーヴンシートをのせてもどし［g～h］、8分たったら型の位置と天板の向きを差しかえて樹脂製マットをのせて160℃に下げたオーヴンに入れる。さらに約25分焼いて焼き色を確認してムラがないように調整する［i］。型からはずして冷ます。

8 パッションフルーツのリキュールを7全体に60gずつ浸してアンビバージュする。

9 アンズジャムと冷凍のままのパッションフルーツのピュレを鍋に入れて沸騰させて火をとめる。8を逆さにして上面だけに浸して引き上げることを2度くり返す（→P294ミモザ9）［j］。

10 パッションフルーツのパート・ド・フリュイ4切れずつとドライマンゴー3切れずつをのせる。

キャラメル・アブリコ
Caramel abricot

甘さを抑えたコクのあるキャラメルのバター生地に
ふっくらもどったドライのアンズのきりりとした酸味と香りがバランスよく浮き立つ

キャラメル・アブリコ
Caramel abricot

分量　口径6cm×深さ1.5cmミラソン型50個分

パータ・ケーク
- バター（常温にもどす）—— 200g
- 粉糖 —— 305g
- 全卵 —— 360g
- アーモンドプードル —— 200g
- 薄力粉 —— 145g
- ベーキングパウダー —— 3.3g

ソース・キャラメル
- 水飴 —— 45g
- グラニュー糖 —— 165g
- 生クリーム（乳脂肪分38%）—— 165g

飾り
- アンズのリキュール漬け —— 1個／1個
  - ドライアンズ —— 50個
  - アンズのリキュールA —— アンズの重量の2割
- アンズのリキュールB —— 約20g
- 16割アーモンド

Caramel and apricot

Makes fifty round cakes
*6-cm diameter×1.5-cm depth millasson mold

Pound cake dough
- 200g unsalted butter, at room temperature
- 305g confectioners' sugar
- 360g whole eggs
- 200g almond flour
- 145g all-purpose flour
- 3.3g baking powder

Caramel sauce
- 45g starch syrup
- 165g granulated sugar
- 165g fresh heavy cream, 38% butterfat

For décor
- Apricot in liqueur (use 1 apricot for 1cake)
  - 50 dried apricots
  - apricot liqueur A 20% for the total weight of apricots
- about 20g apricot liqueur B
- diced almonds, 3-4mm size

a 　b

c 　d

e 　f

g 　h

1 アンズのリキュール漬けをつくっておく。ドライアンズはアンズの重量の1割のアンズのリキュールAと一緒に密閉容器に入れて漬け込み、翌日さらにアンズの重量の1割のアンズのリキュールを加えて、計1週間アンズが柔らかくなるまで室温においておく。

2 型にはポマード状のバター(分量外)を薄く塗って冷蔵庫に入れておく。

3 苦めにソース・キャラメルを炊いてボウルに移し(→P150 タルトレット・キャラメル5〜6)、冷ましておく。

4 パータ・ケーク(→P24)をつくり、ボウルに移す。生地の一部を3に加えてよく混ぜ[a]、固さをそろえてからパータ・ケークにもどしてゴムベラでよく混ぜる[b〜c]。

5 4を口径1.3cmの丸口金で天板に並べた2の型に8分めまで絞り、下に叩きつけて均す[d〜e]。

6 1のドライアンズをアンズのリキュールBにくぐらせてから5にのせ、16割アーモンドを多めにふって軽く押さえる[f〜g]。≡1

7 170℃のオーヴンで約18分焼く。8分たったらとり出し、両手でまわして型の外にはみ出した生地を中に入れ[h]、型の位置を入れかえてオーヴンにもどす。4分後には樹脂製マットをかぶせてもどし、さらに4分焼いて天板の向きを差しかえてから2分焼いて確認し、焼きムラがないように調整する。

≡1 リキュールにくぐらせるとアーモンドがつきやすい。アーモンドがしっかりついているとアンズが焦げない。

キャフェ・マロン
Café marron

分量　口径7cm×深さ1.5cm、
樹脂製サヴァラン型70個分

パータ・ケーク・カフェ
- バター（常温にもどす）── 400g
- 粉糖 ── 610g
- 全卵 ── 705g
- アーモンドプードル ── 400g
- 薄力粉 ── 300g
- ベーキングパウダー ── 13g
- インスタントコーヒー ── 50g

クリの渋皮煮（7mm角にカット）── 160g
16割ヘーゼルナッツ ── 適量

アンビバージュ　以下を合わせる
- カルーア（コーヒーリキュール）── 300g
- ラム酒 ── 150g

フォンダン・カフェ
- フォンダン ── 200g
- コーヒーエキス ── 12g
- ボーメ30°のシロップ ── 5g

Coffee and chestnut

Makes seventy savarin-shaped cakes
*7-cm diameter×1.5-cm depth savarin silicon mold tray

Coffee pound cake dough
- 400g unsalted butter, at room temperature
- 610g confectioners' sugar
- 705g whole eggs
- 400g almond flour
- 300g all-purpose flour
- 13g baking powder
- 50g instant coffee

160g shelled chestnuts compote, cut into 7-mm cubes
diced hazelnuts, 3-4mm size

For the syrup
- 300g Kahlúa (coffee liqueur)
- 150g rum

Coffee fondant
- 200g white fondant (white icing paste)
- 12g coffee extract
- 5g baume-30° syrup

a
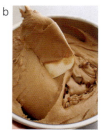
b

c

d

e

f

1　型にはポマード状のバター（分量外）を厚めに塗って16割ヘーゼルナッツをふり、冷蔵庫に入れておく。

2　パータ・ケーク・カフェをつくる。パータ・ケーク（→P24）を参照し、インスタントコーヒーは薄力粉とベーキングパウダーと一緒に加えてつくる。ボウルに移す。

3　2にカットしたクリの渋皮煮を加えてゴムベラで混ぜる[a〜b]。

4　3を口径1.3cmの丸口金で1の型に絞り、型ごと下に軽く叩きつけて均す[c〜d]。

5　4を天板にのせ、166℃で約34分焼く。16分焼いたらとり出して天板の向きをかえてオーヴンにもどし、6分たったら樹脂製マットと天板をのせて天板ごとひっくり返して型からはずし[e]、オーヴンにもどす。さらに5分、4分ずつ焼いてはとり出して向きをかえ、最後に3分焼いて焼き色を確認し、焼きムラがないように調整する[f]。グリルの上で冷ましておく。

6　5をアンビバージュに浸して約6.5gずつ吸わせ、グリルの上に上げて30分以上おく。

7　フォンダン・カフェをつくる。フォンダンを柔らかくもみほぐしてボウルに入れ、コーヒーエキスとシロップを加え、湯煎にかけて混ぜながら47℃に調整する。

8　口径5mmの丸口金で7のフォンダン・カフェを6の中央に絞る。

濃いめのコーヒー風味のフォンダンは中央に入れてカフェの甘い香りを時々感じさせ
ケーク生地にはコーヒーリキュールとラム酒をアンビバージュしてコーヒーの魅力を表現

キャラメル・フィグ
Caramel figue

分量　24×4.5cm、高さ5cmケーク型4台分

パータ・ケーク
- バター（常温にもどす）—— 180g
- 粉糖 —— 275g
- 全卵 —— 320g
- アーモンドプードル —— 180g
- 薄力粉 —— 135g
- ベーキングパウダー —— 2.8g

ソース・キャラメル
- 水飴 —— 45g
- グラニュー糖 —— 155g
- 生クリーム（乳脂肪分38%）—— 155g

ドライイチジクの赤ワイン煮の実（→P39）—— 180g
12割アーモンド —— 適量

グラッサージュ
- アンズジャム —— 400g
- ドライイチジクの赤ワイン煮のシロップ（同上）—— 100g

飾り
- ドライイチジクの赤ワイン煮の実 —— 3個／1台
- シナモン、スターアニス、クローブ —— 各適量

Caramel and fig

Makes four 24-cm×4.5-cm, 5-cm height pound cakes

Pound cake dough
- 180g unsalted butter, at room temperature
- 275g confectioners' sugar
- 320g whole eggs
- 180g almond flour
- 135g all-purpose flour
- 2.8g baking powder

Caramel sauce
- 45g starch syrup
- 155g granulated sugar
- 155g fresh heavy cream, 38% butterfat

180g red wine poached dried figs , see page 39
diced almonds, 4-6mm size

For the glaze
- 400g apricot jam
- 100g red wine syrup for poached dried figs, see above

For décor
- 3 red wine poached dried figs for 1 cake, see above
- cinnamon, star anise, clove

みんなが好きなキャラメルはビターに仕上げ、イチジクに濃厚なコクを与えた
「大人びたイチジク」を感じさせるケーク

a  b

c  d

e  f

g  h

i

1 ポマード状のバター(分量外)を塗ったケーキ型に、カットしたオーヴンシートを横長の面全体に貼りつけ、さらにバターを塗って冷蔵庫に入れておく。

2 ドライイチジクの赤ワイン煮の実180gをフードプロセッサーのショートスイッチで粗めにつぶし[a〜b]、ボウルに入れておく。

3 苦めにソース・キャラメルを炊いてボウルに移し(→P150 タルトレット・キャラメル5〜6)、冷ましておく。

4 パータ・ケーク(→P24)をつくり、キャラメル・アブリコの4(→P303)を参照して3とパータ・ケークを合わせて生地をつくる[c]。

5 4の生地の一部を2に加えてよく混ぜて固さをそろえてから[d]、4にもどしてゴムベラでよく混ぜる[e]。

6 5を口径1.7cmの丸口金で1の型に約385gずつ絞り[f]、下に軽く叩きつけて均す。上面の両サイドに12割アーモンドをふって天板にのせる。

7 170℃のオーヴンで約42分焼く。9分たったらとり出して型の位置を入れかえ、中央にナイフで切り目を入れてオーヴンにもどす。3分たったら同じところに切り目を入れて温度を168℃に下げたオーヴンにもどす。さらに10分たったら型の位置を入れかえ、底にもう1枚天板を入れて二重にしてオーヴンにもどし、さらに10分たったら型の位置を入れかえて樹脂製マットをかぶせてもどす。さらに5分焼いて天板の向きを差しかえてから5分焼いて焼き色を確認し、焼きムラがないように調整する。型からはずし、ペーパーを除いて冷ましておく[g]。

＊底が焦げやすいので、途中で天板を二重にする。

8 グラッサージュの材料を手鍋に入れて煮詰めてバットに入れ、6を両手に持って上面だけに2度つける[h]。

9 上にドライイチジクの赤ワイン煮の実とシナモン、スターアニス、クローブを飾る[i]。

デュオ
Duo

2層のケーク。酸味とフルーティさを感じさせるカシスの生地に
下のマロンの生地でおだやかなコクを与える。それぞれの味が際立つ焼きたてがおいしい

デュオ
Duo

分量　12×4.5cm、高さ5cmケーキ型12台分

パータ・ケーク・マロン
- バター(常温にもどす)——130g
- 粉糖——190g
- 全卵——220g
- アーモンドプードル——125g
- 薄力粉——90g
- ベーキングパウダー——1.5g
- クレーム・ド・マロン——195g
- マロン・デブリ(5mm角にカット)——110g
- ラム酒——25g

パータ・ケーク・カシス
- バター(常温にもどす)——170g
- 粉糖——255g
- 全卵——295g
- アーモンドプードル——170g
- 薄力粉——120g
- ベーキングパウダー——2.5g
- カシスのピュレ(1cm角切りにして解凍)——150g
- 冷凍カシス(ホール、解凍)——75g

12割アーモンド——適量

アンビバージュ　以下を合わせる
- 洋ナシのオー・ド・ヴィ——150g
- クレーム・ド・カシス——150g

飾り
- カシスのジャム(→P37ジャム)——50g
- パート・ド・フリュイ(カシス→P40)——1/4カット24切れ
- 16割ピスタチオ——適量
- 飾り用マロンのシロップ漬け——1個／1台

Duo

Makes twelve 12-cm×4.5-cm, 5-cm height pound cakes

Chestnut pound cake dough
- 130g unsalted butter, at room temperature
- 190g confectioners' sugar
- 220g whole eggs
- 125g almond flour
- 90g all-purpose flour
- 1.5g baking powder
- 195g chestnut cream
- 110g broken marron glacés, cut into 5-mm cubes
- 25g rum

Blackcurrant pound cake dough
- 170g unsalted butter, at room temperature
- 255g confectioners' sugar
- 295g whole eggs
- 170g almond flour
- 120g all-purpose flour
- 2.5g baking powder
- 150g frozen blackcurrant purée, cut into 1-cm cubes, and defrost
- 75g frozen blackcurrants, and defrost

diced almonds, 4-6mm size

For the syrup
- 150g Pear eau-de-vie (pear brandy)
- 150g crème de cassis (blackcurrant liqueur)

For décor
- 50g blackcurrant jam, see page 37
- 24 pieces blackcurrant jelly candies quartered, see page 40
- diced pistachios, 3-4mm size
- 1 chestnut in syrup for 1 cake

a

b

c

d

e

f

g

h

i

j

1 ポマード状のバター（分量外）を塗ったケーキ型にカットしたオーヴンシートを横長の面全体に貼りつけ、さらにバターを塗って12割アーモンドをふり、冷蔵庫に入れておく。

2 パータ・ケーク・マロンをつくる。パータ・ケークをつくり（→P24）、ボウルに移す。クレーム・ド・マロンを加えてゴムベラでよく混ぜる[a]。

3 マロン・デブリとラム酒を別のボウルに入れ、ボウルごとふってよく混ぜる[b]。2を少量加えて混ぜ[c]、2のボウルにもどしてよく混ぜる。

4 ほぼ同時進行でパータ・ケーク・カシスをつくる。解凍したピュレとカシスのホールを別のボウルに入れてゴムベラで混ぜる[d]。

5 パータ・ケーク1〜4（→P24）を参照してつくり、アーモンドプードルを加え混ぜたら4を加えながらショートスイッチで混ぜ[e]、カシスのホールが完全につぶれないようにする[f]。ふるった薄力粉とベーキングパウダーを加え混ぜ、ボウルに移す（同5〜6）。

6 1の型に3のパータ・ケーク・マロンを口径1.7cmの丸口金で約85gずつ絞り、冷蔵庫に入れて少し固める。次に同じサイズの口金で5のパータ・ケーク・カシスを約95gずつ絞る[g]。

7 6に12割アーモンドをふり[h]、天板に並べて約40分焼く。170℃のオーヴンに入れ、8分たったら中央に切り目を入れて型の位置を入れかえてオーヴンにもどし、3分たったら同じところにナイフを入れて型の位置をかえ、168℃に下げたオーヴンに入れる。10分、7分ごとに型の位置をかえ、2度めの時に樹脂製マットをかぶせてオーヴンにもどす。さらに7分焼いて天板の向きをかえ、5分焼いて焼き色を確認してムラなく焼けるように調整する。焼けたら型からはずし、冷ましておく[i]。

8 7をアンビバージュに浸して25gずつ吸わせて樹脂加工の天板に並べ[j]、20〜30分おいて乾かす。

9 8の上面にカシスのジャムを口径4mmの丸口金でウエーブ状に絞り、ジャムの上にマロンのシロップ漬けをのせ、16割ピスタチオをふる。パート・ド・フリュイも両端にのせる。

プラジュニース
Plage Nice

分量　長さ8cm×幅4.5cmのシェル型72個分

グラニュー糖 —— 630g
バター（冷凍後薄く削る） —— 180g
ショウガのすりおろし —— 80g
全卵 —— 450g
生クリーム（乳脂肪分38%） —— 270g
薄力粉 —— 405g
ベーキングパウダー —— 4.5g

飾り
ラフティスノウ —— 適量

Nice beach

Makes seventy two shell-shaped cakes
*8-cm×4.5-cm madeleine pan

630g granulated sugar
180g unsalted butter, frozen and shaved
80g grated fresh ginger
450g whole eggs
270g fresh heavy cream, 38% butterfat
405g all-purpose flour
4.5g baking powder

For décor
raftisnow

 a  b

 c  d

 e  f

 g  h

1　バターは冷凍庫に入れて固めてからペティナイフで薄くスライスし、冷蔵庫に入れておく。≡1

2　フードプロセッサーに砂糖、1のバターを入れ[a]、ショートスイッチで砂状になるまで攪拌する[b]。以下、最後までショートスイッチで混ぜる。≡2

3　2にショウガのすりおろしを加えて攪拌する[c]。
　＊舌ざわりが悪くなるので、ショウガの長い繊維はあらかじめピンセットで除いておく。

4　溶いた全卵と生クリームは合わせ混ぜ、3に加えて攪拌する[d]。粉類も加えて同様に混ぜる。軽く合わせた状態でよい。ボウルに移し、冷蔵庫で1日休ませる[e]。写真は休ませたあとのもの。
　＊当日焼く場合でも最低4～5時間は休ませること。

5　型はポマード状のバター（分量外）をごく薄く塗り、冷蔵庫に入れておく[f]。

6　5の型に4を口径1.3cmの丸口金で絞り[g]、型ごと下に叩きつけて気泡を除く。168℃のオーヴンで19分焼く。16分たったら天板の向きを差しかえてオーヴンにもどし、さらに3分焼いて焼き色を見て調整する。

7　焼き上がったら[h]ひっくり返して型からはずして、冷ます。ラフティスノウを2度ふって仕上げる。

≡1　ポマード状バターにすると目が詰まる。冷たいバターを薄くスライスして混ぜることで、気泡が粗めに焼き上がり、表面がカリッとなる。

≡2　混ぜすぎると摩擦熱で生地がだれるので混ざれば次の材料を加えるようにする。

気泡を含んだ生地からふわっとショウガの品のいい香りが立ちのぼる
ショウガ好きにはたまらない一品。ニースの砂浜のように粉糖で白く飾った

マドレーヌ・アルデショワ
Madeleine ardéchoise

分量　長さ8cm×幅4.5cmのシェル型
72個分

全卵──360g
グラニュー糖──300g
クレーム・ド・マロン──600g
[薄力粉──300g
  ベーキングパウダー──8g]
マロン・デブリ（5㎜角にカット）──180g
ラム酒──45g
溶かしバター──300g

アンビバージュ
ラム酒　1.5g／1個

Madeleine ardéchoise

Makes seventy-two shell-shaped cakes
*8-cm×4.5-cm madeleine pan

360g whole eggs
300g granulated sugar
600g chestnut cream
[300g all-purpose flour
  8g baking powder]
180g broken marron glacés, cut into 5-mm cubes
45g rum
300g melted unsalted butter

For the syrup
1.5g rum for 1 cake

1　ボウルに卵を溶き、砂糖を加えて泡立器で混ぜる。クレーム・ド・マロンを加えてさらに混ぜる[a]。
2　薄力粉はベーキングパウダーと合わせて使う前にもう一度ふるい、1に加えて中心部から混ぜていき、徐々に混ぜる範囲を広げていく[b~c]。こうするとダマができにくい。
3　マロン・デブリにラム酒を加えてゴムベラでさっくりと混ぜて塊をほぐし、2に加えて底から返すように混ぜる。溶かしバターを加えてよく混ぜる[d]。ラップ紙で覆い、38℃のエチューブ（オーヴン下の保温庫）に入れて90分以上寝かせる。
4　型はポマード状のバター（分量外）をごく薄く塗り、冷蔵庫に入れておく。
5　3は絞る前に混ぜてから口金なしの絞り袋に入れ、4に絞る。型ごと下に軽く叩きつけて気泡を除く。
6　5を170℃のオーヴンで約18分焼く。10分たったら向きをかえてオーヴンにもどし、さらに8分焼く[e]。焼けたらひっくり返して型からはずし、冷ます。
7　6はアンビバージュを1.5gずつ浸して吸わせ、樹脂加工の天板上に置いてなじませる[f]。≡1

≡1　ラム酒でアンビバージュすることで香りをプラスする。

ひと口めから引き立て役のラム酒と一緒にマロンの風味が広がる
ほっこりとしたマロン・デブリが食感に変化をつけている

トロペジェンヌ
Tropézienne

分量　直径14cm円形4台分
＊直径14cmのセルクル4台を用意する。

パータ・ブリオッシュ
- 全卵 —— 165g
- 牛乳 —— 25g
  - 水 —— 15g
  - インスタントドライイースト —— 4g
  - グラニュー糖 —— ひとつまみ
  - 強力粉 —— 250g
  - グラニュー糖 —— 30g
  - 塩 —— 5g
- バター —— 150g

打ち粉 —— 適量
塗り卵(全卵) —— 適量
あられ糖 —— 適量

アンビバージュ　以下を合わせる
- ボーメ30°のシロップ —— 100g
- キルシュ —— 70g
- 水 —— 60g

クレーム・ムースリーヌ
- ・クレーム・パティシエール
  —— 以下から500g使用
  - 牛乳 —— 350g
  - ヴァニラスティック —— 1/2本分
  - 卵黄 —— 70g
  - グラニュー糖 —— 80g
  - 薄力粉 —— 20g
  - コーンスターチ —— 20g
  - バターA —— 90g
- バターB (常温にもどす) —— 90g
- キルシュ —— 40g

Tropézienne

Makes four 14-cm diameter round cakes
*four 14-cm round cake rings

Brioche dough
- 165g whole eggs
- 25g whole milk
  - 15g water
  - 4g instant dried yeast
  - a pinch of granulated sugar
  - 250g bread flour
  - 30g granulated sugar
  - 5g salt
- 150g unsalted butter

flour for work surface
whole egg
pearl sugar

For the syrup
- 100g baume-30° syrup
- 70g kirsch
- 60g water

Mousseline cream
- ・Custard cream (use 500g)
  - 350g whole milk
  - 1/2 vanilla bean
  - 70g egg yolks
  - 80g granulated sugar
  - 20g all-purpose flour
  - 20g corn starch
  - 90g unsalted butterA
- 90g unsalted butterB, at room temperature
- 40g kirsch

文句なくおいしい。バターの風味が高いブリオッシュ生地と
キルシュで香りを立たせたクレーム・ムースリーヌのゴールデンコンビ

パータ・ブリオッシュをつくる

1 ボウルに卵を入れてほぐす。35℃に温めた牛乳を加え[a]、泡立て器で混ぜながらIH調理器で35℃に温める。
2 35℃に温めた水にインスタントドライイーストと砂糖ひとつまみを加え混ぜ[b]、1に加えて混ぜる。
3 ミキサーボウルに強力粉と砂糖と塩を入れてイーストに塩が直接あたらないように攪拌しておく。
4 フックを装着してミキサーを低速でまわし、2をボウル縁から流し入れながら攪拌し、入れ切ったら中高速にする[c]。
5 ボウル側面から生地がきれいにはがれるようになったらミキサーをとめてボウルをいったんきれいにはらう。ふたたび中高速でまわして麺棒で叩いたバターをちぎって加え、さらに攪拌する[d]。3〜4分たって生地がフックにからみつくようになったらでき上がり[e]。薄い膜状にのびる状態[f]。
6 バター（分量外）を塗ったバットに5の生地を入れて平らにし、ラップ紙で覆って35℃くらいのホイロ（発酵器）で1時間ほど発酵させる[g]。
7 6をパンチし、ラップ紙をかぶせて冷蔵庫にひと晩入れておく。
8 直径14cmのセルクルにはポマード状のバター（分量外）をごく薄く塗って冷蔵庫に入れておく。
9 7の生地は150gずつに分割し、打ち粉をして直径14cm程度の円形に麺棒でのばす。14cmのセルクルに入れて形を整えては天板にのせた樹脂製マットに並べ、余分な打ち粉をはらう[h〜i]。
10 樹脂製マットにのせた8のセルクルに9を入れ、縁までいくように生地を軽く押さえる。霧吹きをして35℃のホイロに入れ、1時間ほど2次発酵させる。
11 塗り卵をハケで表面に塗り、あられ糖をふって軽く押さえる[j]。焼成に影響するので押さえすぎないこと。

12 175℃のオーヴンで25分焼く。10分ごとに2度とり出しては天板の向きを差しかえてオーヴンにもどし、さらに5分焼いて焼き色を確認して焼きムラがないように調整する[k]。焼けたら型からはずし、冷ましておく。

13 生地はパールをあてて下から厚さ1cmにスライスする。アンビバージュを下の生地の断面に約35g、上の生地の断面には約20gずつ塗っておく[l]。

クレーム・ムースリーヌをつくる

14 あらかじめクレーム・パティシエールは炊き（→P25）、炊き上がりにバターAを加え混ぜてからバットに広げて冷まし、冷蔵庫に入れておく。

15 14を中高速のミキサーで混ぜもどし、常温に柔らかくもどしたバターBを2回に分けて加えては撹拌して泡立てる[m]。なめらかになったらキルシュも加えて撹拌する[n]。≡1

16 13の下の生地に15を口径1.3cmの丸口金で渦巻き状に2段に絞る。上段は少し小さめの渦巻き状にする[o]。1台につき150gを絞る。上の生地をのせて軽く押さえる。

≡1 修業先の「モデュイ」でクレーム・ムースリーヌにキルシュを加えてつくっていたのがおいしかったので、ここでも加えてみた。

ショコラ・プリュンヌ
Chocolat prune

分量　口径6.5cm×深さ3.5cmプリン型40個分

全卵——400g
グラニュー糖——305g
溶かしバター(沸騰させる)——205g
ブラックチョコレート(カカオ分61%)——255g
[薄力粉——100g
  カカオプードル——35g]

ドライプルーンのラム酒漬け
[ドライプルーン——40個
  ラム酒——ドライプルーンの重量の2割]

ココナッツファイン——適量

Chocolate and prune

Makes forty round cakes
*6.5-cm diameter×3.5-cm depth custard baking mold

400g whole eggs
305g granulated sugar
205g melted unsalted butter, boiling
255g dark chocolate, 61% cacao
[100g all-purpose flour
  35g cocoa powder]

Prunes in rum
[40 prunes
  rum, 20% for the total weight prunes]

coconut fine shred, for sprinkle

a

b

c　d

e　f

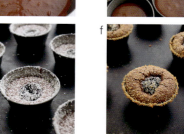

1　ドライプルーンは重量の1割のラム酒と一緒に密閉容器に入れて漬け込み、翌日さらに1割のラム酒を加えて、計1週間室温におく。
2　型はポマード状のバター(分量外)を薄く塗り、冷蔵庫に入れておく。
3　ミキサーボウルに卵を入れてほぐし、砂糖を加えて中高速(キッチンエイドの8速)で4〜5分泡立ててから、低速(同3速)で約3分まわしてキメを細かく整える[a]。ボウルに移す。
4　チョコレートに沸騰させたバターを加えて溶かしておき、3に加えてゴムベラで切るように混ぜる。合わせた粉類をふるい入れながら切るように混ぜ、最後は焼成時に浮きすぎないように気泡をつぶす感覚で混ぜる[b〜c]。
5　2に4を口径1.3cmの丸口金で型の6〜7分めまで絞り入れる[d]。型ごと下に叩きつけて気泡を除く。
6　1のプルーンは1個ずつ5にのせる。ココナッツファインをのせて上面にまぶし、余分なココナッツファインを落とす[e]。
7　170℃のオーブンで10〜11分焼く。5分たったらとり出して型の位置を入れかえてオーブンにもどし、さらに5分半ほど焼いて焼き色を確認して調整する[f]。焼けたら型からはずし、冷ます。

ラム酒で漬けたプルーンをのせたしっとりしたショコラの生地
プルーンの酸味が時々感じられ、最後までおいしい

ソシソンリース
Saucisson aux fruits secs

分量　直径16cm 6台分
＊直径16cmのセルクルを用意する。

ドライフルーツのキルシュ漬け
- レーズン —— 145g
- マスカットレーズン —— 145g
- ドライアンズ —— 230g
- ドライプルーン —— 300g
- ドライパイナップル —— 230g
- ドライチェリー —— 60g
- ドライクランベリー —— 60g
- ドライイチジク —— 190g
- キルシュ —— 215g

ナッツ類
- アーモンド（皮つき）—— 110g
- クルミ（半割）—— 110g
- カシューナッツ —— 110g
- ピスタチオ —— 45g

発酵生地
- インスタントドライイースト —— 10g
- グラニュー糖 —— 3g
- ぬるま湯（37℃）—— 255g
- 強力粉 —— 215g

スターアニスパウダー —— 4.3g
シナモンパウダー —— 4.3g

飾り
- アンズジャム —— 適量
- ラフティスノウ —— 適量
- ゴールデンサルタナレーズン —— 適量
- マスカットレーズン —— 適量
- ドライアンズ —— 3個／1個
- ドライマンゴー —— 3切れ／1個
- ドライプルーン —— 3個／1個
- ドライパイナップル —— 3切れ／1個
- ドライクランベリー —— 適量
- ドライイチジク（拍子木切り）—— 3切れ／1個
- ドライブルーベリー —— 適量

Dried fruits sausage wreath

Makes six ring-shaped cakes
*16-cm diameter round cake ring

Dried fruits in kirsch
- 145g raisin
- 145g muscat raisin
- 230g dried apricots
- 300g prunes
- 230g dried pineapples
- 60g dried cherries
- 60g dried cranberries
- 190g dried figs
- 215g kirsch

- 110g shelled almonds
- 110g walnuts halves
- 110g cashew nuts
- 45g pistachios

Fermented dough
- 10g instant dried yeast
- 3g granulated sugar
- 255g tepid water 37℃
- 215g bread flour

4.3g ground star anise
4.3g ground cinnamon

For décor
- apricot jam
- raftisnow
- golden sultana raisin
- muscat raisin
- 3 dried apricots for 1 cake
- 3 pieces dried mangos for 1 cake
- 3 prunes for 1 cake
- 3 pieces dried pineapples for 1 cake
- dried cranberries
- 3 stick dried figs for 1 cake
- dried blueberries

定番のソシソン（ベラヴェッカ）のクリスマスヴァージョン
ドライフルーツがぎっしり詰まったワインに合うお菓子。薄くスライスして食べる

1 ドライフルーツのキルシュ漬けをつくっておく。レーズンとマスカットレーズンは熱湯をくぐらせてからよく水洗いして、水気をよく切ってきれいなものだけ選んで表記の分量を使う。密閉容器にすべての材料を入れてキルシュと混ぜ合わせ、蓋をしてひと晩室温におく[a]。≡1
　＊レーズンは汚れがあるので熱湯にくぐらせてから洗う。

2 アーモンドは168℃で約15分、クルミは約12分、カシューナッツは約8分、それぞれローストする。アーモンドはこれくらいの焼成具合[b]。クルミは両手でもみ合わせて苦みのもととなる皮の部分を落として除き[c～d]、割ってアーモンドと合わせておく[e]。

3 発酵生地をつくる。インスタントドライイーストは砂糖とぬるま湯と合わせ、混ぜておく。

4 ボウルに強力粉を入れて中央をくぼませ、3のイーストを少しずつ入れては泡立器で中央から混ぜていく[f]。全体が混ざれば別のボウルに移してラップ紙をかぶせ、35℃くらいのホイロ（発酵器）で1時間ほど発酵させる[g～h]。hは発酵完了時。

5 1のドライフルーツをとり出して4に加えて混ぜ、スターアニスパウダーとシナモンパウダーも加えて練り混ぜる[i～j]。

≡1　フルーツのキルシュ漬けは長く漬けると味が混ざるので、1日だけ漬けてそれぞれのフルーツの風味が感じられるようにする。

6 ボウル底から生地がはがれるようになれば、ナッツ類も加えてさらによく練る[k]。

7 6を6等分（約400gずつ）に分割し、手に水をつけてそれぞれ丸める。ハンバーグをつくる時のように両手でパタパタと叩きつけて気泡を除く[l]。

8 樹脂製マットにのせた直径16cmのセルクルに6の丸めた生地を入れて水をつけた手で平らにのばし、中央に穴をつくってドーナッツ状に成型する[m]。最後に上面をドーム状に整え、表面の凸凹を均す。焦げるので、マットの中央と周囲はキッチンペーパーでマットについた生地をきれいにふきとる[n]。カバーをかぶせて室温に1日おいて2次発酵させる。

9 8を160℃のオーヴンで約30分焼く。15分たったら天板の向きを差しかえてオーヴンにもどし、7分ごとに2回とり出しては同様に向きや入れる段をかえてさらに焼く。さらに1～2分焼成して焼き色を確認してムラなく焼けるように調整する[o]。

10 焼き上がれば冷ます。冷めたら乾燥しないように密閉容器などに入れて2週間おいて休ませる（重ねる場合にはOPPシートを間に入れる）。生地がしっとりし、味が安定する。

11 10にラフティスノウをしっかりまぶす。飾りつけをする直前にフルーツをのせる中心部をハケではらってラフティスノウを少し除く。飾り用のドライフルーツを1台分ずつ用意し[p]、ドライフルーツをピンセットにはさんで沸騰させたアンズジャムにつけては[q]生地にのせて飾る。彩りとバランスを考えてのせる[r]。≡2

≡2 飾り用のドライフルーツは特に形のきれいなものを選んでおく。

タルト

リンゴのガレット
Galette aux pommes

分量　直径14cm 2台分
＊直径14cm、高さ2cmのタルトリング2台、
　直径16cmの抜き型を用意する。

パート・フイユテ(→P16)——約200g
塗り卵(全卵)——適量

クレーム・フランジパーヌ(→P26)——150g

リンゴのソテー(→P33)——基本分量
＊リンゴは縦12等分にしてソテーし、冷ましておく。

あとのせリンゴ
[　リンゴ——2個
　グラニュー糖——50g
　シナモンパウダー——1g

バター——10g／1台
グラニュー糖——5g／1台

飾り
ラフティスノウ——適量

Apple pie

Makes two 14-cm diameter pies
＊two 14-cm diameter×2-cm height tart rings,
　16-cm diameter round pastry cutter

about 200g puff pastry dough, see page 16
whole egg for brushing the dough

150g frangipane cream, see page 26

1 recipe apple sauté for the filling, see page 33

Apple for the covering
[　2 apples
　50g granulated sugar
　1g ground cinnamon

10g unsalted butter, for 1 pie
5g granulated sugar, for 1 pie

For décor
raftisnow, for dusting

ソテーしたものと生の、2種類のリンゴを味わえるタルト
生地に仕込んだリンゴソテーはふっくらジューシー、上のリンゴはシャキッとフレッシュ

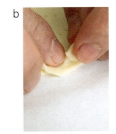

生地を準備する

1　パート・フイユテは2mm厚さにのばし、直径16cmの抜き型で2枚抜いてピケする。

2　生地縁2cm幅に塗り卵を筆で塗る[a]。

3　指ひとつ分ずつ折り返して1周し、直径14cmのタルトリングの中におさまるサイズにする[b～c]。樹脂製マット上にのせる。

クレーム・フランジパーヌをつくる

4　クレーム・パティシエールとクレーム・ダマンドを1対2で合わせてクレーム・フランジパーヌをつくり（→P26）、口径1.3cmの丸口金で3の折った生地縁内に半量ずつ渦巻き状に絞る[d]。

5　リンゴのソテーを4の上に10切れずつクリームからはみ出さないようにのせ、内側にバター（分量外）を薄く塗った直径14cmのタルトリングをのせる[e]。リンゴのソテーは2切れずつ残しておく。

6　リンゴを少し押さえてから[f]、168℃で20分焼く[g]。≡1

あとのせリンゴを準備する

7　リンゴは皮をむき、縦4～5mm幅にスライスして芯の固い部分を除いて4～5mm角の拍子木切りにする[h]。ボウルに入れる。

8　砂糖とシナモンパウダーを合わせ、7に加えてよく混ぜる[i]。≡2

9　6に8のリンゴを165gずつ盛り、冷蔵庫から出したてのバター10gずつをちぎってのせ、グラニュー糖5gずつをふる[j]。168℃のオーヴンにもどす。10分焼いたらとり出し、タルトリングをはずしてさらに10分焼く[k]。ふたたびとり出し、様子を見て天板の向きをかえてさらに5分焼く[l]。焼き色で時間は調整する。

仕上げる

10　焼き上がったら粗熱をとってラフティスノウをふり、5で残しておいたリンゴのソテーを2切れずつ飾る。

≡1　焼くと膨張する。リンゴのソテーが縁から出ないようにリンゴはタルト生地の内側におさめる。
≡2　シナモンパウダーだけではきれいに散らない。砂糖を加えるときれいに散る。また、シナモンは多いと焦げるので少量だけ加える。

タルト・スリーズ
Tarte aux cerises

ジューシーで甘酸っぱいチェリーの風味が
ピスタチオペーストを加えたコクのある生地との対比で際立つ

タルト・スリーズ
Tarte aux cerises

分量　直径12cm、高さ2cmのタルトリング2台分
＊直径16cmの抜き型を用意する。

パート・シュクレ（→P15）
　　——敷き込みずみ2台（約200g）

クレーム・フランジパーヌ・ピスターシュ
[クレーム・フランジパーヌ（→P26）—— 180g
[ピスタチオペースト —— 20g

ガルニチュール
[アメリカンチェリー —— 10粒／1台
[12割アーモンド —— 適量

飾り
[アンズジャム —— 150g
[カシスのピュレ（冷凍のまま1cm角切り）—— 15g
[グリオットのピュレ（冷凍のまま1cm角切り）—— 15g
[ラフティスノウ —— 適量

Cherry tart

Makes two 12-cm diameter tarts
*two 12-cm diameter × 2-cm height tart rings,
16-cm diameter round pastry cutter

about 200g sweet tart dough for two tarts, see page 15

Frangipane cream with pistachio
[180g frangipane cream, see page 26
[20g pistachio paste

For the garnish
[10 pieces Bing cherries, for 1 tart
[diced almonds, 4-6mm size

For the décor
[150g apricot jam
[15g frozen blackcurrant purée, cut into 1-cm cubes
[15g frozen morello cherry purée, cut into 1-cm cubes
[raftisnow, for dusting

ガルニチュールを準備する

1 アメリカンチェリーは縦半分にカットして種を除き、断面を下にしてキッチンペーパー上に並べ、汁気を切っておく。

クレーム・フランジパーヌ・ピスターシュをつくる

2 直径12cmのタルトリングに敷き込んでおいた（→P18 タルトリング）パート・シュクレを冷凍庫から2台とり出し、樹脂製マット上に並べる。

3 クレーム・フランジパーヌにピスタチオペーストを加えてゴムベラで混ぜ、2に100gずつのせてスプーンの背ですき間を除いて均す[a]。

4 3に1のアメリカンチェリーを周囲から並べていく[b~c]。全面に並べたら、12割アーモンドをふる[d]。

5 168℃のオーヴンで合計約38分焼く。8分、10分ごとにとり出しては天板の向きをかえてオーヴンにもどす。さらに10分焼いたらタルトリングをはずす。生地より高い型を間とまわりに置いて樹脂製マットをかぶせ（→P339 タルト・ミルティーユ4）、向きをかえてオーヴンにもどす。さらに6分たったらとり出して焼き色を確認しながら向きをかえてオーヴンにもどし、4分焼いてムラなく焼き上げる[e]。トレイに移して冷ましておく。

仕上げる

6 タルトが入る大きさの手鍋にアンズジャムと凍ったままのカシスとグリオットのピュレを入れて火にかけ、沸騰させて火をとめる。

7 5を持ってひっくり返して6を上面につけ、上下に動かして余分なジャムを切る[f~g]。乾かしておく。

8 花柄を切り抜いた自家製の型（→P251 フィグフィグ17）をあて、ラフティスノウをふる[h]。

タルト・マロン
Tarte aux marrons

分量　直径12cmタルトリング2台分
＊直径16cmの抜き型を用意する。

パート・シュクレ（→P15）
　└── 敷き込みずみ2台（約200g）

クレーム・フランジパーヌ・カフェ
┌ クレーム・フランジパーヌ（→P26）── 200g
└ インスタントコーヒー　4g

ガルニチュール
┌ クリの渋皮煮── 6個／1台
└ 16割ヘーゼルナッツ── 適量

飾り
┌ ・フォンダン・カフェ
│ ┌ フォンダン── 150g
│ └ コーヒーエキス── 8g
└ クリの渋皮煮── 1個／1台

Chestnut tart

Makes two 12-cm diameter tarts
*two 12-cm diameter × 2-cm height tart rings,
16-cm diameter round pastry cutter

about 200g sweet tart dough for two tarts, see page 15

Frangipane cream with coffee
┌ 200g frangipane cream, see page 26
└ 4g instant coffee

For the garnish
┌ 6 pieces shelled chestnuts compote, for 1 tart
└ diced almonds, 3-4mm size

For the décor
・Coffee fondant
　┌ 150g white fondant (white icing paste)
　└ 8g coffee extract
・1 piece shelled chestnut compote, for 1 tart

クレーム・フランジパーヌ・カフェをつくる

1　直径12cmのタルトリングに敷き込んでおいた（→P18タルトリング）パート・シュクレを冷凍庫から2台とり出し、樹脂製マット上に並べる。

2　クレーム・フランジパーヌにインスタントコーヒーを粉のまま加えてゴムベラで混ぜる[a]。1に半量ずつ入れ、テーブルスプーンの背で叩くようにしてすき間を除く[b]。

3　2にクリの渋皮煮を6個ずつのせて少し押す[c]。16割ヘーゼルナッツをふってから[d] 5分ほど冷蔵庫で休ませる。

4　168℃のオーヴンで合計38～40分焼く。10分、7分ごとにとりだしては天板の向きをかえてオーヴンにもどす。さらに10分焼いたらタルトリングを少しまわしてからはずしてオーヴンにもどす。ふたたび9分焼いて天板の向きをかえてオーヴンにもどし、3分焼いて焼き色を確認し、ムラなく焼き上げる。トレイに移して冷ましておく。

仕上げる

5　フォンダン・カフェをつくる。もみほぐしたフォンダンをボウルに入れ、湯煎にかけて柔らかくもどして（40℃）コーヒーエキスを加え、混ぜながら40～45℃に調整する。

6　口径4mmの丸口金で5のフォンダン・カフェを4に絞り[e]、クリの渋皮煮を1個のせる。

コーヒーとマロンのコクのあるベストマッチな組合せに
フォンダン・カフェが温かみのある甘さを添える

イチジクのタルト
Tarte aux figues

分量　直径12cm、高さ2cmタルトリング2台分
＊直径16cmの抜き型を用意する。

パート・シュクレ（→P15）
　──敷き込みずみ2台（約200g）

クレーム・フランジパーヌ・パン・デピス
　クレーム・フランジパーヌ（→P26）── 200g
　パン・デピス（ミックススパイス）── 2g

ガルニチュール
　ドライイチジクの赤ワイン煮（→P39）── 2個／1台
　冷凍黒イチジク（ホール）── 2個／1台

飾り
　グロゼイユのジャム（→P37ジャム）── 適量
　冷凍皮つきイチジク（ホール）── 1個
　ラフティスノウ── 適量

Fig tart

Makes two 12-cm diameter tarts
＊two 12-cm diameter × 2-cm height tart rings,
16-cm diameter round pastry cutter

about 200g sweet tart dough for two tarts, page 15

Frangipane cream with spices
　200g frangipane cream, see page 26
　2g mix spices for "pain d'épices"

For the garnish
　2 red wine poached dried figs for 1 tart , see page 39
　2 frozen black figs (whole), for 1 tart

For décor
　redcurrant jam, see page 37
　1 frozen fig (whole)
　raftisnow, for dusting

スパイシーな香りとともにイチジクを味わうお菓子
中に仕込んだ赤ワインを含んだイチジクがとてもジューシー

ガルニチュールを準備する

1 冷凍黒イチジクは飾り用と一緒に4等分にして樹脂製マットに並べ、ダンパーをあけた100℃のオーヴンに入れて約25分乾燥焼きにする[a右]。ドライイチジクの赤ワイン煮は汁気を切って4等分にする[a左]。

クレーム・フランジパーヌ・パン・デピスをつくる

2 直径12cmのタルトリングに敷き込んでおいた（→P18タルトリング）パート・シュクレを冷凍庫から2台とり出し、樹脂製マット上に並べる。

3 クレーム・フランジパーヌにパン・デピスを加えてゴムベラで混ぜ、2に約50gずつのせて小さなエル字パレットで均す[b]。

4 1の2種類のガルニチュール用イチジクを交互に、周囲から中央へと並べていく[c]。同様に約50gクレーム・フランジパーヌをのせて均す[d]。もう1台も同様にする。5分ほど冷蔵庫で休ませる。

5 168℃のオーヴンで合計約38分焼く。8分焼いたらとり出して天板の向きをかえてさらに10分焼き、同様に向きをかえてさらに10分焼く。とり出して膨張した生地を三角パレットで押さえて形を整え[e]、タルトリングを少しまわしてはずしてオーヴンにもどす。さらに6分たったらとり出して焼き色を確認し、向きをかえてオーヴンにもどし、4分焼いてムラなく焼き上げる。冷ましておく。

仕上げる

6 5にラフティスノウをまんべんなくふり、綿棒でところどころくぼみをつくる[f〜g]。

7 コルネに入れたグロゼイユのジャムを6のくぼみをつけたところにポイントで絞る[h]。1の飾り用のイチジクを2切れずつのせる。

タルト・ミルティーユ
Tarte aux myrtilles

カシスピュレを混ぜたフォンダンのほっとする甘さと酸味が
ブルーベリーを敷き詰めたジューシーな生地と合う

タルト・ミルティーユ
Tarte aux myrtilles

分量　直径12cm、高さ2cmのタルトリング2台分
＊直径16cmの抜き型を用意する。

パート・シュクレ（→P15）
　　── 敷き込みずみ2台（約200g）

クレーム・フランジパーヌ（→P26）── 160g

ガルニチュール
　ブルーベリー── 60g／1台

飾り
　・フォンダン・カシス
　　　フォンダン── 180g
　　　カシスのピュレ（1cm角切りにして解凍）── 18g
　ブルーベリー── 7粒／1台

Blueberry tart

Makes two 12-cm diameter tarts
*two 12-cm diameter × 2-cm height tart rings,
16-cm diameter round pastry cutter

about 200g sweet tart dough for two tarts, see page 15

160g frangipane cream, see page 26

For the garnish
60g blueberries, for 1 tart

For décor
　・Blackcurrant fondant
　　　180g white fondant (white icing paste)
　　　18g frozen blackcurrant purée, cut into 1-cm cubes, and defrost
　7 blueberries, for 1 tart

クレーム・フランジパーヌを詰める

1 直径12cmのタルトリングに敷き込んでおいた（→P18 タルトリング）パート・シュクレを冷凍庫から2台とり出し、樹脂製マット上に並べる。

2 1にクレーム・フランジパーヌをゴムベラでおよそ半量ずつ入れ、小さなエル字パレットで気泡を除きながら均す [a]。

3 2にブルーベリーを60gずつ並べて軽く押さえる [b]。残りのクレーム・フランジパーヌを足してパレットで均す [c]。ブルーベリーの表面がフランジパーヌから出ないようにする。5分ほど冷蔵庫で休ませる。

4 168℃のオーヴンで合計約38分焼く。8分焼いたらとり出して天板の向きをかえてオーヴンにもどす。さらに10分焼いたら、生地につかないように生地より高い型を間とまわりに置いて樹脂製マットをかぶせ [d]、天板の向きをかえてふたたび10分焼く。とり出してタルトリングを少しまわしてはずし、オーヴンにもどす [e]。さらに6分たったらとり出して焼き色を確認しながら向きをかえてオーヴンにもどし、最後に4分焼いてムラなく焼き上げる。≡¹

5 トレイに移して冷ましておく [f]。

仕上げる

6 フォンダン・カシスをつくる。もみほぐしたフォンダンをボウルに入れ、湯煎にかけて柔らかくもどして（40℃）解凍したカシスのピュレを加え、混ぜながら40～45℃に調整する [g～i]。

7 5を持ってひっくり返して上面だけに6をつけ、上下に動かして余分なフォンダンを切る。タルト生地についたフォンダンは指でぬぐう [j]。

8 ブルーベリーを7粒ずつ飾る。

≡1　タルト・ミルティーユとタルト・スリーズ（→P329）は果汁が出て表面が焦げやすいので、タルト生地にもしっかり火が通るように途中から樹脂製マットをかぶせて焼く。

キンカンのタルト
Tarte aux kumquats

分量　長径14cm×短径10.5cm、高さ2cmの
オヴァール形タルトリング2台分
＊長径16cm×短径12.5cmの抜き型を用意する。

パート・シュクレ（→P15）
　　──敷き込みずみ2台（約200g）

クレーム・フランジパーヌ・カルダモン
⎡ クレーム・フランジパーヌ（→P26）── 170g
⎣ カルダモンパウダー── 1.7g

キンカンのコンポート（半割→P36）
　　──キンカン約20切れ分

飾り
⎡ ・フォンダン・オランジュ
⎢　⎡ フォンダン── 100g
⎢　⎣ オレンジのコンサントレ── 20g
⎣ ピスタチオのスライス── 適量

kumquat tart

Makes two oval tarts
*two 14-cm×10.5-cm×2-cm height oval tart rings,
16-cm×12.5-cm oval pastry cutter

about 200g sweet tart dough for two tarts, see page 15

Frangipane cream with cardamon
⎡ 170g frangipane cream, see page 26
⎣ 1.7g ground cardamom

about 20 kumquats halves compote, see page 36

For décor
⎡ ・Orange fondant
⎢　⎡ 100g white fondant (white icing paste)
⎢　⎣ 20g orange concentrated preparation
⎣ sliced pistachios

すがすがしいキンカンの風味とフォンダンのまろやかな甘さのバランスが絶妙

キンカンのコンポートを用意する

1 キンカンのコンポートはあらかじめつくっておき（→P36）、キッチンペーパーにキンカンをふせて汁気を切っておく［a〜b］。

クレーム・フランジパーヌ・カルダモンをつくる

2 直径14cmのタルトリングに敷き込んでおいた（→P18 タルトリング）パート・シュクレを冷凍庫から2台とり出し、樹脂製マット上に並べる。

3 クレーム・フランジパーヌにカルダモンパウダーを加えてゴムベラで混ぜる。2に半量ずつ入れ、小さなエル字パレットで均す［c］。

4 3に周囲を5mmほどあけ、1を10切れ断面を上にして置いては指で軽く押さえていく［d］。もう1台も同様にする。5分ほど冷蔵庫で休ませる。▶1

5 168℃のオーヴンで合計約31分焼く。12分焼いたら天板の向きをかえてオーヴンにもどし、9分焼いて三角パレットで生地を押さえてからタルトリングをはずす［e〜f］。天板の向きをかえてオーヴンにもどし、さらに5分たったらとり出して焼き具合を確認し、天板の向きをかえてオーヴンにもどし、最後に5分焼いてムラなく焼き上げる［g］。トレイに移して冷ましておく。

仕上げる

6 フォンダン・オランジュをつくる。もみほぐしたフォンダンをボウルに入れ、湯煎にかけて柔らかくもどして（40℃）オレンジのコンサントレを加え、混ぜながら40〜45℃に調整する。

7 口径4mmの丸口金で6のフォンダン・オランジュを5のキンカンのまわりに絞り、ピスタチオのスライスを飾る［h］。

▶1　ガルニチュールのキンカンのコンポートは生地端に入れると焦げやすいので、少し内側に入れる。

5

ジャムとショコラ

ジャム

ショコラ

| COLUMN 16 | おいしさの連鎖 |

　スイスのレストランで働いていた時に、フレゼットというカクテルを食前酒として出していました。イチゴやオレンジ果汁、白ワインにレモン汁を攪拌したもの（著書『シンプルでも素材らしく』に紹介）でした。新作のケーキを考えていた時、ふとこのカクテルの素材の組合せを思い出し、ケーキに仕立てました。同じ組合せでムースからバタークリームのケーキ、そしてコンフィチュール（→P346 フレゼット）にと広げていきました。同じ素材のおいしい組合せならば、形、食感をかえて無限大に広がっていきます。逆もまたあるでしょう。ケーキでおいしい組合せはカクテルにもなると思います。

　アントルメのレーブル（→P242）は、この組合せを発展させてグリオットのムースを加えてつくりました。

　グリオットとオレンジの組合せは、ラモニーというお菓子で以前から合うことがわかっていました。ちなみにマカロンのグリオット・オランジュ（→P168）も、バタークリームはオレンジでジュレがグリオット・オランジュと、味の組合せが連鎖しています。

　また、バタークリームのケーキ、トロピック（→P126）のパッションフルーツ、マンゴーの組合せは、焼き菓子（→P298）、ジャム（→左頁写真）にも、そしてマカロンにも活用しました。

　ただし、同じ素材の組合せを狙って順列組合せでお菓子をつくってきたわけではありません。これは重要な点ではないかと思います。

　おいしいものをと考えていく中で、自然に自分の中に湧き上がってきて同じ組合せのものが生まれてきました。自分の経験の中に、おそらくおいしい組合せの記憶がいくつもあるからだと思います。

ジャム

フレゼット
Confiture fraisette

分量　260gビン6本分
＊使用するビンは約250cc容量。以下同様。

イチゴ —— 500g
[
　水飴 —— 160g
　グラニュー糖A —— 200g
　水 —— 80g
]

[
　グラニュー糖B —— 200g
　HMペクチン PG879S —— 7g
]

オレンジのコンサントレ —— 100g
オレンジの搾り汁 —— 200g
白ワイン —— 300g
レモン汁 —— 80g

Strawberry with orange jam

Makes six jars of 260g
*Volume of jar : about 250cc, same as all jam recipes

500g strawberries
[
　160g starch syrup
　200g granulated sugar A
　80g water
]

[
　200g granulated sugar B
　7g HM pectin (for fruit jelly candies)
]

100g orange concentrated preparation
200g squeezed orange juice
300g white wine
80g fresh lemon juice

a 　b

c 　d

1　イチゴはフードプロセッサーで5mm大に刻む。
2　水飴、砂糖A、水を手鍋に入れて泡立器でまぜながら加熱し、105〜110℃になったら火をとめて1の半量を加えて混ぜる[a]。≡1
　＊水飴は先に入れた方が、砂糖が溶けやすい。
3　砂糖Bとペクチンを混ぜたものを2に混ぜながらふり入れる。ゴムベラでまわりをはらってから木ベラに持ちかえ、火をつける。少し炊いたら1のイチゴの残りを加え、混ぜながらイチゴに火を通す。
4　オレンジのコンサントレにオレンジの搾り汁を加えてよく混ぜ、3に少しずつ加えていく[b]。
5　さらに混ぜながら加熱し、沸騰したら火を弱めて少し炊く。とろみが出てきたところで白ワインを加え[c〜d]、ひと混ぜしたら火をとめる。レモン汁を加え混ぜて酸味を補う。洗って乾かしたビンに詰める。鍋にビン全体がつかるくらいの湯を沸かし、ジャムを詰めたビンを入れて再沸騰してから12分煮沸する。≡2

≡1　最初に105〜110℃に加熱しておくことで、炊く時間を短くし、フレッシュ感を残す。
また、アクもうまみのうちと考え、アクはとらない。ただし、フレッシュで風味のある素材を選ぶ。
≡2　ビンはきれいに洗って低温のオーヴンで完全に乾かし、蓋は1分煮沸しておく。ジャムを詰めてからビンごと煮沸する。
煮沸時間はキャラメルのジャムで8分、それ以外は12分。

スイス・ジュネーブの修業先のレストランで出していたカクテルドリンクと同じ素材を使ったジャム
イチゴの甘酸っぱい味と白ワイン、オレンジとの組合せは、ベストコンビネーション

フヌイユのお花風味の桃とピンクグレープフルーツのジャム
Confiture pêche et pamlemousse rosé à la fenouil

分量　260gビン6本分

モモ —— 900g
レモン汁 —— 125g
グレープフルーツ（ルビー）の果肉 —— 300g
[水飴 —— 160g
　グラニュー糖A —— 205g
　水 —— 90g]

[グラニュー糖B —— 160g
　HMペクチン PG879S —— 8g]

フヌイユの花 —— 3本

Peach and pink grapefruit jam with fennel flower

Makes six jars of 260g

900g peaches
125g fresh lemon juice
300g fresh ruby red grapefruit pulp
[160g starch syrup
　205g granulated sugar A
　90g water]

[160g granulated sugar B
　8g HM pectin (for fruit jelly candies)]

3 fennel flowers

a

b

c

d

1　モモは縦にぐるりとナイフを入れて半分にカットして種と皮を除き[a]、縦にくし形に切ってから1cm角にする。ボウルに入れてレモン汁のうち25gほどを加え混ぜて変色をふせぐ[b]。≡1

2　グレープフルーツは房に分けてから薄皮を除いておき、軽く身をほぐす[c]。

3　水飴、砂糖A、水を手鍋に入れて沸かし、105〜110℃になったら火をとめて2を加える。（→P346 フレゼット2の≡1）

4　砂糖Bとペクチンを混ぜたものを3に混ぜながらふり入れる。まわりをゴムベラではらってから木ベラに持ちかえ、火をつける。

5　1のモモを加えて混ぜる。さらにフヌイユの花を加えて混ぜながら加熱し[d]、沸騰したら火をとめる。残りのレモン汁を加え混ぜる。すぐにビンに詰めて12分煮沸する（→P346 フレゼット5）。

≡1　モモは固めで酸味があるものを使う。

プチッとはじけるグレープフルーツの粒が
茫洋としたモモの香りを引き立て、すっきり感をプラス

キャラメル・キャフェ
Confiture caramel café

分量　260g ビン 6 本分

インスタントコーヒー —— 36g
水 —— 200g
生クリーム（乳脂肪分 38%）—— 955g
[水飴 —— 320g
  グラニュー糖 A —— 400g]

[グラニュー糖 B —— 250g
  HM ペクチン PG879S —— 6g]

Coffee caramel

Makes six jars of 260g

36g instant coffee
200g water
955g fresh heavy cream, 38% butterfat
[320g starch syrup
  400g granulated sugar A]

[250g granulated sugar B
  6g HM pectin (for fruit jelly candies)]

a

b

c

d

1　インスタントコーヒー、水、生クリームをボウルに入れてよく混ぜてから火にかけ、混ぜながら加熱して沸騰させる [a]。

2　水飴、砂糖 A を銅鍋に入れて強火にかける。色づいてきたら木ベラで混ぜながら加熱し、濃いめのキャラメルを炊く。
＊キャラメルを炊く時は、熱伝導がいい銅鍋の方が均一に加熱できる。

3　濃いめのキャラメル色になれば 1 を 1/4 量加える [b]。さらに混ぜながら炊いて、飴状に固まった部分を溶かす。

4　残りの 1 を 3 に加えて混ぜ、火をとめる。泡立器で混ぜながら砂糖 B とペクチンを混ぜたものをふり入れる [c]。

5　まわりをゴムベラではらってから木ベラに持ちかえ、ふたたび火をつけて中火にし、再沸騰するまで混ぜながら加熱する [d]。中心部までしっかり沸いてきたら火をとめる。ビンに詰めて 8 分煮沸する（→ P346 フレゼット 5）。

濃いめに炊いたキャラメルの苦みばしった甘さに、カフェの風味がベストマッチ

レモングラス風味の黄金桃のジャム
Confiture pêche jaune à la citonnelle

分量　260g ビン 5 本分

黄金桃 —— 1kg
[水飴 —— 135g
  グラニュー糖A —— 175g
  水 —— 75g]

[グラニュー糖B —— 115g
  HMペクチン PG879S —— 6.5g]

レモングラス（フレッシュ）—— 15cm長さ 8 本
レモン汁 —— 115g

Yellow peach jam with lemongrass

Makes five jars of 260g

1kg peaches "Ougontou" (yellow flesh)
[135g starch syrup
  175g granulated sugar A
  75g water]

[115g granulated sugar B
  6.5g HM pectin (for fruit jelly candies)]

8 fresh lemongrass of 15-cm
115g fresh lemon juice

a 　b

c 　d

1　黄金桃は縦にぐるりとナイフを入れて半分にカットして種と皮を除き[a]、横にスライスする[b]。≡1
2　レモングラスは 3～4cm長さにカットする。
3　水飴、砂糖A、水を手鍋に入れて沸かし、105～110℃になったら火をとめて 1 を 1/3 量加える。（→P346 フレゼット 2 の ≡1）
4　泡立器で混ぜながら砂糖Bとペクチンを混ぜたものを 3 にふり入れる。まわりをゴムベラではらってから木ベラに持ちかえ、火をつける。
5　残りの黄金桃と 2 のレモングラスを加え、混ぜながら加熱する[c～d]。
6　沸騰してモモがふっくらとしてきたら火をとめ、レモン汁を加え混ぜる。ビンに詰めて 12 分煮沸する（→P346 フレゼット 5）。

黄金桃について

≡1　黄金桃は香り、酸味ともに濃いものを使う。黄桃の一種だが身が固い従来の黄桃と違ってジューシー。身は黄色～オレンジ色、皮は黄色または赤っぽい色。

ほどよい酸味と甘みもある黄金桃に、レモングラスで清涼感を加えた

洋梨とイチジクとキャシスのジャム
Confiture poire figue et cassis

分量　260gビン7本分

冷凍黒イチジク（ホール）—— 500g
- 水飴 —— 200g
- グラニュー糖A —— 300g
- 水 —— 100g

洋ナシのピュレ（冷凍のまま1cm角切り）—— 500g

- グラニュー糖B —— 150g
- HMペクチン PG879S —— 7g

冷凍カシス（ホール）—— 200g
レモン汁 —— 115g

Pear, fig and blackcurrant jam

Makes seven jars of 260g

500g frozen black figs
- 200g starch syrup
- 300g granulated sugar A
- 100g water

500g frozen pear purée, cut into 1-cm cubes

- 150g granulated sugar B
- 7g HM pectin (for fruit jelly candies)

200g frozen redcurrants
115g fresh lemon juice

a  b

c

1　冷凍黒イチジクは冷凍のまま縦12等分にくし形にカットし、冷凍庫にもどしておく。
　＊味が濃い冷凍黒イチジクを使う。
2　水飴、砂糖A、水を手鍋に入れて沸かし105〜110℃になったら凍ったままの洋ナシのピュレを加えて火をとめる[a]。（→P346 フレゼット2の≡1）
3　砂糖Bとペクチンを混ぜたものを2に混ぜながらふり入れる。まわりをゴムベラではらってから木ベラに持ちかえ、火をつける。
4　1を加えて混ぜながら炊く[b]。
5　沸いてきたら4に冷凍カシスを加え、さらに加熱して沸いてきたら火をとめる[c]。
6　レモン汁を加え混ぜ、ビンに詰めてから12分煮沸する（→P346 フレゼット5）。

洋ナシで味の幅を加え、カシスの酸味でメリハリをつけた
黒イチジクの粒つぶがおいしいジャム

イチジクとグロゼイユのジャム
Confiture figue et groseille

分量　260gビン6本分

イチジク —— 900g
[水飴 —— 200g
　グラニュー糖A —— 200g
　水 —— 100g]

[グラニュー糖B —— 200g
　HMペクチン PG879S —— 3.5g]

冷凍グロゼイユ（ホール）—— 200g
レモン汁 —— 115g

Fig and redcurrant jam

Makes six jars of 260g

900g fresh figs
[200g starch syrup
　200g granulated sugar A
　100g water]

[200g granulated sugar B
　3.5g HM pectin (for fruit jelly candies)]

200g frozen redcurrants
115g fresh lemon juice

a

b

c

d

1　イチジクは軸を除き、皮つきのまま縦12等分にくし形にカットして900gをとる[a]。
2　水飴、砂糖A、水を手鍋に入れて沸かし、105〜110℃になったら火をとめて1のイチジクの半量を加える。（→P346 フレゼット2の☰1）
3　砂糖Bとペクチンを混ぜたものを2に混ぜながらふり入れる[b]。まわりをゴムベラではらってから木ベラに持ちかえ、火をつける。
4　残りのイチジクを加えて混ぜながら加熱する。
5　沸いてきたら[c]冷凍グロゼイユを加え、さらに加熱して再沸騰したら火をとめる[d]。レモン汁を加え混ぜ、ビンに詰めてから12分煮沸する（→P346 フレゼット5）。

プチプチッとした食感が楽しい。グロゼイユの酸味が
火を入れすぎないように炊いたイチジクのフレッシュ感をより浮き彫りにする

ドライプルーンの赤ワイン煮
Confiture prune vin rouge

分量　260gビン6本分

レモンの表皮—— 2/3個分
- 水飴—— 150g
- グラニュー糖A—— 250g
- 水—— 75g

赤ワインA—— 375g

- グラニュー糖B—— 125g
- HMペクチン PG879S—— 8.5g

ブーケガルニ　折って不織布の袋などに入れる
- シナモンスティック—— 6g
- スターアニス（ホール）—— 6g
- クローヴ（ホール）—— 1.2g

ドライプルーン—— 500g
ドライチェリー—— 50g
赤ワインB—— 190g
レモン汁—— 105g

Red wine-prune compote

Makes six jars of 260g

2/3 lemon zest
- 150g starch syrup
- 250g granulated sugar A
- 75g water

375g red wine A

- 125g granulated sugar B
- 8.5g HM pectin (for fruit jelly candies)

Bouquet garni (put spices in the non-woven pack)
- 6g cinnamon stick
- 6g star anise
- 1.2g clove

500g prunes
50g dried cherries
190g red wine B
105g fresh lemon juice

a

b

c

d

1　レモンはよく水洗いしてゼスターで表皮を糸状に細くむきとり、塩（分量外）を加えた湯で湯がき、ざるにとって流水でよく洗って水気をふきとる（→P38 ライムピールのシロップ煮2）。

2　水飴、砂糖A、水を手鍋に入れて沸かし、強火にして1を加える。再沸騰したら泡立器で混ぜながら加熱する。

3　105℃になってレモンピールに透明感が出てきたら[a]火をとめ、赤ワインAを加える[b]。混ぜながら砂糖Bとペクチンを混ぜたものをふり入れる。（→P346 フレゼット2の ≡1）

4　ブーケガルニ、ドライプルーン、ドライチェリーも加える。まわりをゴムベラではらってから木ベラに持ちかえて火をつけ、強火にして沸かす。ドライフルーツが柔らかくなるまで混ぜながら加熱する[c]。固さは時々つまんで確認する。

5　ドライフルーツが柔らかくなれば火からおろす。30分おいてスパイスの香りを移してからブーケガルニを除く。

6　5がまだ温かいうちに（40〜50℃）赤ワインB、レモン汁を加え混ぜる[d]。ビンに詰め、12分煮沸する（→P346 フレゼット5）。

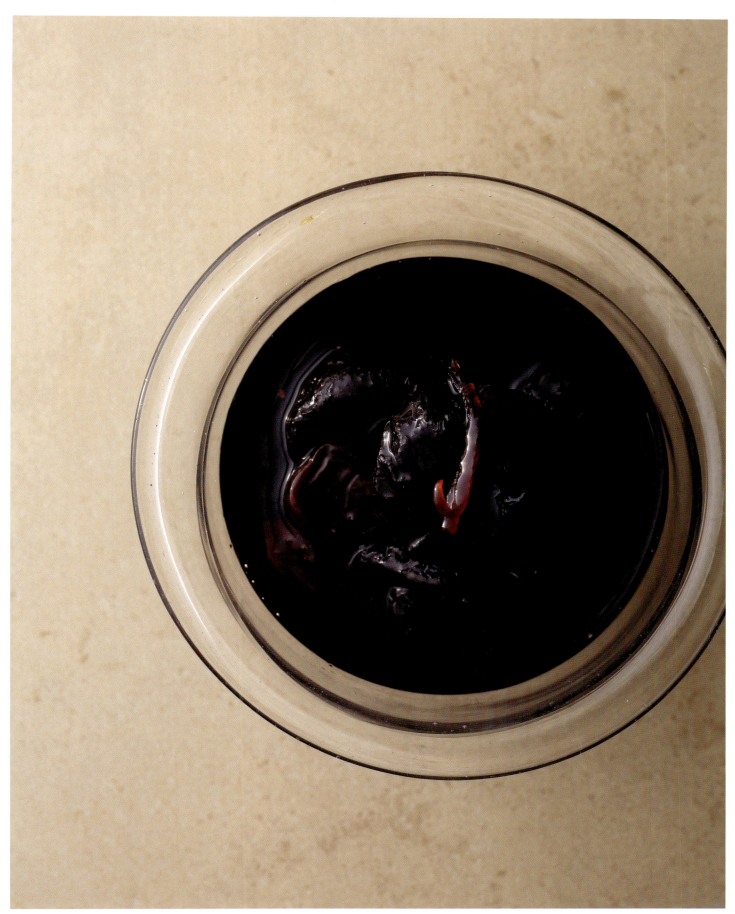

ふっくらとしてボディがあるプルーンが
スパイシーな香りをまとって大人びた味わいに進化

小夏のジャム
Confiture Konatsu

分量　260gビン5本分

小夏── 1kg
＊4〜5月に出まわる小粒の柑橘類で清涼感と酸味が特徴。

[水飴── 170g
  グラニュー糖A── 215g
  水── 85g]

[グラニュー糖B── 170g
  HMペクチンPG879S── 7g]

レモン汁── 110g

Konatu jam

Makes five jars of 260g

1kg Konatu
*small japanese citrus, in season in April and May, features refreshing feel and acidity

[170g starch syrup
  215g granulated sugar A
  85g water]

[170g granulated sugar B
  7g HM pectin (for fruit jelly candies)]

110g fresh lemon juice

a 　b
c 　d

1　小夏は白いワタの部分を残して皮をむいてくし形にカットし[a]、1kgをとる。≡1

2　水飴、砂糖A、水を手鍋に入れて沸かす。105〜110℃になったら1の半量を加える。火をとめて泡立器でよく混ぜて、果汁を出させる[b]。（→P346 フレゼット2の≡1）

3　混ぜながら砂糖Bとペクチンを混ぜたものをふり入れる[c]。

4　まわりをゴムベラではらってから木ベラに持ちかえ、ふたたび火をつけてさらに1の残りを加え、強火にして混ぜながら加熱する。

5　小夏がしんなりしてきてとろみがついてきたら[d]、火をとめてレモン汁を加え混ぜる。ビンに詰めて12分煮沸する（→P346 フレゼット5）。

≡1　ワタの部分は、独特の苦みをともなったうまみ、甘みがあるので残す。

「小夏」ならではの柑橘類のすがすがしい苦みが加わったジャム
そのほどよい苦みに初夏の訪れを感じる

サマークリスタル
Confiture nectarin

分量　260g ビン 5 本分

サマークリスタル —— 1kg
＊かけ合わせたネクタリンの品種。
　甘みと酸味のバランスがいい。

レモン汁 —— 195g
[　水飴 —— 135g
　　グラニュー糖 A —— 170g
　　水 —— 75g

[　グラニュー糖 B —— 135g
　　HM ペクチン PG879S —— 7g

Summer crystal jam

Makes five jars of 260g

1kg summer crystal
*sweet nectarine, a little acidity
195g fresh lemon juice
[　135g starch syrup
　　170g granulated sugar A
　　75g water

[　135g granulated sugar B
　　7g HM pectin (for fruit jelly candies)

a

b

c

1　サマークリスタルは縦にぐるりとナイフを入れて半分にカットして種を除き（→P352 レモングラス風味の黄金桃のジャム 1）、皮はつけたまま縦にくし形に 4〜5mm 厚さにスライスする。ボウルに入れ、変色を防ぐためにレモン汁少量（約 30g）を加え混ぜておく [a]。≡1

2　水飴、砂糖 A、水を手鍋に入れて強火にかけ、105〜110℃ に熱してから 1 を 1/3 量加えて混ぜ、火をとめる。（→P346 フレゼット 2 の ≡1）

3　泡立器で混ぜながら砂糖 B とペクチンを混ぜたものを 2 にふり入れる。

4　まわりをゴムベラではらってから木ベラに持ちかえ、火をつける。残りの 1 を加え、強火にして混ぜながら加熱する。

5　とろみがついてきたら [b] 2 分ほど強火のまま炊いてから火をとめて残りのレモン汁を加え混ぜる。レモン汁で発色もよくなる [c]。ビンに詰めて 12 分煮沸する（→P346 フレゼット 5）。

≡1　薄すぎると形がなくなるので、この程度の厚さにする。

コンポートのようにみずみずしくてフレッシュ
甘酸っぱい味が凝縮している皮と身の間がおいしい

| COLUMN 17 | ショコラもケーキのように |

　ボンボン・ショコラは、素材の組合せなどいつもケーキと同じような考えでつくるようにしています。ただし、直径2〜3cmのサイズの中に味を表現するのはとてもむずかしいことです。

　1991年、お菓子の世界大会であるクープ・デュ・モンド・ド・ラ・パティスリーに出た時のボンボン・ショコラは、センターのガナッシュの中にフランボワーズのソースやコニャック入りの柔らかいキャラメルソース、タルトシトロンのシトロンクリームを入れてつくりました。斬新な組み合わせで審査員たちはみなびっくりしていました。

　本書で紹介したイリェウス（→P370）も、ムースのイリェウス（→P268）から発想しています。ムースでは使わないホワイトチョコレートを用いましたが、同じジンやミックスフルーツピュレ、ライムを使ってトロピカルなボンボン・ショコラにつくり上げています。

　もちろん生菓子のようにできたてを食べられれば最高においしいショコラとなりますが、味の変化が速く、販売には適しているとはいえないかもしれません。それでも生菓子のようなショコラを提供したいのです。素材の味を最大限に表現したショコラをつくるように努め、ボンボン・ショコラであってもなるべくつくりたてを販売したく思っています。

　いまのフランスではショコラにもあまりお酒を使いませんが、以前はかなり使っていました。僕がつくるショコラもしっかりお酒を使っています。時代に合わせるのではなく、自分がおいしいと思えるものをチョコレートでもつくり続けています。

　アルコールがまだ残っている味と、少し時間が経って酒が素材の風味と一緒に香るようになる味の変化を感じてもらえるのも楽しいかと思います。

ショコラ

ガナッシュ・スペシャル
Ganache Spécial

ガナッシュ・テ・ロテュース
Ganache thé lotus

ガナッシュ・フランボワーズ
Ganache framboise

ガナッシュ・キャラメル
Ganache caramel

それぞれに合うお酒をきかせて、体温で溶けるショコラの中に
ロータスティー、酸味のあるフランボワーズ、芳醇なキャラメルが溶け込んでいく

ガナッシュ・スペシャル

ガナッシュ・キャラメル
Ganache caramel

分量　37.5cm角カードル1枚分（3cm角144個分）

ミルクチョコレート（カカオ分41％）——640g
＊フードプロセッサーで細かくしておく。
転化糖——20g
┌ ミルクチョコレート（カカオ分41％、溶かす）——320g
└ ブラックチョコレート（カカオ分56％、溶かす）——320g
ソース・キャラメル
┌ グラニュー糖——195g
└ 生クリーム（乳脂肪分35％）——445g
ラム酒——195g

クラクラン・ダマンド（→P30）——15g
ピストレ・ショコラ
┌ ブラックチョコレート（カカオ分56％）——150g
└ カカオバター——60g

Caramel chocolate

Makes 144 pieces of 3-cm square
*one 37.5-cm square cake ring

640g milk chocolate, 41% cacao
*crush chocolate with food processor
20g invert sugar
┌ 320g milk chocolate, 41% cacao, melted
└ 320g dark chocolate, 56% cacao, melted
Caramel sauce
┌ 195g granulated sugar
└ 445g fresh heavy cream, 35% butterfat
195g rum

15g praline bits, see page 30
Chocolate pistol
┌ 150g dark chocolate, 56% cacao
└ 60g cacao butter

a

b

c

d

e

f

g

h

i

j

1 トレイに敷いた樹脂製マットにカードルをのせておく。
2 フードプロセッサーで細かくしておいたミルクチョコレート[a]に転化糖を加えておく。
3 タルトレット・キャラメル5～6（→P150）を参照して、手鍋でソース・キャラメルをつくる[b]。ただし、水飴は使わない。氷水にあてて75℃くらいまで冷ます[c]。≡1
4 35℃に溶かした2種類のチョコレートを2に全量加え、さらに3を半量加えて少し撹拌する[d]。ゴムベラで側面をはらう。まだもろもろしている状態[e]。
5 残りの3を加えてさらに撹拌する。つやが出てきたら[f]撹拌しながらラム酒も少しずつ加え、しっかり乳化したら側面をはらう[g]。ボウルに移す。
6 ゴムベラでボウル側面をきれいにし、混ぜながら32℃に調整する。
7 1のカードルに6を流し、ゴムベラで均す。トレイごと下に軽く叩きつけ、少し揺らして表面を平らにする。クラクラン・ダマンドを表面にふる。室温（18℃）にひと晩おいてしっかり固める。
8 固まったらペティナイフを周囲に入れてカードルをはずす。樹脂製マットをのせてはさみ、ゆっくりひっくり返して上のマットをはずす。下面が上になった状態。
9 ピストレ・ショコラをつくる。材料は溶かし合わせて36～37℃に調整し、囲いをしてスプレーガンで8に吹きつける。1時間ほどおいてひっくり返し、上面も同様にピストレして[h]、室温（18℃）において表面を固める。
10 9をギッターの上にのせ、3cm幅にカットする[i]。薄い板を下に差し入れて向きをかえ、同様にカットして3cm角にする。
11 ロール紙を敷いたトレイに10を移して1個ずつに離して並べ、温度調整したピストレ・ショコラを側面にも吹きつけ[j]、全面をコーティングする。

≡1 ソース・キャラメルの場合はキャラメリゼすることで水分が少なくなるので、チョコレートときれいに乳化させるために少し温度を高くしている。

ガナッシュ・フランボワーズ
Ganache framboise

分量　37.5cm角カードル1枚分
（3cm角 144個分）

ブラックチョコレート（カカオ分56%）── 640g
＊フードプロセッサーで細かくしておく。

⎡ 転化糖 ── 20g
⎢ 　フランボワーズのピュレ
⎢ 　　（冷凍のまま1cm角切り）── 420g
⎣ 生クリーム（乳脂肪分35%）── 230g

ブラックチョコレート
　（カカオ分56%、溶かす）── 640g
フランボワーズのオー・ド・ヴィ ── 195g

ピストレ・ショコラ
　（→P366 ガナッシュ・キャラメル）── 基本分量
フリーズドライのイチゴピース（砕く）── 1粒／1個

Raspberry chocolate

Makes 144 pieces of 3-cm square
*one 37.5-cm square cake ring

640g dark chocolate, 56% cacao
*crush chocolate with food processor
⎡ 20g invert sugar
⎢ 　420g frozen raspberry purée,
⎢ 　cut into 1-cm cubes
⎣ 230g fresh heavy cream, 35% butterfat
640g dark chocolate, 56% cacao, melted
195g raspberry eau-de-vie (raspberry brandy)

1 recipe chocolate pistol,
see page 366 "Caramel chocolate"
1 broken freeze-dried strawberry, for 1 cake

a 　b

c 　d

e 　

　f

1　トレイに敷いた樹脂製マットにカードルをのせておく。
2　ブラックチョコレートはフードプロセッサーで細かくしておく。
3　ピュレは転化糖と合せて鍋に入れて冷たい状態に解凍し、生クリームを加えて混ぜながら加熱して60～65℃に温める[a]。
　＊酸が強いフルーツピュレの場合、転化糖はピュレに加えて溶かし混ぜ、生クリームと乳化させる。
4　35℃に溶かしたブラックチョコレートを2に全量入れ[b]、さらに3の半量を加えて少しだけ攪拌する。ゴムベラで側面をはらう。
5　4に残りの3も加えて[c]さらに攪拌する。つやが出てきたら攪拌しながらフランボワーズのオー・ド・ヴィを少しずつ加えていく。しっかり乳化したら側面をはらい[d]、ボウルに移す。
6　ゴムベラでゆっくり混ぜながら32℃に温度を調整する。
7　1のカードルに流して[e]ゴムベラで均す。トレイごと下に軽く叩きつけ、少し揺らして表面を平らにする[f]。室温（18℃）にひと晩おいてしっかり固める。
8　ガナッシュ・キャラメル8～11（→P367）を参照してギッターで3cm角にカットし、ピストレ・ショコラを吹きつける。すぐに小さく砕いたフリーズドライのイチゴピースをのせる。

ガナッシュ・テ・ロテュース
Ganache thé lotus

分量　37.5cm角カードル1枚分
(3cm角 144個)

ブラックチョコレート (カカオ分66%) ── 575g
＊フードプロセッサーで細かくしておく。

転化糖 ── 15g

⎡ 生クリーム (乳脂肪分35%) ── 810g
⎣ ロータスティーの茶葉 ── 60g

⎡ ブラックチョコレート
⎢ 　(カカオ分66%、溶かす) ── 110g
⎢ ミルクチョコレート
⎣ 　(カカオ分41%、溶かす) ── 460g

コニャック ── 175g

ピストレ・ショコラ
　(→P366 ガナッシュ・キャラメル) ── 基本分量
ロータスティーの茶葉 ── 1本／1個

Lotus tea chocolate

Makes 144 pieces of 3-cm square
*one 37.5-cm square cake ring

575g dark chocolate, 66% cacao
*crush chocolate with food processor
15g invert sugar
⎡ 810g fresh heavy cream, 35% butterfat
⎣ 60g lotus tea leaves
⎡ 110g dark chocolate, 66% cacao, melted
⎣ 460g milk chocolate, 41% cacao, melted
175g cognac

1 recipe chocolate pistol,
see page 366 "Caramel chocolate"
1 lotus tea leaf, for 1 cake

a

b

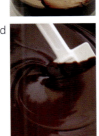
c　　　　　　　　d

1　トレイに敷いた樹脂製マットにカードルをのせておく。
2　フードプロセッサーで細かくしておいたブラックチョコレートに転化糖を加えておく。
3　生クリームを手鍋に入れて70℃に加熱し、ボウルに入れたロータスティーの茶葉に加えて混ぜながら抽出する。色がよく出てきたら[a]別のボウルに漉す(65℃くらい)。
4　35℃に溶かした2種類のチョコレートを2に全量加え、さらに3の半量を加えて少し撹拌する。ゴムベラで側面をはらう。残りの3も加えてさらに撹拌する[b]。つやが出てきたら撹拌しながらコニャックを少しずつ加え、しっかり乳化したら[c]側面をゴムベラではらい、ボウルに移す。
5　ゴムベラで混ぜながら32℃に調整する[d]。
6　ガナッシュ・フランボワーズ7 (→P368)を参照してカードルに流して均し、ひと晩おいて固める。
7　ガナッシュ・キャラメル8〜11 (→P367)を参照してギッターで3cm角にカットし、ピストレ・ショコラを吹きつける。すぐにロータスティーの茶葉をのせる。

ボンボン・ショコラ
Bonbons chocolat

キャシス
Cassis

ジャンドゥージャ
Gianduya

イリェウス
Ilhéus

ショコラのほろ苦さが順に溶けるキャシス、食感にリズムを刻むジャンドゥージャ、強い酸味とホワイトチョコレートが合うイリェウス。どれもバランスがいい

ボンボン・ショコラ

チョコレートで型どりし、蓋をする

分量

チョコレート　1kg以上
＊それぞれの温度でテンパリング（→下記）したものを作業温度に保温して使う。

型の準備　型はキッチンペーパーできれいにふき、エチューブ（保温庫）に入れておく。

テンパリング

チョコレートの種類	溶解温度	結晶点	作業温度
ブラックチョコレート	45～50℃	25～26℃	31～32℃
ミルクチョコレート	40～45℃	24～26℃	29℃
ホワイトチョコレート	40～45℃	23～24℃	28～29℃

＊各温度はメーカーによって異なる。

1
フェイブ状のチョコレートをボウルに入れ、湯煎で溶解温度に溶かす。

2
ボウルを氷水にあてて時々底と側面をこそげてはゴムベラの面を使って練るように混ぜ、それぞれの結晶点に温度を下げる。ガナッシュ状になり、さわるとひんやり感じる温度。

3
氷水からはずし、混ぜて温度を均一にしたら、時々湯煎にあてて混ぜながらそれぞれの作業温度に上げる。2よりも流動性が出てきて人肌に近い状態。
＊作業中を含め、細かい温度調整はドライヤーを使う。

1　型どりする
それぞれの温度でテンパリングしたチョコレートを準備した型に口径7mmの丸口金で縁まで絞る。

2
型を下に叩きつけて空気を追いだし、また型の横をゴムベラなどで叩いてチョコレートが全体にコーティングされるようにする。

3
2を1のチョコレートのボウルに逆さにし、型の上からゴムベラで軽く叩いて余分なチョコレートを落とす。

4
チョコレートが型に薄くコーティングされた状態。光が透けて見える。
＊作業温度が低すぎると厚くコーティングされてしまうので注意。

5
4を2枚のアクリルの板の上に渡してくっつかないようにして、しばらくおく。

6
縁をさわって粘土状に固まり、押してもへこまない程度になれば、表面をパレットで一気に削りとる。トレイに並べてカバーをかぶせ、半日おいてしっかり固める。

7　センターを入れる
ガナッシュなどをつくり（→各頁）、口径1cmの丸口金で絞り、型を下に叩きつけて空気を追いだす。叩きつけたあと上1mmほどあくくらいの量にする。

8
表面をカードなどできれいにし、1日室温（18℃）においてしっかりガナッシュを固める。

9　蓋をする
テンパリングしたチョコレートを口径7mmの丸口金で8の上に絞る。下に叩きつけて空気を追いだし、平らにする。

10
固まらないうちにパレットで型表面の余分なチョコレートをチョコレートのボウルにこそげもどす。

11
さらにパレットで表面を削ってきれいにする。表面が固まれば、ロール紙を敷いたトレイにふせて室温（18℃）におく。固まれば型からはずす。≡1

≡1　型底とチョコレートの間にすき間ができるのを目で確認してから型からはずす。
冷蔵庫に入れたりせず、自然に固まるのを待つのが「イデミ スギノ」流。

イリェウス
Ilhéus

分量　2.5cm角、高さ2cm 72個分
＊27.5×13.5cm、高さ2.4cm、
　24個どりボンボン型3台を用意する。

ガナッシュ（センター）
- ホワイトチョコレート
　（カカオ分35％、溶かす）——270g
  - コクテルカライブ オ ロムのピュレ
　　（→P78、冷凍のまま1cm角切り）——70g
  - レモンのコンサントレ——30g
  - 水飴——25g
  - 生クリーム（乳脂肪分35％）——50g
- タンカレー No.10（ジン）——55g
- ライムの表皮のすりおろし——2g

型用
- カカオバター——10g
- チョコレート用色素（赤、黄）——各1g
- ホワイトチョコレート（カカオ分35％）
　——1kg

Ilhéus

Makes seventy two 2.5-cm squares, 2-cm height cubes
*three 27.5-cm×13.5-cm, 2.4-cm height chocolate mold-24 wells

For the filling
- 270g white chocolate, 35% cacao butter, melted
  - 70g frozen "Caribbean cocktail" purée, cut into 1-cm cubes
  - 30g lemon concentrated preparation
  - 25g starch syrup
  - 50g fresh heavy cream, 35% butterfat
- 55g Tanqueray No.10 (British gin)
- 2g grated lime zest

For the mold
- 10g cocoa butter
- 1g of each red and yellow food coloring for chocolate
- 1kg white chocolate, 35% cacao butter

a 　b

c 　d

e 　f

1　型用のカカオバターを湯煎で45℃に溶かしてチョコレート用色素を加え混ぜ、ゴム手袋をはめた指先にとって型底に円を描くようにしてこすりつけて固める。型用のホワイトチョコレートをテンパリングして28℃くらいの作業温度にし、色素をつけた型で型どりしてケースをつくる（→P371・1～6）。

2　センターをつくる。ホワイトチョコレートは35℃に溶かしておく。

3　コクテルカライブ オ ロムのピュレはレモンのコンサントレを加えて［a］IH調理器で溶かす。

4　水飴と生クリームを鍋に入れて火にかけてざっと混ぜ、まだ冷たい状態の3と合わせて［b］60℃に加熱する。
　＊水飴が入ることで乳脂肪と酸が分離しにくくなる。

5　4を2の溶かしたチョコレートに2回に分けて加えては、泡立器で中心部から混ぜて乳化させ、少しずつ混ぜる範囲を広げて全体を乳化させていく［c］。つやが出てきて乳化したらジンを加え混ぜる［d］。つながったらライムの表皮のすりおろしを加え混ぜる［e］。

6　5を混ぜながら25℃くらいに温度調整し、口径1cmの丸口金で1に絞り入れ［f］、1と同様にテンパリングした型用のホワイトチョコレートで蓋をする（同7～11）。固まったらとり出す。

ジャンドゥージャ
Gianduya

分量　長さ3.3×幅2.2cm、
高さ1.8cm涙形72個分
＊27.5×13.5cm、高さ2.4cm、
　24個どりボンボン型3台を用意する。

センター
- ミルクチョコレート
  （カカオ分41%、溶かす）——85g
- ジャンドゥージャ
  （ヘーゼルナッツ入り）——165g
- プラリネ（目が粗いもの）——165g
- プラリネ（目が細かいもの）——85g
- クラクラン・ダマンド（→P30）——65g

型用
- ミルクチョコレート（カカオ分41%）
  ——1kg

Gianduya
(chocolate and roasted nut paste)

Makes seventy two 3.3-cm length×2.2-cm width,
1.8-cm height teardrop-shaped
*three 27.5-cm×13.5-cm,
2.4-cm height chocolate mold -24 wells

For the filling
- 85g milk chocolate, 41% cacao, melted
- 165g gianduya with hazelnuts
- 165g coarse praline paste
- 85g fine praline paste
- 65g praline bits, see page 30

For the mold
1kg milk chocolate, 41% cacao

a

b

c

1　型用のミルクチョコレートをテンパリングして29℃の作業温度にし、型どりしてケースをつくる（→P371・1〜6）。

2　センターをつくる。35℃に溶かしたミルクチョコレートにジャンドゥージャ、目の粗いプラリネ、目の細かいプラリネを加えてはゴムベラで混ぜ合わせる［a］。クラクラン・ダマンドも加えて混ぜる［b］。

3　2を25℃くらいに温度調整し［c］、口径1cmの丸口金で1に絞り入れ、1と同様にテンパリングした型用のミルクチョコレートで蓋をする（同7〜11）。固まったらとり出す。

キャシス
Cassis

分量　3.2×2.5cm、高さ2cmひし形72個分
*27.5×13.5cm、高さ2.4cm、
　24個どりボンボン型3台を用意する。

ガナッシュ（センター）
- ブラックチョコレート
　（カカオ分56%、溶かす）—— 215g
- ミルクチョコレート
　（カカオ分41%、溶かす）—— 70g
- カシスのピュレ
　（冷凍のまま1cm角切り）—— 140g
- 水飴 —— 55g
- 生クリーム（乳脂肪分35%）—— 45g
- バター（5mm角切り。常温にもどす）—— 30g
- クレーム・ド・カシス —— 40g

型用
- ブラックチョコレート（カカオ分56%）
　—— 1kg

blackcurrant

Makes seventy two 3.2-cm length×2.5-cm width,
2-cm height lozenge-shaped
*three 27.5-cm×13.5-cm,
2.4-cm height chocolate mold -24 wells

For the filling
- 215g dark chocolate, 56% cacao, melted
- 70g milk chocolate, 41% cacao, melted
- 140g frozen blackcurrant purée,
  cut into 1-cm cubes
- 55g starch syrup
- 45g fresh heavy cream, 35% butterfat
- 30g unsalted butter, cut into 5-mm cubes,
  at room temperature
- 40g crème de cassis (blackcurrant liqueur)

For the mold
1kg dark chocolate, 56% cacao

a 　b
c 　d

1　型用のブラックチョコレートをテンパリングして31℃の作業温度にし、型どりしてケースをつくる（→P371・1～6）。
2　センターをつくる。ブラックチョコレートとミルクチョコレートは35℃にそれぞれ溶かして合わせておく。
3　カシスのピュレは水飴と合わせて鍋に入れ、IH調理器で冷たい状態に溶かす。
　＊酸が強いフルーツピュレの場合、水飴や転化糖はピュレと合わせて解凍し、生クリームと乳化しやすくする。
4　3に生クリームを加え合わせて60℃に加熱する。
5　4を2の溶かしたチョコレートに2回に分けて加えては、泡立器で中心部から混ぜて乳化させ [a]、少しずつ混ぜる範囲を広げて全体を乳化させる。つやが出てつながればバターを加えて溶かし混ぜる [b]。クレーム・ド・カシスを加え混ぜる [c]。
6　混ぜながら28℃くらいに温度調整し、口径1cmの丸口金で1に絞り入れ [d]、1と同様にテンパリングした型用のブラックチョコレートで蓋をする（同7～11）。固まったらとり出す。

COLUMN 18　自分を表現すること

フランスから帰国した頃の自分は、学んだものを再現するだけでもたいへんでした。いまのようにフランスとかわらない材料があるわけでもなく、素材の違いをどう克服するかに悩み苦しみ、毎日が闘いの連続でした。

そんなある日、材料が違うからフランス菓子はできないという発想を転換しようと考えました。食べてくださるお客さまは日本人。本場フランス菓子といっても理解してもらうには時間が必要でしたし、日本で手に入る最高の素材を探して人の真似ではなく自分が納得するお菓子をつくろうと決意しました。それからというもの、一気に視野が広がり、自分だけのお菓子たちが生まれはじめました。

かわったことをするのではなく、おいしさだけを追求していきました。そこに「イデミ スギノ」のスタイルが生まれてきたのです。コピーは本ものを越えないとよくいわれますが、それは生みだした人のおいしさについての思いが伝わっていないからだと思います。本質を知れば、そこから学ぶことで新たな自分の表現が生まれるはずです。

若い時はいろいろなものを見て食べて多くを知ることが大切ですが、ある程度技術や知識がついてきたら、逆にまわりを見ないことです。情報過多のいまの時代は、自分らしさを維持するのがむずかしい。見ていないつもりでも誰かのケーキや商品の情報がどこかで頭の中に入っていることもあるかもしれません。コピーするだけの方が考える手間がかかりませんし楽です。しかし、オリジナリティはそこにはありません。

自分を表現できている人はどの業界でもひと握りです。僕にしても、学んだ技術や知識を自分の考えで味や形に表現していますが、イチからすべて自分で考えたものだけでお菓子が完成しているわけではありません。それでも、これが杉野のお菓子と認めてもらえるお菓子を残していきたいと思っています。

新しいお菓子を創作する時、以前は旅行した時に食べたものや風景をイメージしてつくっていましたが、最近は人物をイメージしてコンフィチュールをつくったり、結婚式のケーキをつくったりしています。また2015年からは、演奏家のリチャード＆ミカ・ストルツマン夫妻が主催する音楽とお菓子のコラボレーションをテーマとした演奏会で、曲をイメージしたお菓子をつくるようになりました。最初は曲を聴いてもお菓子のイメージがまったく浮かばず、朝起きてから絶えずCDを聴き流していました。100回くらい聴いたあとだったか自然に情景が浮かんできて、お菓子をアレンジできるようになりました。お菓子と音楽との出会いが、また自分を成長させてくれました。

初めは不可能と思っていても、考え続けることで未知の自分の可能性が見つかると感じています。長年の技術の蓄積が原動力になり、外から違った刺激を与えられることで、さらに新しいものが生まれることを実感しています。

杉野英実 すぎの ひでみ

三重県出身。1979年〜82年に渡欧。フランス・アルザスやスイスのレストランでデザートを担当。パリの名店「ジャン・ミエ」「モデュイ」「ペルチエ」(すべて閉店)で当時の最新の菓子づくりを吸収。帰国後名古屋、東京の菓子店でシェフパティシエを歴任したのち、1992年神戸・北野に「パチシェ イデミ スギノ」を開店。2002年12月には活動の拠点を東京・京橋に移し、店名も新たに「イデミ スギノ」としてスタートを切る。季節感を大切にした繊細なお菓子づくりに定評があり、常にお菓子を進化させている。1991年洋菓子の世界コンクール「クープ・デュ・モンド・ド・ラ・パティスリー」に日本チームのリーダーとして参加し、グランプリを獲得。2015年にはアジアの食のエキスパートが選ぶレストランランキング「アジアのベストレストラン50」で、アジアベストペイストリーシェフ賞を受賞。著書に『杉野英実の菓子 素材より素材らしく』『杉野英実のデザートブック』『杉野英実のスイーツ シンプルでも素材らしく』(すべて柴田書店刊)がある。

調理アシスタント　酒井萌華　中村佳織　髙谷彩音　須藤和久

「イデミ スギノ」進化する菓子

初版発行　2017年 9月15日
5版発行　2024年 9月10日

著者©　杉野英実
発行者　丸山兼一
発行所　株式会社柴田書店
　　　　〒113-8477 東京都文京区湯島3-26-9 イヤサカビル
　　　　電話　営業部　　　　03-5816-8282(注文・問合せ)
　　　　　　　書籍編集部　03-5816-8260
　　　　URL　https://www.shibatashoten.co.jp

印刷　TOPPANクロレ株式会社
製本　加藤製本株式会社

本書収蔵の「文書」「写真」などすべてのコンテンツの
無断複写(コピー)・転載・引用・データ配信などの行為を固く禁じます。
乱丁・落丁本はお取替えいたします。
Published by Shibata Publishing Company
Copyright © Hidemi Sugino, 2017. All rights reserved.
ISBN 978-4-388-06267-6
Printed in Japan.